本书得到广州市人文社科重点研究基地·广州市大数据与公共传播研究基地项目（2021-2022）、
上海市教育科学研究项目（C17079）资助

Journalism Students in the Era of Media Change:

Learning Status, Professional Awareness, and Training Model Innovation

媒介变革时代的新闻传播学子：

学习状况、职业意识与培养模式创新

陶建杰 著

内容提要

本书聚焦当下新闻传播教育的现实困境，从新闻传播学子（简称“新闻学子”）的角度探讨新闻传播教育转型与创新，关注的核心问题是：媒介变革对新闻学子的专业学习和职业意识有何影响？现有新闻传播人才培养模式如何回应现实之需？如何进行系统性改革？本书采用以定量为主的实证研究方法，重点关注以下方面：新闻学子个体特征、专业学习状况；新闻学子的专业承诺现状及影响因素、对新闻教育的评价现状及影响因素；新闻学子媒体实习行为的发生和影响因素；新闻学子角色模范现状和作用；新闻学子的职业认同、职业意愿；从供给侧结构性改革的视角，提出新闻传播人才培养模式创新的理念、层次和具体路径。

本书是国内第一本对新闻学子进行全方位、系统性研究的专著，能直接应用于当下的新闻传播教育改革和人才培养，也可作为新闻传播学、教育学等研究人员的学习之用和相关政府决策部门的参考材料。

图书在版编目(CIP)数据

媒介变革时代的新闻传播学子：学习状况、职业意识与培养模式创新／陶建杰著. —上海：上海交通大学出版社，2023.5
ISBN 978-7-313-28630-7

Ⅰ.①媒… Ⅱ.①陶… Ⅲ.①新闻事业—人才培养—研究—中国 Ⅳ.①G219.2

中国国家版本馆 CIP 数据核字(2023)第 080080 号

媒介变革时代的新闻传播学子：学习状况、职业意识与培养模式创新
MEIJIE BIANGE SHIDAI DE XINWEN CHUANBO XUEZI：XUEXI ZHUANGKUANG、ZHIYE YISHI YU PEIYANG MOSHI CHUANGXIN

著　　者：陶建杰
出版发行：上海交通大学出版社　　地　　址：上海市番禺路 951 号
邮政编码：200030　　电　　话：021-64071208
印　　制：上海万卷印刷股份有限公司　　经　　销：全国新华书店
开　　本：710 mm×1000 mm　1/16　　印　　张：18.75
字　　数：295 千字
版　　次：2023 年 5 月第 1 版　　印　　次：2023 年 5 月第 1 次印刷
书　　号：ISBN 978-7-313-28630-7
定　　价：68.00 元

序 一

Preface

在上一个虎年（2010 年，农历庚寅年）新春的时候，我接到学生陶建杰的电话，请我为他的第一部专著《传媒与城市软实力——基于结构方程模型的研究》做序，我欣然写之。12 年后的农历壬寅虎年末，建杰的第三部专著《媒介变革时代的新闻传播学子：学习状况、职业意识与培养模式创新》完稿并即将付梓，我很高兴继续为他写下这篇序言。

12 年时间，建杰就完成了从讲师、副教授到教授的成长之路。他先后在上海大学、中山大学任教，并担任中山大学传播与设计学院（现新闻传播学院）副院长的领导工作。在我给这本书写序的时候，他已经入职复旦大学，回到母校开启新的人生征程。作为他的硕士生和博士生导师，我一直关注他的成长。每次与我见面，建杰除了报告他最近的学术发展和其他工作外，总要绘声绘色跟我讲述他在教学改革和人才培养上的最新做法和最新想法。每每讲到这些，我发现他都是非常激动和特别享受的。这不由使我想到2006年，我作为国务院新闻办公室省级新闻发布评估组负责人接到国新办领导下达的紧要任务，让我组织一个团队调研并起草“北京奥运会及其筹备期间外国记者在华采访规定”。我立即带了建杰等参加这一重要工作。我们团队日夜辛劳，呕心沥血，终于出色完成了这一任务。那时，我就发现建杰对新闻实践有着异乎寻常的执着追求。后来，我的发现得到了一一验证：无论他在哪里工作，无论职称和职务是什么，他对新闻实践和新闻教育发自内心的热爱和激情一直未变，这一点实在是太难能可贵了！

建杰是一名真正热爱教育教学的好老师。他本、硕、博都在复旦大学就读，本科学习管理，硕士和博士攻读新闻传播学，学术基础和学术训练都非常扎实。他进入高校任教之前还在《南方都市报》当过深度报道记者，多年来一直与业界保持着密切的联系。这些独特的个人经历，使他拥有宽广的教学领域：新闻学方面能教新闻采访写作、深度报道、融合新闻报道等实务课；传播学方面能教传播学理论与研究方法、舆论学、受众研究、论文写作与学术伦理等偏理论课程。他的个人教学风格，以“视野开阔、充满激情、生动活泼”为特色，在上海大学、中山大学的历次评教中都位居全校前列，先后获得“首届上海市高校青年教师教学竞赛优胜奖”“上海市大学生暑期社会实践活动优秀指导教师”“上海大学首届研究生心目中的十佳好导师”“上海大学教学成果一等奖”“中山大学教学成果二等奖”等荣誉，深受学生喜爱。他在教学改革和人才培养领域的巨大付出和出色成就，都大大超乎我的想象，他取得的业绩是相当出色的！

建杰除了在教学方面的不断精进外，他在学术研究领域取得的成绩也有目共睹。他在这方面最大的特点一是设定阶段目标，二是聚焦研究主旨。他长期做发展传播相关的研究，锚定“农民工信息传播研究”和“国家与城市软实力研究”两个子领域。建杰是国内新闻传播学界“三农研究”的代表性青年学者之一，获得过2个国家社科项目，专著《中国新生代农民工研究：信息获取与传播的角度》获得2018年“上海市第十四届哲学社会科学优秀成果奖（学科学术著作类一等奖）”。在“国家与城市软实力”领域，他研发了国内首个城市软实力测评体系，迄今发表 CSSCI 高水平论文 20 多篇、出版专著 1 部，主持国家社科基金重大项目子课题 1 项，尤其在国家与城市软实力量化测评与模拟预测研究方面，居国内前沿水平。

建杰这本新作的出版，则是他近年来把教学与科研完美融合的体现，延续了他一贯“聚焦专注”的学术风格。此书从当下新闻传播教育的现实困境出发，立足新闻传播学子（简称“新闻学子”）探讨新闻传播教育转型与创新，通过大量一手资料和各种实证研究方法，对媒介变革时代新闻学子的学习状况、专业承诺、媒介素养、对新闻教育评价、实习行为发生、角色模范、职业意愿等方方面面进行了规范、深入、系统研究，并在此基础上，从供给侧改革视角出发，提出了新闻传播人才培养模式创新的理念、层次与具体路径。我认为，全书至少有四个创新点：一是该书是国内第一本对新闻学子进行全方位、系统性研究的专著。新闻传播教育尤其是新文科建设与新闻传播教育近年来得到广泛讨论，“卓越新闻传播人才教育培养计划 2.0”也取得了巨大成就。但从受教育者——新闻传播学子角度来分析新闻传播教育的系统性研究之前鲜见。本书的出版，一定程度上对新闻传播教育研究领域具有“里程碑”意义。二是该书研究数据的规范性和高质量。书中针对上海地区八所高校的所有数据，都是陶建杰团队去各校直接采集获得，所有访谈也由陶建杰和研究生亲自完成。从样本量和数据质量看，在国内新闻传播教育研究领域相对领先。三是该书研究方法娴熟运用，对研究资料分析深入。建杰长期钻研研究方法，尤其对各种定量研究技术掌握相当熟练。本书综合采用了描述性统计、推断性统计、各种回归模型、结构方程模型等分析技术，又能把质化研究方法与量化研究方法尽量结合。这些技术绝不是为了“炫技”，而是针对具体问题所选择的最合适的方法，把研究资料“用足”。四是该书“顶天立地”，对新闻传播教育既有理论上的思考，又能提出切实的人才培养改进方案。尤其是针对新闻传播教育现状和学生诉求，本书提出的“聚焦型”模式本科新闻传播人才培养方案，不仅较好地回应了国家对新闻传播人才培养的现实需要，从理论上探讨了人才培养创新模式的内涵和关键改革点，更是设计了人才培养方案范例，使本书兼具很好的理论价值和现实意义。当然，作为序言，我不便在此花费更多笔墨评析这本具有特殊价值的著作，但我建议大家很好地去阅读一下此书的后记。这对认识建杰这位新闻传播界优秀而又特殊的学人，相信你会有更多的领悟和收获。

2023年，建杰回到母校复旦大学新闻学院工作了，这将开启他人生旅程和职业生涯的新阶段。作为他的导师，我特别高兴。当建杰的第三部专著《媒介变革时代的新闻传播学子：学习状况、职业意识与培养模式创新》即将散发着油墨的芳香竖立在书架上，摆放在书桌旁时，我再次祝贺此书的出版。希望他能不忘初心，继续保持对新闻传播教育的热爱，继续保持理想与激情，学术和教学方面不断精进。我也更加希望，本书的出版面世，能够助推当下中国新闻传播教育的人才培养与业界创新，供关心和关注中国新闻传播教育的研究者、实践者和相关政府部门人士参考，大家共同来推动中国新闻传播教育事业的发展。

孟　建

2023年1月于复旦大学

孟建，复旦大学新闻学院教授，博士生导师，复旦大学新闻传播学博士后流动站站长、复旦大学国家文化创新研究中心主任、第六届“范敬宜新闻教育奖良师奖”获得者。

序 二
Preface

陶建杰教授的新作《媒介变革时代的新闻传播学子：学习状况、职业意识与培养模式创新》阅毕，掩卷沉思，浮想联翩。

这是一本潜沉之作，崇尚实学，视野开阔，思辨缜密，颇有新意，于当代中国新闻传播培养及其模式创新意义显著。

自 20 世纪 90 年代初以来，互联网在欧美等国普及，数字经济日新月异，信息社会逐渐发生社会媒介化转型。新闻传播教育领域，新专业不断涌现，教育体系反思与调整持续演进。然而，就新闻传播人才培养学术研究而言，以往理论范式创新严重滞后于现实变迁，霍华德·裘伯（Howard Tumber）所编辑的重要读本就十分典型地透露了此点。就此而言，新闻传播人才培养问题具有重要的国际学术意义，本书是中国学术界对于国际学术界有分量的学术介入。

2009 年秋，建杰君入职上海大学新闻系。八年后，任教中山大学，并担任教学副院长多年。彼此同事友人，一晃十余年。往事，历历在目。令人印象极为深刻的是，建杰君新闻业务娴熟，恪守原则，思想活跃，于教书育人，激情飞扬，倾情投入，常年负责校园媒体，带领学生大江南北开展新闻采访，经年累月，无怨无悔，乐而忘返。新闻系，无论本科生，还是研究生，有口皆碑。难能可贵的是，建杰君不仅擅长新闻业务，而且数理知识扎实，学风严谨，思想敏锐，实证研究见长，孜孜以求，锲而不舍，淡泊名利，宁静致远，于城市文化软实力、信息获取与传播视域下农民工研究领域成就显著。

媒介变革时代新闻传播学子这一研究项目历时近十年，是建杰君记者生涯、教书育人、学术研究、教学行政诸多经验融会贯通之作，于当代中国新闻传播培养现状及其模式创新这一重大问题，爬梳中外文献，就我国新闻传播本科生的专业学习状况、媒介素养水平、对新闻教育评价、专业承诺、媒体实习、马克思主义新闻观、角色模范、职业伦理、职业认同、择业意愿诸多方面展开系统而又深入的实证研究，田野考察与定量研究兼备，并且辅之以数据挖掘与分析。与此同时，选择国内代表性的16所大学35个新闻传播类专业的培养方案，进行深度透视。整体而言，可谓洋洋大观，深入肌理，发现重要，见解独到，科学性与可靠性确然，基于科学研究的对策思考切中要害，切实可行。

问题意识强烈，审视国内国际相关学术成果，是本书枢纽所在，醒人耳目。

就新闻传播人才培养及其模式创新研究而言，毋庸置疑，业界与教育界构成新闻教育基本对话系统。有的，教育界主导新闻教育；有的，业界主导新闻教育。20世纪90年代初以来，随着数字技术快速发展，曼纽尔·卡斯特（Manuel Castells）所谓的网络社会激发了全社会媒介化进程，新闻教育挑战与机遇并存，创新与转型成为趋势。值得注意的是，尽管新闻教育局势急剧变化，然后，新闻传播院系教师与业界从业者仍然主导教育目标、专业设置、师资队伍、课程体系、教学与训练方法、实践平台等变革，这一变革依然主要处于教育界与业界对话推动之中。面临教育与职业新局势，新闻学子有何反馈？如何在教育者、业界从业者、新闻学子多重对话中思考并创新新闻教育传统？这的确是一个具有历史价值与现实意义的重要新课题。就此而言，建杰君称此书为“国内第一本对新闻学子进行全方位、系统性研究的专著”，并非虚言。尽管新闻学子研究属于国际新闻教育研究的重要组成部分，但是，其中诸多方面存在研究空白，研究缺陷更是显而易见。就此而言，本书可以视为国内学术界对于国际新闻教育研究领域有分量的学术介入与对话，基于中国国情的新闻传播教育实际经验，从中国式新闻传播教育现代化发展与创新视角，以比较视野，研究新现象，提出新问题，揭示新发现，真正有助于当代新闻教育学术研究的国际交流，有益于拓展并深化世界新闻教育学术研究，也有利于中国新闻传播教育切实地汲取并扬弃国际新闻传播教育经验教训，进而在当今社会、媒介、新闻传播教育的全球趋势与民族国家多元多样形态中，深化中国新闻传播人才培养模式创新驱动的变革，从人力资源这一极端重要的角度顺应并推动中国新闻传播事业融入并深刻影响世界新闻传播领域。

值得指出的是，本书不仅奠定了后续研究的坚实基础，而且由此提出了一系列亟待反思与探究的重要问题，诸如课程体系的雷同化，通识教育结构不尽合理；新闻传播类专业高年级学生对于新闻教育评价及其专业承诺比较低；新闻传播类专业全职师资结构过于偏重学术研究，兼职师资教学嵌入度弱；课堂教学与专业实训若即若离，理论与实务彼此脱节明显；等等。

关于课程体系，国际上的通识课，除了极少数新闻类课程由新闻院系教师教授，绝大多数课程由专业院系教师授课，人文类课程归人文类院系，社会科学类课程归社会科学类院系，理工类课程归理工类院系，部分专业课程亦然。这一课程授课归属体系深刻影响了新闻传播类院系师资结构。如何借鉴这一授课体系？这涉及我们新闻传播类院系师资结构深度调整问题，在新的历史条件下有必要实现跨学科、跨院系、跨界的结构重组。随着通识教育改革的深化，这一问题如何解决，的确值得慎重探究。

学生对于新闻教育的评价及其专业承诺的问卷回答，其含义可能至少存在两种情况：其一，如果新闻学子已经具备了规范（norm）的新闻教育与从业观念，那么他们比较负面的评价与专业承诺，问题可能主要不在于自身，而在于教育者与业界；其二，如果新闻学子不具备规范的新闻教育与从业观念，那么他们比较负面的评价与专业承诺，问题可能主要在其自身，而非教育者与业界。因此，本书田野访谈与定量研究指示了新闻学子有关新闻教育与新闻专业认知规范与伦理规范的研究路径。

关于课堂教学与专业实训、理论与实务“两张皮”问题，本书揭示，关键在于师资。引进业界师资与全职师资安排业界培训，行之有效。但是能否从根本上解决问题？一般而言，业界兼职师资讲课聚焦于其专长所在，全职专业型师资要保持业界活跃度，讲课也不可能多。在当今融合媒介语境下，新闻传播类专业需要跨院系、跨界师资，而他们专长与晋升也不在新闻传播类专业。国际上传统做法是，新闻传播类专业兼职师资占比60%—70%；全职师资中，专业型师资占比60%—70%。换而言之，兼职与全职专业型师资占全部师资比例高达70%左右。与此同时，通识教育师资基本上由各专业院系教师承担，新闻传播类专业师资在通识教育中占比极小，而通识教育在新闻传播类专业学分中占比50%及以上。当然，欧洲一些新闻职业学校，课程与此有别，其学生一般已经获得其他学位。因此，调整国内新闻传播类专业师资队伍，涉及高等学校人事制度、财政制度、晋升制度等配套改革。

毋庸置疑，本书显著拓展了媒介变革时代中国新闻传播人才培养及其模式创新的研究空间。更重要的是，相当系统地深化了这一重要的学术研究领域。然而，本书的学术意义不限于此，它还切实推进了当代国际新闻传播人才培养及其模式比较研究。另外，本书有助于推进国际国内新闻传播人才培养及其模式类型学研究。随着网络社会普遍媒介化，新闻传播渗透各行各业，新闻传播人才培养机构与部门更趋于多元多样。因此，无论就课程体系、教学与训练方式以及实践平台，还是师资队伍构成及其与业界彼此嵌入的流动化与集成化而言，新闻传播人才培养及其模式愈来愈突破原有范式，新闻传播人才培养模式形成了传统与后传统、主流与另类等诸多形态彼此共存、互相竞争的格局。20 世纪 90 年中后期，国际新闻传播学术界高度关注专业与业余传播者问题。进入 21 世纪，媒介技术、文本、产业、社会、人才范式转型，在线、多媒体、融媒体新闻传播人才培养及其模式创新成为教育界学术界高度关注的研究与实践领域。

总而言之，本书直面当代中国媒介变革时代新闻传播人才培养及其模式创新问题，基于实证研究，提出了一系列切实有效的对策建议。与此同时，这一扎扎实实的创新成果有助于推进当代新闻传播人才培养及其模式的比较研究、类型学研究及发展学研究。

郑　涵

2023 年 1 月于上海大学

郑涵，上海大学新闻传播学院教授，博士生导师，上海大学新闻传播学科带头人、上海大学新闻传播学博士后流动站站长、上海大学传媒政策研究中心主任、全国新闻与传播专业学位研究生教育指导委员会第二届和第三届委员会委员。

目 录

Contents

绪　论

第一节　新闻传播教育的现实困境

互联网的崛起，各种信息技术的引入，深刻改变着中国的新闻传播业。近年来，以 volume（大量）、velocity（高速）、variety（多样）、value（价值）4V 为特征的大数据技术，将中国新闻传播业带入一个新阶段，获得新的发展机遇同时，又面临各种挑战。在新闻表现形式方面，以图表新闻为代表的各种可视化新闻、交互式新闻成为各媒体争相探索的新领域；在数据来源方面，大数据技术大大拓宽了以往数据新闻的数据来源，由之前主要借助抽样获得的结构性数据变成了依赖计算机技术获得的非结构数据，使数据新闻升级为大数据新闻；在受众定位方面，完全可以根据受众的特点和偏好，进行移动端精准推送，真正满足受众个性化、碎片化的需求，实现了"以用户思维组织新闻的内容生产和传播形式"；在新闻生产方面，受众不再是新闻被动的接受者，而是新闻生产的积极参与者。

在国家层面，党的二十大报告指出，"增强中华文明传播力影响力。坚守中华文化立场，提炼展示中华文明的精神标识和文化精髓，加快构建中国话语和中国叙事体系，讲好中国故事、传播好中国声音，展现可信、可爱、可敬的中国形象。加强国际传播能力建设，全面提升国际传播效能，形成同我国综合国力和国际地位相匹配的国际话语权。深化文明交流互鉴，推动中华文化更好走向世界。"2021 年 5 月，习近平总书记强调，讲好中国故事，传播好中国声音，展示真实、立体、全面的中国，是加强我国国际传播能力建设的重要任务。要深刻认识新形势下加强和改进国际传播工作的重要性和必要性，下大气力加强国际传播能力建设，形成同我国综合国力和国际地位相匹配的国际话语权，为我国改革发展稳定营造有利外部舆论环境，为推动构建人类命运共同体作出积极贡献。2019 年 1 月，习近平总书记专题部署了媒体融合发展工作，强调要运用信息革命成果，推动媒体融合向纵深发展，做大做强主流舆论，巩固全党全国人民团结奋斗的共同思想基础，为实现“两个一百年”奋斗目标、实现中华民族伟大复兴的中国梦提供强大精神力量和舆论支持。

党中央也非常重视新闻传播人才队伍建设。2016 年 2 月，习近平总书记在党的新闻舆论工作座谈会上强调，“媒体竞争关键是人才竞争，媒体优势核心是人才优势。要加快培养造就一支政治坚定、业务精湛、作风优良、党和人民放心的新闻舆论工作队伍。”中国新闻业的发展水平，关键还是新闻从业人员的能力和素养水平。融合新闻传播，对从业者也提出了新的要求。除了一般意义上认为的“采写编评摄”融合新闻生产能力外，今天对新闻从业者比较特殊的要求还有：

（1）从海量信息中对关键信息的迅速识别和筛选能力。在“信息过载”的时代，每个人都被各种信息包裹着，要从中发现对自己有用的信息，某种意义上不是容易了，而是更难了，因为需要花更多的时间和精力进行甄别，信息获得的“成本”变得越来越高。作为新闻从业者，也面临同样的问题，如何对海量的信息进行识别，发现其中真实有用的信息，以最高效的方式传播给受众，在“把关”的同时，大大降低受众的信息成本，提供信息获得与使用效益。

（2）信息内容分析能力。在传统新闻时代，新闻从业者从人文素养角度对新闻素材的分析和质性思考较多。进入大数据时代，面对以海量数据形式存在和呈现的信息，需要新闻从业者有较强的数据分析能力。数据分析能力也是一种综合能力，既包括熟练掌握各种计算机信息技术实现对大数据的抓取、储存，也包括对大数据的快速有效清洗，还包括根据大数据背后所呈现的新闻事件特点的提炼、概括、解读能力。这些都需要新闻从业者具备较高的科学素养、逻辑思维能力和数据处理能力。

（3）知识综合应用能力。新闻的涉及内容，包括生活的方方面面，记者也理应成为名副其实的“杂家”。以往，如果说记者的“杂”主要是人文社科领域的话，到了大数据和信息化时代，记者的“杂”，也包括了各种信息技术、统计分析、程序编写等理工科领域。掌握了这些知识和技能，使新闻选择的驾驭、内容的呈现、复杂信息的解释等更加贴近受众，使新闻更易于理解和传播。在新闻实践中，通过大数据了解并掌握公众对社会生活的关心点和关注点，在后期的新闻生产及传播中，通过对这些热点和重点的回应，提升传播效果。

（4）数据可视化制作与呈现能力。已有研究表明，人对视觉信息高度敏感，视觉信息的接受度最高。通过新闻信息视觉化的转化，能增加新闻的趣味性和易接受性，同时也拓宽了新闻表现方式和传播渠道，真正满足了融合报道的要求。

这些既是当今时代对新闻传播从业者的要求，更是对未来新闻传播从业者的培养单位—新闻院系的要求。中国的新闻传播教育（简称“新闻教育”）不断扩张，据教育部高等学校新闻传播学类专业教学指导委员会的统计，截至 2022 年 11 月，全国共有 719 所高校、开设了 1 391 个新闻传播学类专业点，在校学生超过 29 万名。[①] 与此同时，新闻教育在大数据技术、融合报道、移动互联网等多重压力下，陷入前所未有的焦虑。根据阳光高考信息平台 2022 年数据显示，新闻学专业全国普通高校毕业生规模在 18 000—20 000 人，近三年全国就业率在 80%—85%之间。随着各种传播渠道和形式的交融与革新，对新闻传播人才思维和能力的要求越来越高；各种自媒体的出现大大降低了新闻制作和传播的门槛，专业人才的地位受到了前所未有的挑战。当今新闻教育似乎远未跟上时代发展的步伐，人才培养严重滞后于业界需求、定位不准、思路不清；[②] 专业结构性矛盾突出、专业点层次参差不齐、人才培养实践性、复合性、创新性不够……种种情况，都使当代新闻教育面临诸多挑战。

面对这些新形势，国内各相关院系都在思考并尝试一系列的教育改革，其中引入融合媒体课程、增加 VR/AR 等技术性内容、采用外语/经济学/社会学等+新闻的“1+1”培养模式、通过培养公共传播人才拓宽学

---

① 教育部官方网站. 2022 年中国新闻传播大讲堂正式启动 [EB/OL]. http://www.moe.gov.cn/jyb_xwfb/gzdt_gzdt/s5987/202211/t20221110_983029.html, 2022-11-10/2022-12-28.

② 张昆. 一流大学传媒教育定位的困惑与思考 [J]. 新闻记者, 2016 (2): 54—59.

生就业面等，成为大部分高校的探索方向。与此形成鲜明对比的是，关于新闻教育、人才培养的诸多讨论中，很少有听到来自学生的声音。在提倡以学生为中心的教育理念下，如果忽视学生对新闻教育的评价、不了解学生的诉求，一味从教育者的角度设计各种培养措施，过于强调“应然”而忽视“实然”，所有改革都只是一个美好的愿望而已。

在梳理相关文献的基础上，我们对新闻传播专业学生（简称“新闻学子”）进行问卷调查和深度访谈，把学生对当下新闻教育的集中“吐槽点”概括为六个方面：

（1）课程设置老化。大多数新闻院系的专业核心必修课与20年前并无太大差异，依然是新闻学概论、传播学概论、新闻采写编评、中外新闻事业史等“老八样”。在媒介深度融合的今天，个别院系竟然还在上“报纸新闻采访”“电视新闻采访”等以媒介形态作为区分依据的业务类课程，而对新闻可视化、数据新闻、融合媒体报道等新内容涉及较少。

（2）教学大纲美化。尽管有很多新闻院系不断修订教学大纲，增加了诸如数据新闻可视化、新媒体新闻生产、融合媒体实务、大数据传播实务、网络数据分析等新课程，但由于师资、硬件等跟不上，大部分课程内容较浅，与学生的期待差距较大，与用人单位实战需求更是脱节。有个别极端情况，甚至只对课程名称进行了调整，但内容与原来基本没有变化，比如，融合新闻报道仍在介绍“消息和通讯的区别”“倒金字塔结构”“导语有几种类型”……令人匪夷所思。

（3）师资队伍弱化。师资是保证教育质量的核心，新闻院系的改进措施主要有：全职引进业界人士、外聘媒体人来校上课、专业教师业界挂职、引进海外人才等。从实际效果看，均不太理想。全职引进业界人士，能通过学校人事处的要求“第一学历应毕业于‘985’或‘211’院校，且必须为博士和高级职称”已属不易。更加致命的是，业界人士全职进入高校后，如想获得较好的个人发展，必须适应高校“论文＋课题”导向的主流人才评价体制。一旦走了这个路，业界人士就会被迅速同化成“研究型”教师，失去了当初引进他们的价值。另外，当今传媒业发展太快，业界人士全职进入高校后，原先积累的经验在3—5年后基本都不再适用，如何让他们依然保持并了解媒体最前沿也是很棘手的问题。外聘媒体人来校上课，实际操作和效果也不尽如人意。一门课程有系统性，需要从经验到理论的提升，但媒体人往往擅长“讲故事”，故事讲多了，听众也就兴趣索然，并不能留下太多东西。让媒体人系统主持一门课程，时间和精力也很难保证。专业教师挂职，更加流于形式，仅靠参加几次编前会和选题会，无法真正了解并掌握核心业务。至于海外人才引进，主要价值在于科研论文发表，对教学的帮助相对有限。

（4）课程内容泛化。主要指各种“概论”性质的课程太多。如新闻学概论、传播学概论、广播电视概论、网络传播概论、中国新闻史概论、媒介伦理与法规概论等，培养方案中充斥着各种以“概论”命名的课程；还有大量无“概论”之名却有“概论”之实的课程，比如新闻采访与写作这门课程在54—72个学时中，很难就某个问题讲深讲透，教学内容实质上也就基本停留在“概论”。不止一个受访者提道：“课程名字很好看，眼花缭乱，但学了这么多概论，都大概知道点皮毛，其实啥也没有学到，更不用说学精。”

（5）技能提升虚化。由于师资队伍总体滞后以及课程内容泛化，直接导致了新闻教育对学生业务技能提升的虚化。受访者所在学校的不少课程，一半学时要么是学生自学做H5或微信公众号，要么让学生上台报告却鲜有教师进行精准到位的点评。课程无法体现应有的梯度和互补性。如，传播研究方法、舆情调查与分析、精确新闻报道这三门课，大部分内容都在讲问卷设计、统计分析，雷同太多；新闻采访与写作、深度报道、高级新闻业务等课程，关于采访准备、消息源管理、信息核实等内容也大量重复。此外，有不少学生反映，同一个学期的不同课程，都要求做微信公众号，一个小组同时运营三四个公号，疲于应付。这些微信公众号随着课程的结束也就停更了，下学期有新的课程继续开新号。“大学读下来，开了十几个微信公众号，但没有一个能做好做精。究竟如何运营好一个号，其实根本不清楚。因为课程需要做的微信公众号，主要是为了迎合老师的评分要求，而不是解决实际问题。”

（6）从业促进淡化。由于新闻教育无法使学生充分掌握符合当今新闻传播岗位要求的相应技能，无法满足社会对传媒人才的实际需求，学生面对相关岗位的自信心不足。大学四年的专业学习，大多数新闻学子并不能真正了解传媒行业的最新情况和职业要求，进而影响了他们的专业承诺，造成了新闻学子就业“专业对口率”偏低。越来越多的新闻学子选择去其他行业工作，主要原因还是在于学校无法使学生具备足够的信心、掌握娴熟的技能、深入洞悉媒体走势，也无法唤起和点燃学生的专业理想和激情，使其成为传媒业最有竞争力的人选。

此外，我们来看需求方—各单位的媒体人才需求情况又是如何的？

有学者对2022年“春招季”的195条招聘信息进行词频统计后发现，当前大部分用人单位对新闻传播人才的要求是大学本科学历，且最好具有跨学科专业背景，同时要兼具以专业知识技能为主的硬实力和以内在素质修养为主的软实力。除了文字写作功底、办公类软件、设计类软件等技能外，也强调学生的行业经验、政策性、专业性、外语类知识储备、平台运营、人际沟通、团队写作、逻辑思维等方面的能力。[①] 魏艳灵使用八爪鱼爬虫软件对2018年5月—2019年5月报纸、电视台及网站中的有关新闻传播学类人才需求岗位招聘信息（共计4 327条词条）分析后发现，随着媒体环境的变化，不再仅仅只看重个人专项能力，而是注重媒体从业者多种能力的综合发展，也就是一精多专。全媒体时代，一些通用素质是各种媒体都要求的，包括政治素养、责任心、团队合作能力等；另外，各媒体分别强调自己领域的专项能力，并积极拓展综合技能。[②] 周胜等以网络和新媒体专业为例，通过网络爬虫数据采集、统计分析和数据挖掘方法，对产业的工作职责和能力要求进行文本分析和聚类，提取出新闻传播专业人才的核心能力。研究发现，网络与新媒体人才培养应专注于互联网思维和新媒体传播能力的培养，定位于网络与新媒体运营，包括渠道运营、内容运营和网络营销，兼顾新媒体产品设计、数据分析、电子商务等内容，用生产新媒体产品思路，以培养具有新媒体产品设计、生产、运营全流程能力的人才为目标。[③]

这些都充分表明，目前的人才供给与需求存在较大脱节。当国家在经济领域大力提倡和推动“供给侧结构性改革”（简称“供给侧改革”）的同时，新闻传播人才培养也亟须采用“供给侧结构性改革”的思路进行调整，充分考虑学生和社会需求，适应时代要求，提高人才供给质量，扩大

① 闫梦菲.公共传播背景下就业市场对新闻传播人才的胜任力需求分析［J］.视听，2022（10）：175—177.

② 魏艳灵.全媒体时代新闻传播类人才需求［D］.哈尔滨：黑龙江大学，2020.

③ 周胜，龚鸣敏.基于大数据的新闻传播人才培养模式研究——以网络与新媒体专业为例［J］.新闻研究导刊，2019，10（10）：10—13.

有效供给，增强人才供给结构对需求变换的适应性和灵活性。

第二节　研究动机与目的

“新闻教育延续或完善专业实践并且形塑从业者对新闻媒体的角色认知。”① 因此，学者们非常重视正规新闻传播教育在人才培养中的作用。这方面的研究始于1970年代的美国和德国。②③ 1988年，有学者对22个国家1 855名新闻学子调查发现，专业的新闻教育对从业者技能、知识和价值观的传承与发展都有显著作用。此后，英国、希腊、俄罗斯、西班牙、美国等国学者分别开展的多项实证研究发现：大学正规新闻教育对新闻工作者今后的职业价值观、职业态度和技能形成极其重要。④ 与中国有关的代表性研究是新加坡学者1996年年底对中国大陆1 052名新闻学子的调查，发现新闻学子的职业想象较为积极，新闻教育在职业化过程中扮演着重要的角色，学生的职业价值观也受到入学前各种观念的影响。⑤

在新闻教育领域，国内研究者长期主要关注三方面：一是新闻传播教育现状及问题描述；二是以中美、中日、中英为主的中外新闻传播教育比较；三是对谢六逸、顾执中、戈公振、陈望道、成舍我等名家的新闻教育思想梳理。其中，对“大数据”背景下新闻传播人才培养模式转型与创新的研究很少，从可以检索的资料看，可以分为两类：

（1）对国外相关情况的介绍。祝建华梳理了美国大学开设数据新闻专

---

① Gaunt P.. Making the Newsmakers: International Handbook on Journalism Training [M]. Greenwood Publishing Group, 1992: 23.

② Bowers T. A.. Student Attitudes toward Journalism as a Major and a Career [J]. Journalism Quarterly, 1974, 51 (2): 265-270.

③ Boyd-Barrett O.. Journalism Recruitment and Training: Problems in Professionalization [J]. Media Sociology: a Reader, 1970: 181-201.

④ 这方面的代表性研究主要有：Becker L. B., Fruit J. W., Caudill S. L.. The Training and Hiring of Journalists [M]. Praeger Pub Text, 1987.; Plaisance P. L.. An Assessment of Media Ethics Education: Course Content and the Values and Ethical Ideologies of Media Ethics Students [J]. Journalism & Mass Communication Educator, 2006, 61 (4): 378-396.; Splichal S., Sparks C.. Journalists for the 21st Century: Tendencies of Professionalization among First-Year Students in 22 Countries [M]. Norwood: Ablex, 1994.

⑤ Wu W., Weaver D. H.. Making Chinese Journalists for the Next Millennium: The Professionalization of Chinese Journalism Students [J]. Gazette, 1998, 60 (6): 513-529.

业/课程的四种路径，提出大数据时代新闻教育过程中，学生需掌握的九项要求和三种语言，以及师资来源的旋转门式运作。[①] 也有学者介绍了大数据背景下日本新闻教育的三个转向：教育环境的社会化转向、媒介机构用人需求的职业化转向、高校新闻教育的专业化转向。[②]

（2）大数据时代新闻传播人才培养应对与调整。大数据时代新闻人才培养的改革，不是简单的某个或某些具体环节的调整，而是从培养理念、专业设置、培养目标，到师资队伍、实训管理等一系列的改革；[③] 应该培养学生运用“数据”讲故事的能力，同时促进新闻专业与计算机专业教师的互动合作，使得学生在掌握技术的基础上，真正知道如何利用数据工具去挖掘和呈现新闻。[④] 胡兵等提出，大数据时代应该从创新课程、实训环境、教学资源、教学方法四方面创新现有的教学体系。[⑤] 吕玲从打破学科限制培养实践型复合人才、用开放的姿态整合师资队伍、与媒体网站合作建立大数据实验室、改革教学实践等方面，讨论了大数据时代人才培养的具体措施。[⑥] 连娜等认为，大数据时代新闻传播领域的变革主要有四个方面：一是计算机替代人工进行新闻线索搜集、新闻选题选择、新闻报道写作、新闻稿件整合编辑；二是数据驱动的调查性新闻和深度报道，比重增加；三是图表化表达增加；四是数据基础上的受众反馈、消费者行为分析更准确及时。因此，从数据意识、数据分析处理能力、数据表达可视化能力等方面，对新闻传播人才提出了新要求，可以从革新课程体系，加强数据素养培养、革新教学方式，建立在线教育平台、跨学科人才培养、加强媒体企业合作，建立第二课堂等方面对新闻人才培养模式进行创新。[⑦] 李政认为，大数据背景下新闻传播人才培养存在诸多问题：课程设置不合理，

---

① 祝建华.大数据时代的新闻与传播学教育：专业设置、学生技能、师资来源［J］.新闻大学，2013（4）：129—132.

② 方堃，陈卓.大数据背景下日本新闻教育的三个转向［J］.青年记者，2015（33）：106—106.

③ 任雪菲.大数据时代的新闻教育变革［J］.甘肃高师学报，2015，20（5）：121—123.

④ 潘亚楠.大数据时代新闻人才培养的若干思考［J］.湖北广播电视大学学报，2014，34（1）：121—122.

⑤ 胡兵，郑重.大数据时代新闻传播人才培养模式探讨［J］.现代教育技术，2014，24（11）：76—80.

⑥ 吕玲.有效打破壁垒发展实践型复合人才：大数据时代应用技术型大学传媒类专业教育模式研究［J］.新闻研究导刊，2016，7（16）：25—26.

⑦ 连娜，张筱筠.“大数据”时代新闻传播人才培养模式的创新［J］.新闻界，2014（15）：29—32.

实践教学不重视；教学特色不明显，师资队伍有待加强；学科总体建设重视不够，人才培养与市场需求脱节。针对这些问题，可以采用一系列的创新路径，具体包括：创新教育理念，加强课程体系建设；组建数据新闻教学团队，培养学生数据素养；构建新闻传播实践教学新模式，提升学生专业技能；校企合作，有针对性地培养复合型人才。① 肖美娜认为，大数据对新闻传播的影响有多方面，既包括消息来源大众化、传播方式多样化，也包括新闻传播表现形式丰富性、新闻传播交互性等，新闻传播人才培养也应该适应这些变化，提升学生的数据素养，使学生成为应用型、复合型的新闻传播人才。② 唐伶俐指出，新闻教育存在课程设置不合理、师资队伍有待加强、培养的人才与市场脱节等问题，大数据时代的新闻教育改革，应该从教学计划、课程体系建设、师资队伍、校企合作等，全方位入手。③ 杨嘉晖从课程定位、生源水平、授课模式、师资结构等层面展开分析了当下数据新闻教育面临的现实困境，提出当下数据新闻教育应从搭建实践平台、深化主体间合作、优化课程体系与打破招生壁垒四个方面提升数据新闻教育的效能。④

与此同时，国外学者更多关注大数据对新闻业本身的影响。路易斯和韦斯特隆德（Lewis & Westlund）认为，大数据的发展极有可能对新闻从业者的认知、实践、伦理价值观等多方面提出新的要求。⑤ 费尔菲尔德和施泰恩（Fairfield & Shtein）重点分析了大数据时代对媒体伦理的新挑战，提出需要基于稳定性和灵活性的新闻伦理框架。⑥ 从可以检索的资料看，国外新闻传播学者的相关研究，多从批判的角度提出大数据时代对新闻伦理、职业道德、职业操守等方面的新要求、新挑战，专门针对大数据时代新闻传播人才培养的研究也很少。

总体上，学者们普遍认为，当下无论是人才培养目标和定位、师资队

---

① 李政.大数据背景下新闻传播人才培养模式创新［J］.新闻传播，2018（10）：9—11.

② 肖美娜.大数据时代新闻传播人才的素养［J］.新媒体研究，2016，2（9）：162—163.

③ 唐伶俐.大数据时代新闻传播人才培养路径研究［J］.传播与版权，2017（10）：139—140.

④ 杨嘉晖.大数据时代下数据新闻教育课程的现状与路径探索［J］.中国地市报人，2022（8）：64—66.

⑤ Lewis S. C., Westlund O.. Big Data and Journalism: Epistemology, Expertise, Economics, and Ethics ［J］. Digital Journalism, 2015, 3（3）: 447-466.

⑥ Fairfield J., Shtein H.. Big Data, Big Problems: Emerging Issues in the Ethics of Data Science and Journalism ［J］. Journal of Mass Media Ethics, 2014, 29（1）: 38-51.

伍结构、课程体系建设，还是具体教学方法、教学资源保障、教学实践基地支撑等，均存在较大问题。目前的新闻传播人才培养，既无法满足新闻传播教育的主导者—国家需求；也无法满足新闻传播教育的对象—学生需求；更无法满足新闻传播教育的出口—社会和用人单位需求。因此，必须在大数据、融合新闻、媒介技术等大背景下，对新闻传播教育进行重新思考，对人才培养模式和培养方案进行重新设计。

从文献看，国内已有针对新闻教育的研究，存在着较大不足：首先，对新闻传播人才培养问题的讨论不够，且基本缺乏实证支持，停留在理论探讨的“应然”层面，不免有空泛和“理想化”之嫌；其次，即便是“应然”层面，也多为基于新闻传播教育提供者（新闻院系）角度的分析，缺少来自需求方的依据。事实上，新闻传播教育的“供给侧结构性改革”，应该以需求为导向。如何使新闻传播教育最大限度地满足学生、用人单位和国家三方需求。再次，现有针对新闻教育、人才培养的探讨，较少涉及对受教育者新闻学子在专业学习、职业意识、职业意愿等方面的深入了解与分析，而这些领域，恰恰是“新闻传播人才培养供给侧结构性改革”的出发点和现实依据。最后，现有针对新闻传播人才培养模式的研究，大多局限在某个具体的领域，如课程设置、课外实习模式、师资配备、教学方式等，但各个方面是怎样的“协同”关系，如何通过顶层设计将上述方面统一在系统性的新闻传播人才培养模式创新方案中，较少涉及。因此，需要有立足于新闻学子实际、依托一手实证数据和材料的全方位系统性研究来深化与完善。

基于这样的考虑，我们对上海地区八所高校的2013—2016级新闻传播专业本科生进行了大型问卷调查，主要研究目的如下：

- 全面了解新闻学子的性别、家庭所在地、政治面貌、家庭影响（是否有近亲属在传媒业工作）、主要信息获取途径和方式等；
- 清晰呈现新闻学子专业学习状况，如专业报考情况（专业决定时间、入学前专业的了解程度、选择本专业原因）、专业课程评价及满意度、媒体实践情况（有无相关实习、校园媒体实践、首次社会媒体实习时间、实习部门、对社会媒体实习评价、社会媒体实习能力锻炼）及满意度、专业喜欢度与专业承诺等；
- 了解新闻学子的媒介素养水平，以及影响媒介素养水平的因素，尤其是从学习心理的角度分析新闻学子媒介素养水平的影响路径；

- 分析新闻学子的专业承诺现状及影响因素、对新闻教育的评价现状及影响因素，进一步探究新闻教育与新闻学子专业承诺的关系；
- 关注新闻学子媒体实习行为的发生、现状和影响因素，探讨新闻教育、媒体实习对新闻学子马克思主义新闻观的影响；
- 呈现新闻学子角色模范现状与作用，探讨影响角色模范形成的显著因素；
- 以暗访、狗仔队手法、写作失范为例，考察新闻学子的职业伦理观水平及影响因素；
- 了解新闻学子的职业认同、职业意愿情况，分析影响职业认同、职业意愿的显著因素等。

除了问卷调查外，课题组还搜集并整理了国内16所代表性高校35个新闻传播类专业2017/2018级本科人才培养方案，从技能、知识与素养维度，对这些培养方案进行系统梳理，探讨新闻传播本科人才培养如何回应现实之需。

基于上述分析，从供给侧结构性改革视角，提出新闻传播人才培养模式创新的理念、层次和具体路径。

第三节　研究设计与方法

本书的核心问题是：媒介变革之下，新闻学子专业学习、职业意识现状和影响因素主要有哪些？现有新闻传播人才培养模式如何回应现实之需？从供给侧结构性改革视角出发，新闻传播人才培养模式如何进行系统性改革与创新？

为了回答上述问题，本书主要采用问卷调查的实证研究方法。作为中国新闻传播教育的重镇，上海地区目前有近20所高校在本科教育中设立了新闻传播类专业。[①] 依据所在高校的不同特点，大致可以分为三类：以复旦大学、上海大学、华东师范大学等为代表的传统综合性大学；以上海外国

① 这里的新闻传播类专业指教育部2020年本科专业目录下的新闻学、广播电视学、传播学、广告学、网络与新媒体等专业。这些高校是：复旦大学、上海交通大学、同济大学、华东师范大学、上海财经大学、上海外国语大学、上海大学、东华大学、华东政法大学、上海对外经贸大学、上海理工大学、华东理工大学、上海政法学院、上海体育学院、上海外国语大学贤达学院、上海建桥学院、上海杉达学院等。数据来源：各高校招生办官网。

语大学、华东政法大学、上海体育学院等为代表的传统专业性大学；以上海交通大学、东华大学、上海理工大学等为代表的传统理工类大学。我们将此三类高校分别简称为“综合性大学”“专业性大学”和“理工类大学”。

这三类不同高校的新闻传播专业，在本科人才培养方面形成了各自风格。大致来看，“综合性大学”的新闻传播专业，办学历史相对悠久，注重学生多元知识融合，鼓励学生在通识教育的基础上再进入专业学习。“专业性大学”依托其高校主流学科特色，多采用主流学科方向的“1+1新闻传播人才培养模式”，如上外的国际新闻方向，上体的体育新闻方向，华政的法制新闻方向。“理工类大学”的新闻传播类学科多为新办，与技术结合相对较多。

兼顾这三类学校，课题组通过专业课堂为主并结合大四学生寝室发放问卷的方式，对上海地区三种类型8所大学（综合性大学：复旦大学、华东师范大学、上海大学；理工类大学：上海理工大学、东华大学；专业性大学：上海外国语学院、华东政法大学、上海对外经贸大学）的新闻传播类专业（新闻学、广告学、广播电视学等）大学生进行问卷调查。根据各校信息公开网站、招生办公室网站、中国教育在线（http：//www.eol.cn/）的公开统计数据，上述八校2013—2016级新闻传播类本科生招生计划共2 109人，本次调查共发放问卷1 693份，占学生总人数的80.3%；回收有效问卷1 430份，占发放问卷的84.5%，占学生总人数的67.8%。有效样本基本特征见表0-1。

表0-1　样本主要特征

变　量	变量具体划分	样本量	百分比
学校类型	综合性大学	561	39.23%
	专业性大学	453	31.68%
	理工类大学	416	29.09%
专　业	新闻类（新闻学、广播电视学）	640	44.76%
	传播类（传播学、广告学）	437	30.56%
	其他传媒类（网络与新媒体、新闻传播大类等）	353	24.69%

续 表

变 量	变量具体划分	样本量	百分比
性 别	男	262	18.32%
	女	1 168	81.68%
年 级	大一	348	24.34%
	大二	339	23.71%
	大三	444	31.05%
	大四	299	20.91%
原 籍	城市	1 021	71.70%
	县城及以下	403	28.30%
家庭影响	有家人/近亲属在传媒业工作	177	12.39%
	没有家人/近亲属在传媒业工作	1 252	87.61%
政治面貌	党员（包括入党积极分子）	230	16.19%
	非党员	1 191	83.81%
独生子女	是	984	68.86%
	不是	445	31.14%

说明：即使属于有效样本，个别题目仍存在漏答情况。“原籍”有6人漏答，“家庭影响”有1人漏答，“政治面貌”有9人漏答，“独生子女”有1人漏答。百分比按照各题实际回答人数计算。

本书所采用的问卷为课题组根据研究目的和问题，结合新闻学子的情况独立设计完成。在问卷设计过程中，相关内容参考了罗文辉、陈韬文等在大陆、香港、台湾地区（2004）针对新闻从业者的问卷、连榕团队（2005）针对中国大学生专业承诺的问卷、凌文辁等（1999）编制的《大学生职业价值观量表》等。问卷包括基本学习情况、媒介认知、对新闻业务的看法、职业期待、个人情况等五部分。在正式调查前，该问卷经过三轮预调查与反复修改，最终形成新闻传播学子专业学习及职业意愿问卷。

此外，本书还对国内16所高校35个新闻传播类本科专业的2017/2018级本科人才培养方案进行分析，试图了解中国新闻传播学本科教育的人才培养定位、目标、知识结构、教学体系、学分构成等情况。这16所高校是：中国人民大学、复旦大学、华中科技大学、清华大学、武汉大学、华东师范大学、南京师范大学、浙江大学、厦门大学、四川大学、安徽大学、湖南师范大学、中山大学、深圳大学、山东大学、河南大学，学校选取兼顾了学科评估等级、地域分布、新闻传播学下设二级学科覆盖等因素，具有较大的代表性。

本书以量化研究为主，质性研究为辅，具体的统计软件包括STATA 15.0、SPSS 25.0等。课题组还对近40人次的新闻学子、近20人次的新闻传播专业教师、近30人次的媒体从业者进行了深度访谈，所获得的质性资料，主要应用于问卷前期设计、修改，及对定量研究发现的讨论与解释。

第四节　研究结构与框架

本书绪论提出新闻教育的现实困境，在对已有文献进行简要综述的基础上，说明研究动机与目的，详细介绍了研究问题、研究设计与方法、研究总体结构与框架。第一章为全景扫描。从技能、知识与素养维度，对国内16所高校的35个新闻传播类本科专业培养方案进行梳理分析，探讨新闻传播本科人才培养如何回应当下现实之需，这是对当下新闻传播人才培养状况的摸底与整体把握。

第二章是对新闻学子专业学习状况与效果进行总体描述，分别从样本特征、专业报告情况、专业课程评价及满意度、媒体实践及满意度、专业承诺等方面切入，试图使读者对当代新闻学子的基本学习情况有较为全面的了解与掌握。第三章呈现了新闻学子的媒介素养水平。媒介素养水平一定程度上反映了他们的学习成效，也是对他们进行专业教育的基础。第四章、第五章分别关注了新闻学子对新闻教育的评价和专业承诺状况。前者反映了新闻学子对人才培养的主观评价，后者反映了新闻教育的客观效果。研究者希望通过主观、客观两方面，从受教育者—新闻学子的角度，对新闻传播人才培养质量的现状有清晰呈现。第六章对新闻教育和专业承诺的关系进行了探讨，检验了学习自我效能感的中介作用。总体上，第二章至第六章，主要考察了新闻传播人才培养环节中，校内教育的现状与效果、校内教育与人才培养的关系。

随后的两章，重点关注校外实习与人才培养的关系。第七章讨论了新闻学子的媒体实习，聚焦新闻学子首次媒体实习行为发生、评价及影响因素。第八章分析了新闻学子的马克思主义新闻观水平。本书希望以马新观为例的研究，发现在人才培养过程中校内教育和校外实习之间的关系，为后续人才培养模式的改进提供相关依据。

第九章至第十二章为一个整体，从社会的角度看新闻传播人才培养，重点关注新闻学子的职业意识和职业选择。第九章比较了有无角色模范的新闻学子在专业承诺、新闻业务观、职业选择等方面的差异，分析了影响新闻学子角色模范形成的主要因素，为人才培养中的职业教育提供重要性依据。第十章以狗仔队手法、暗访、写作失范为例，考察了新闻学子的职业伦理观水平，并从新闻认知、周边环境、职业取向等方面，分析了影响职业伦理观的显著因素。第十一章以新闻学子职业认同为研究对象，了解其现状及影响因素，比较不同类型高校新闻学子的差异，重点考察新闻教育（包括校内课堂教育和校外实习）对职业认同的作用。第十二章分析了新媒体环境下的择业意愿现状，比较不同新闻学子在首份工作、长期工作方面的差异和择业策略，以理性选择理论为基本框架，从职业价值观、人力资本、社会资本三个方面，揭示新闻学子择业意愿的影响因素。这些议题，都与新闻学子就业高度相关，我们希望从用人单位和社会的角度，审视当下新闻学子的人才培养现状，以便对今后如何更好满足社会需求提出若干建议。

最后一章对全书内容进行系统总结，从供给侧结构性改革角度，对新闻传播人才培养中的八个观念问题进行再探讨再审视，提出“聚焦型”本科新闻传播人才培养模式，涉及人才培养目标、专业课定位、概论课改革、具体教学方式、师资队伍改革、实习实践教学重构等方面。为了使研究建议更具操作性，本书还尝试给出了一个“聚焦型”模式本科新闻传播人才培养方案范例，并附了详细的方案编制说明。本章以国家发展需求、社会用人需求、学生学习需求为出发点，把顶层设计（目标）与具体实施路径（过程与方式）结合，从教学模块和内容、师资队伍、教学方式方法、支撑性资源等方面，详细阐释当代新闻传播人才培养创新的理念、方法、实施路径、具体策略，提出改进措施。

全书的研究框架及各章之间的逻辑关系见图0-1。

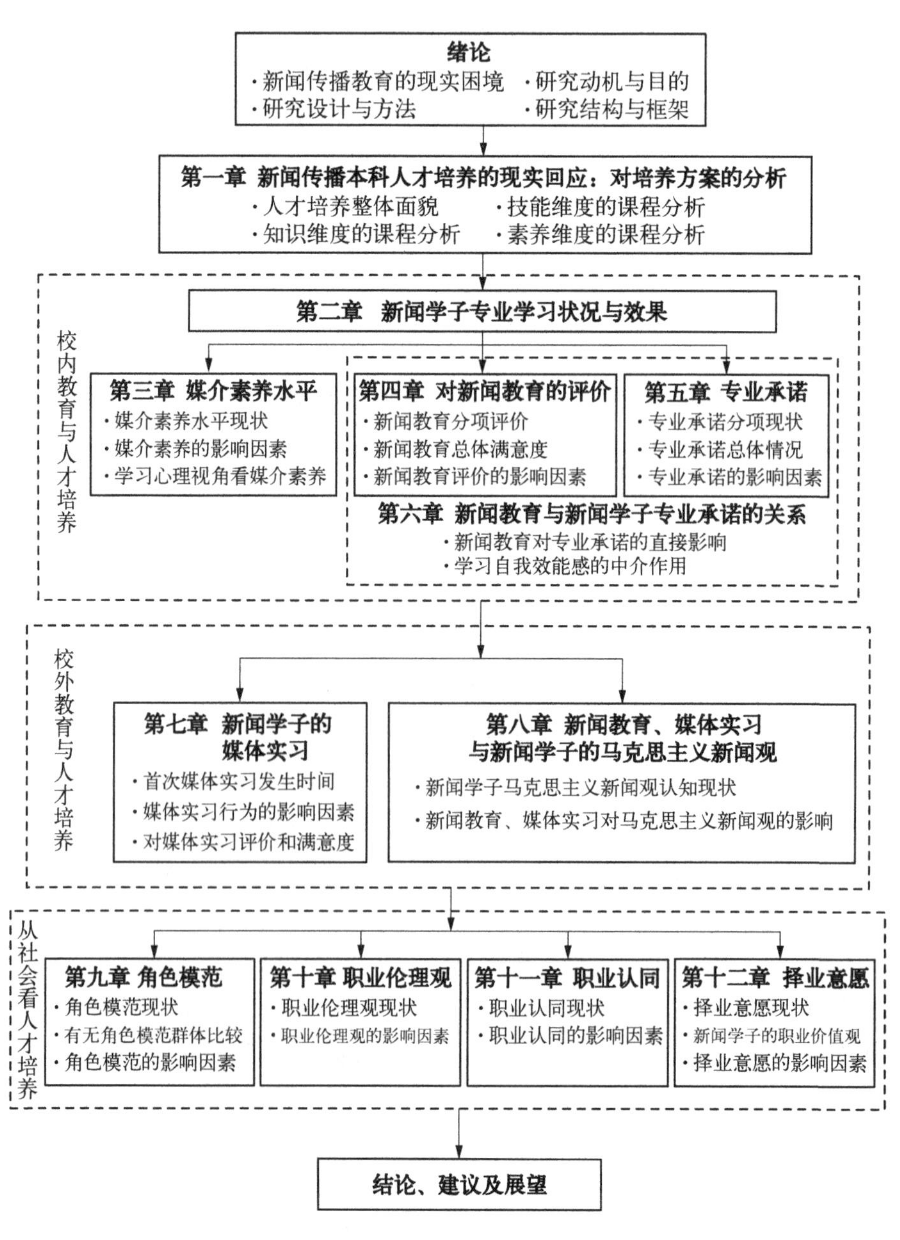

图0-1 研究框架图

第一章 新闻传播本科人才培养的现实回应：对培养方案的分析

中国新闻传播教育行至百年，发展愈加蓬勃。与此同时，新闻传播类学生就业面临挑战，专业对口率不断降低。究其原因，多归于现有人才培养模式与社会需求严重脱节；学生理论肤浅、动手能力差、专业技能不扎实等成为当下新闻传播人才培养的普遍问题。[①] 面对融合媒体、自媒体、平台媒体的兴起，为满足国家、社会对新闻传播人才的新需求，各新闻院校都进行了多种探索。培养方案是大学人才培养的根本依据，通过对本科培养方案的考察，可以洞见当下新闻传播教育的目标、定位、取向，以及不同学校的特色实践。本章试图通过对国内 16 所高校 35 个新闻传播类专业的培养方案进行梳理，观察新闻传播院校如何在人才培养过程中回应现实。

第一节 文献综述

专业教育发轫于职业的专业化过程。但是，新闻教育的“专业性”在起步阶段就广受争议。业界人士普遍认为新闻编辑室才是学习报道的最佳去处。而学界亦有不少人将新闻学与烹饪、缝纫等量齐观，认为哥伦比亚大学与威斯康星大学开设的课程乏味沉闷，增加了大学专业教育的水分。[②]

---

① 胡正荣，冷爽.新闻传播学类学生就业现状及难点［J］.新闻战线，2016（6）：27—30.

② Flexner，A.. Universities：American，English，German［M］. New York：Oxford University Press，1930：160－161.

20世纪80年代以来，新闻教育与业界发展之间的差距成为一项重要议题。多项研究显示，专业人士对新闻学子的工作能力、一般常识、技术型技能、沟通能力与不切实际的期望持批评态度。[①] 一些教育工作者认为，新闻教育需要让毕业生为媒体工作、非媒体工作及研究生深造做好准备，不能指望学界与业界在该问题上达成一致。新闻教育在学界与业界之间艰难地寻求平衡。[②]

近年来，媒体技术的发展、生产环境的变化扩大了新闻人才培养与需求之间的鸿沟。一方面，社交媒体以更即时、更贴近生活的新闻削弱了新闻机构搜集和发布事实性信息的"文化权威"，[③] 专业新闻教育对新闻学子的感召力大打折扣。另一方面，媒介融合对新闻从业人员的业务学习能力、团队协作能力提出了更高要求，业界要求如何纳入新闻学院的校内课程充满挑战。[④]

进入21世纪，新闻教育的内外部环境均发生了巨大变化，教学特色不明显、院系结构不合理、课程设置不完善、师资力量有待加强、科研经费投入不够、硬件水平落后、实践教学不规范等问题尤为突出。一夜之间，新闻教育饱受诟病，面临前所未有之严峻形势。

受全球化浪潮和媒介技术变革的影响，新闻机构的地位、新闻生产过程都正在进入一种被学者称为"液态"的状态：新闻生产体现为职业记者和公众共同参与的动态实践；媒介机构不再是新闻事件的唯一阐释主体，新闻报道的价值和意义经由公众的集体参与而被不断重塑；新闻生产流通的速度大大加快，组织化生产正变成协作性"策展"。[⑤] 在此背景下，新闻人才需求也顺势而变。现有研究成果主要聚焦在两方面：其一，非新闻机构的新闻人才需求量增大，且呈现出多元化趋势。有研究发现，社会机

---

① Du Y. R., Thornburg R.. The Gap between Online Journalism Education and Practice: The Twin Surveys [J]. Journalism & Mass Communication Educator, 2011, 66 (3): 217-230.

② Raudsepp, E.. Reinventing Journalism Education [J]. Canadian Journal of Communication, 1989, 14 (2): 1-14.

③ Carlson, M.. Journalistic Authority: Legitimating News in the Digital Era [M]. New York: Columbia University Press, 2017.

④ Ureta, A. L. & Fernández, S. P.. Keeping Pace with Journalism Training in the Age of Social Media and Convergence: How Worthwhile Is It to Teach Online Skills? [J]. Journalism, 2018, 19 (6): 877-891.

⑤ 陆晔，周睿鸣."液态"的新闻业：新传播形态与新闻专业主义再思考——以澎湃新闻"东方之星"长江沉船事故报道为个案 [J].新闻与传播研究，2016 (7): 24—46.

构（如企事业单位、社会团体）需要懂新闻业务、编辑技术和公关技巧的新闻专业人才；政府需要网站编辑、制作和管理人才、政府危机处理人才、国际公关人才；网络技术平台上的新媒体需要懂编辑技术、经营管理知识的人才；电信部门正大力吸纳既懂内容制作，又懂编辑技术的新闻传播人才。[①] 其二，专业新闻机构对新闻人才的政治素养、实践技能、专业知识等均提出更高的要求。习近平总书记关于新闻舆论工作的系列重要论述，使新闻传播人才的政治素养被再次强调，需要新闻人才“坚持党性原则，以人民为中心，尊重新闻传播规律，有深厚的家国情怀和开阔的国际视野，在事业发展中能够高举旗帜、服务大局、明辨是非、凝聚共识、沟通世界”[②]。除了政治素养外，媒介技术发展对新闻从业人员的实践技能也不断提高。

面对这些新情况，新闻教育界也及时进行调整。国家层面的制度性安排主要有三个举措：一是“部校共建”办学模式从尝试到全国推广；二是教育部、中宣部联合下发“卓越新闻传播人才培养计划”；三是马克思主义新闻观成为新闻传播教育的核心内容。[③] 具体操作中，各校从培养理念、培养方法、师资队伍、课程建设、实践教学等，进行各种探索与尝试，在专业调整、教材编写和培养方案设置上取得了较大进展。[④] 但总体上，还存在一些问题：引领式、系统性、学习型改革较少；围绕传统媒体专业人才制定的培养目标难以适应市场多元化的需求；各级院校的人才培养定位千篇一律，社会化教学的培养方式难以适应新闻学子自主选择的需求；新闻院校自身发展的“内卷化”趋势，与其他学科对话日益艰难，较难适应中国社会凝聚共识的需求；[⑤] 高校围绕传统媒体培养的学生却因供需错位面临“产品过剩”。[⑥]

笔者梳理相关研究后发现，对中国新闻教育人才培养的讨论，多从宏

---

① 骆正林.传媒产业的转型与新闻学专业的改革［J］.新闻爱好者，2012（20）：72—74.

② 胡百精.大学现代化、生态型学科体系与新闻传播教育的未来选择［J］.中国人民大学学报，2019，33（2）：132—139.

③ 邓绍根，李兴博.百年回望：论中国新闻传播教育发展历程及其特点［J］.现代传播（中国传媒大学学报），2019，41（6）：155—164.

④ 雷跃捷.社会转型时期我国新闻传播教育的成就和问题［J］.现代传播（中国传媒大学学报），2013，35（3）：135—138.

⑤ 李金铨.传播研究的典范与认同［J］.书城，2014（2）：51—63.

⑥ 余秀才.新媒体语境下新闻传播教育面临的困境与革新［J］.新闻大学，2015（4）：133—139.

观角度提出问题与建议。高晓虹等立足我国国际传播能力建设重大战略，探讨新时代国际新闻传播人才培养的目标、体系与方法，提出国际新闻传播教育要坚持“价值引领”，厚植爱党爱国情怀，强化国情社情认知；要创新“知识传授”，努力探索外语与专业融会贯通、史论与实践有机结合的人才培养模式；要强化“能力培养”，致力于塑造具有融合传播力和实践创新力的后备人才队伍，加快构建具有中国特色的国际新闻传播教育体系，为服务国家国际传播事业大局提供人才。[①] 董天策认为，新文科建设中卓越新闻传播人才培养是一次全面改革与创新，需要形成“两条腿走路”的格局，一是本硕贯通的培养方式，二是本科双学位的培养方式。[②] 丁汉青认为，一方面，新闻传播学应守之“正”为马克思主义新闻观；另一方面，新闻传播学还应以当前国家发展战略与社会现实需要为出发点，以社会化媒介为业态环境，以融通专业为契机，以课程体系重构为焦点，以教育范式创新为抓手，以教师考评体系为关键，构建世界水平、中国特色的新闻传播学人才培养体系，实现创新发展。[③] 李良荣等提出，“复合”并不是单纯的“专业技能复合”，而要在“技术—表达—思想”三个由表及里的层面实现能力的多维复合：具备新文科思维下不断迭代的新闻传播技能包、锻造融媒体环境下的综合表达能力，同时还要坚守新闻专业的人文价值。[④] 但近年来针对新闻传播人才培养的研究，基于实证材料的客观分析少，特别是以各校培养方案为依据的分析和讨论更是不多。栾轶玫等对两岸三地 18 所高校新闻传播学院的新闻课程设置、创新媒介实验室、媒介实践基地梳理并结合对中国主流新闻业界的田野访谈、参与式观察、案例分析后发现，“融合技能、智能素养、价值坚守”是多元时代中国新闻教育面向未来的变革方向。[⑤] 此外，还有少数研究关注新闻传播专业硕士培养方案设置，发现培养目标笼统且同质化，学分

---

① 高晓虹，冷爽，赵希婧.守正创新：中国特色国际新闻传播人才培养研究 [J].中国编辑，2022 (7)：4—9.

② 董天策.新文科建设中卓越新闻传播人才培养的内在张力与解决路径 [J].中国新闻传播研究，2022 (1)：73—80.

③ 丁汉青.守正与创新：新文科背景下的新闻传播专业人才培养 [J].传媒，2022 (5)：9—12.

④ 李良荣，魏新警.论融媒体时代新闻传播复合型人才培养的“金字塔”体系 [J].新闻大学，2022 (1)：1—7.

⑤ 栾轶玫，何雅妍.融合技能智能素养价值坚守：多元时代的中国新闻教育变革 [J].新闻与写作，2019 (7)：34—42.

设置不当，成绩考核难测实力，培养方式单一；① 存在缺乏具有高素质的应用性人才意识、缺乏多学科交叉思想、课程设置重复、特点不突出、师资建设滞后等诸多问题。②

人才培养方案既是教学环节组织实施和评价的依据，也是重塑教学的前提。③ 培养方案设置的科学性、前瞻性、可操作性与否，直接关系到人才培养的目标、实现方式与完成质量。因此，回归培养方案本身，通过分析培养方案来洞悉新闻传播教育的现状、特点，变得极有意义和价值。

第二节　研 究 设 计

关于新闻教育的探讨中，其实都离不开一个核心问题：媒介融合语境下，什么是今日中国需要的“新闻传播专业”？Web2.0 时代，辛格（Singer）将网络技术挑战下的新闻专业归纳为认知（cognitive）、规范（normative）与评价（evaluative）三个层次。其中，认知即从事这个职业的成员拥有的独特的经过专门训练的知识与技能，其核心是专业人士在工作中应用的知识（knowledge）、技能（technique）以及掌握这些概念与技能所需要的训练（training）。④ 受上述观点的启发，笔者将新闻院校的本科课程划分为技能、知识与素养三个维度。技能，主要指直接有效操作新闻产品的能力；知识，则被定义为与新闻传播相关的主体理论与概念；素养，是指专业知识之外，由理论学习、业务实践和训练形成的修养，即支撑专业的其他各种外围知识与能力。

由此，引出本章的研究问题：从人才培养方案的角度看，面对新的媒体环境和人才需求，当下中国新闻院校本科人才培养总体呈现何种面貌？在技能、知识、素养方面如何设置课程以回应现实之需？

本章依托的分析材料为 2017/2018 级本科人才培养方案（从各学院官

---

① 蔡斐，李微希. 新闻与传播专业硕士人才培养方案探析 [J]. 新闻研究导刊，2016，7(14)：16—17.

② 张媛，赵晓明. 新闻专业硕士培养方案的课程设置与问题分析 [J]. 传播与版权，2019 (1)：162—165.

③ 袁靖宇. 高校人才培养方案修订的若干问题 [J]. 中国高教研究，2019 (2)：6—9.

④ Singer, J.. Who Are These Guys? The Online Challenge to the Notion of Journalistic Professionalism [J]. Journalism, 2003, 4 (2): 139-163.

方网站或教务部门获得最新版方案）。考虑到学科评估等级、学校地域分布等因素，本书最终选取了16所大学35个新闻传播类专业的培养方案进行分析（见表1-1）。

表1-1 选取的16所大学新闻传播人才培养方案专业分布情况

学　　校	专　　　业
中国人民大学	新闻学、广播电视学、传播学
复旦大学	新闻学、广播电视学、传播学
华中科技大学	新闻学、广播电视学、传播学
清华大学	新闻学（国际新闻、融媒体方向）
武汉大学	新闻学、广播电视新闻、网络传播
华东师范大学	新闻学
南京师范大学	新闻学、广播电视学、网络与新媒体
浙江大学	广播电视学
厦门大学	新闻学、广播电视学
四川大学	新闻学、广播电视学、网络与新媒体
安徽大学	新闻学、广播电视学、网络与新媒体
湖南师范大学	新闻学、网络与新媒体
中山大学	新闻学、传播学
深圳大学	新闻学、网络与新媒体
山东大学	新闻学
河南大学	新闻学、广播电视学

研究的分析单位为“课程”。按照以下标准筛选课程：(1) 剔除广告公关实务与艺术创作类课程，如“广告文案写作”“导演基础”等；(2) 剔除国家规定必修的“马克思主义基本原理”等思想政治课程、“大学英语”“计算机基础及应用”等课程；(3) 将阶段性课程进行合并，如“新闻写作上&下”记一个样本；(4) 除通识与学科基础课程外，不考虑不同专业共

享课程的情况，如一所新闻院校新闻学与传播学同时开设“传播学研究方法”，记两个样本。最终，得到1 451个样本。在此基础上，根据课程内容和目标，分配至技能、知识、素养某个具体维度，编码示例如表1-2。

表1-2　编码示例

维度	操作化定义	类型示例	对应课程
技能	直接有效操作新闻产品的能力	基础新闻报道	新闻采访与写作
		深度调查	深度报道
		网页制作	WEB信息架构设计
知识	与新闻传播相关的主体理论与概念	基础概论	新闻学概论
		学科史论	传播媒介史
		研究方法	传播学研究方法
素养	专业核心知识外由理论学习、业务实践和训练形成的修养	政治素养	国情教育
		艺术审美	美术基础
		文学历史	中国古代文学
		数理统计	统计学原理

编码由一位新闻学专业本科生和一位研究生完成。在进行正式编码前，两位编码员对于编码规则进行了充分讨论。之后，使用系统抽样法选取100节课程各自独立编码，进行信度检验。经再度研讨，编码员各自独立对所有样本编码，结果>0.80的信度标准。

第三节　研究发现

一、新闻传播本科人才培养的整体面貌

当今主要新闻院校基本遵循“厚基础、宽口径、重融合”理念进行本

科人才培养。16所院校中，四年总学分大多介于140—150之间，专业课程学分占比过半；4所院校实行大类招生；6所院校明确开设暑期小学期；所有院校都有毕业实习要求，实习安排在第七学期或暑期小学期，时间要求为8周—16周不等。

总体上，各院校相对重视技能与知识维度。1 451个课程样本中，技能维度占38.8%（563个），知识维度占35.9%（521个），素养维度占25.3%（367个）。

具体而言，不同学校存在一定差异。华中科技大学、安徽大学与中国人民大学十分重视技能培养，该维度课程占比分别为49.6%、48.5%与47.8%。安徽大学建院历史悠久，尤其重视报纸与广播电视采编技能培养。而中国人民大学开设的技能课程则反映出该院由“专业—方向”向“兴趣—专长”“项目—任务”导向的转变，自2017级起的本科生可自主选择包括“未来传播学堂”“技术—实验创新”等人才培养计划。[①] 厦门大学（44.5%）、中山大学（42.4%）则开设了大量与新闻传播主体概念相关的理论知识课程。厦门大学的华夏传播概论、中山大学的公益传播、批判传播研究导论等课程体现了公共传播的新闻教育范式。清华大学、复旦大学因打破传统专业壁垒，素养课程占比突出。清华大学只有新闻学系，学生可选择课程组及对应的工作坊自主发展，素养课程占比高达52.8%。复旦大学实行“2+2”培养模式，以传播内容设置专业点，相关素养课程占比41.1%，再由一个新媒体实验室链接专业课程教学。

二、技能维度的课程分析

经过对技能维度的课程统计，如表1-3所示，我们发现以下特点：

1. 新闻学、广播电视学等“传统专业”，依然侧重原有核心技能训练

较之于传播学、网络与新媒体等新设专业，新闻学、广播电视学属于新闻传播类的“传统专业”。统计显示，新闻学专业技能课程占前五位的分别为新闻采写/调查（21.89%）、新闻编辑（9.87%）、新闻评论（9.44%）、新闻摄影/摄像（9.01%）、细分领域报道（8.58%）；广播电视学占前五位的技

---

① 胡百精.新闻教育改革中的若干基本问题［J］.青年记者，2017（34）：64—65.

表 1-3　技能维度的课程分布（%）

课　程	专　业				
	新闻学	广播电视学	传播学	网络与新媒体	通识/基础
新闻采写/调查	21.89	12.10	2.33	5.06	19.61
细分领域报道	8.58	1.91	0.00	0.00	3.92
新闻评论	9.44	3.82	0.00	2.53	1.96
外文报道/新闻编译	5.58	3.18	0.00	1.27	3.92
出镜报道	3.43	11.46	6.98	2.53	3.92
新闻编辑	9.87	1.91	0.00	3.80	3.92
新闻摄影/摄像	9.01	10.83	11.63	3.80	11.76
纪实创作	2.58	4.46	2.33	1.27	0.00
节目制作	3.43	26.11	0.00	3.80	1.96
音视频制作	3.00	11.46	2.33	7.59	5.88
网页制作/编程开发	1.72	0.64	16.28	12.66	5.88
数据挖掘/可视化	6.87	3.82	6.98	13.92	7.84
产品设计/交互设计	3.00	0.64	11.63	13.92	0.00
全媒体内容生产与运营	6.44	6.37	34.88	21.52	23.53
工作坊/业界课堂	4.72	1.29	4.63	5.06	3.92
其　他	0.44	0.00	0.00	1.27	1.98
合　计	100	100	100	100	100

能课程分别为节目制作（26.11%）、新闻采写/调查（12.10%）、音视频制作（11.46%）、出镜报道（11.46%）、新闻摄影/摄像（10.83%）。可见，“采写编评摄”依然是传统新闻传播类专业最硬核的技能课程。

2. 新增细分领域报道与数字媒体技术课程，是“传统专业”回应新形势的主要措施

新闻学专业，多数学院开设了以财经报道为代表的细分报道与评论课

程；为与国际接轨，英语新闻、新闻编译已成常态。本研究考察的15个新闻院系中有13个开设了数据新闻课程，10个开设了全媒体内容生产课程。其中，中国人民大学自2006年起开始探索跨媒体实验教学。广播电视学专业则在节目制作与全媒体内容课程中强调新媒体元素，如华中科技大学的新媒体视听节目制作课程，表现为课堂使用的样本、学生要求完成的作业开始向直播与短视频的短、平、快靠拢。

3. 传播学、网络与新媒体等“新兴专业”，核心技能课程高度重合

从统计结果看，传播学专业占前三位的技能课分别是全媒体内容生产与运营（34.88%）、网页制作/编程开发（16.28%）和产品设计/交互设计（11.63%），网络与新媒体专业占前三的技能课程是全媒体内容生产与运营（21.52%）、产品设计/交互设计（13.92%）和数据挖掘/可视化（13.92%）。从培养方案看，这两个专业目前至少有50%以上的技能课程高度重合。

4. 无论是“传统专业”还是“新兴专业”，都无法真正实现融合报道的人才培养

从技能课程看，传统专业的内容依然以报纸、广电媒体为主，新媒体技能类课程的比例低于20%；新兴专业尽管注重网页设计、数据挖掘等有“技术特点”的课程设置，但似乎忘记了“新闻传播类”专业的核心竞争力—优质的内容生产，成了介绍各种互联网技术的大杂烩。前者故步自封，“姿态性融合”，[①] 不愿意实质性上接纳互联网元素；后者太追求形式，“技术性融合”，忽视了专业核心竞争力的培养，人才培养目标虚化、泛化。在融合新闻报道时代，如果按照这些方案培养人才，要么缺乏互联网思维，要么不会生产优质的新闻产品，都令人担忧！

5. 各类工作坊和业界课堂，辅以方案外的自主社团实训，成为新闻教育的重要创新

在技能维度统计的563门课程中，有21门课程以工作坊和业界课堂形式出现，如清华大学“清新时报”“清新视界”“清影”等工作坊、深圳大学的“新媒体用户研究”“用户体验设计”等，尽管占比不到5%，

---

① 尹连根，刘晓燕.“姿态性融合”：中国报业转型的实证研究 [J].新闻与传播研究，2013，20（2）：99—112.

但也代表了当下新闻教育的重要创新——面临知识更新和技术挑战，做中学、学中做。这些工作坊类似美国大学的Capstone课程，体现了人才培养的“后喻文化”。[①] 在培养方案之外，新闻学院的学生被鼓励参加社团实训。这些社团既有隶属学校的官方组织，也有非官方团队，有些甚至直接由新闻学院的专业老师指导，如中山大学的谷河传媒、南京大学的家书编辑部等。

三、知识维度的课程分析

表1-4呈现了知识维度课程的统计结果，主要特点有：

表1-4 知识维度的课程分布（%）

课程	专业				
	新闻学	广播电视学	传播学	网络与新媒体	通识/基础
基础概论	13.23	16.85	5.00	17.19	31.09
学科史论	13.23	8.99	1.67	4.69	8.40
研究方法与论文写作	6.88	4.49	15.00	7.81	10.92
媒介融合/业界前沿	4.23	8.99	0.00	9.38	3.36
技术原理	2.65	5.62	3.33	4.69	5.04
传播心理学	2.12	0.00	1.67	3.13	0.84
媒介社会学	4.23	2.25	5.00	4.69	1.68
媒介经济学	8.99	7.87	6.67	10.94	6.72
公共关系/策略传播	8.99	12.36	16.67	10.94	6.72
政治传播/国家传播	3.70	5.62	11.67	0.00	2.52
文化传播	4.23	4.49	1.67	1.56	1.68
其他传播研究	7.94	10.11	18.33	6.25	5.04

① 张小琴，陈昌凤.后喻时代的新闻教育：清华大学新闻与传播学院的“清新传媒”实践教学模式[J].国际新闻界，2014，36（4）：150—157.

续 表

课 程	专 业				
	新闻学	广播电视学	传播学	网络与新媒体	通识/基础
受众研究	1.59	0.00	5.00	3.13	4.20
媒介研究	8.47	3.37	3.33	4.69	6.72
其 他	9.52	8.99	5.00	10.94	5.04
总 计	100.00	100.00	100.00	100.00	100.00

1. 基础概论和学科史论是新闻传播专业知识维度课程的重点

从统计结果看，新闻学、广播电视学、网络与新媒体三个专业开设频次最多的课程均为基础概论。除了新闻学专业外，其他三个专业的史论教育明显落后于基础概论。尤其是传播学专业，在对学生知识维度的培养中，基础概论和学科史论更是处于边缘地位。事实上，新闻传播专业教育是一个完整统一的体系，基础概论与史论课程为学生的知识体系与价值判断塑造了基本的认知框架。了解学科产生与发展的历史脉络、基本工作原则，掌握新闻传播学的理论基础、研究对象和学习方法，有助于学生具备丰富的理论素养和长期发展的潜力，避免成为仅掌握技能操作的“匠”。

2. 强化传媒经济、策略传播类课程，是新闻传播专业应对现实挑战的重要举措

本研究中，新闻学专业共计开设了 34 门公共关系/策略传播与媒介经济课程，广播电视学专业开设了 18 门，传播学、网络与新媒体专业各开设了 14 门，旨在培养学生知识管理与信息处理的能力。与其他三个专业相比，网络与新媒体专业相对重视社会化媒体的产业变化与经营管理，如四川大学的“新媒体产业经济”、湖南师范大学的“数字内容产业”等课程。

3. 开设大量研究方法、论文写作等研究类课程，着力提升研究能力和科学思维

以往，研究方法类课程是中国新闻教育相对薄弱的环节。但对新闻学子来说，未来无论从事新闻实务还是研究性工作，这方面的能力都极其重要。作为记者，需要将科学的方法应用到采写实际。基于这样的理念，业界产生了精确新闻报道这种新闻产品形态。近年出现的“数据新闻”，更

要求从业者掌握相应的科学方法与技术。作为研究者，掌握规范的研究方法是核心能力。从培养方案看，中国新闻教育界显然已经意识到这一点，在统计的知识维度521门课程中，共有44门研究方法与论文写作课程，占8.4%。此外，学生还有机会在传播心理学、传播社会学、受众研究、健康传播等选修课程中，接触并掌握更细致的研究方法和技术。这些都表明，中国的新闻传播教育，正在从原先较为传统的“人文训练”，逐步过渡为“人文+科学”并重的人才培养模式。

4. 网络与新媒体专业，在知识维度方面缺乏边界与核心聚焦

与新闻学、广播电视学重视基础概论与学科史论，传播学专业重视策略传播与各细分传播领域相比，网络与新媒体专业的知识维度课程设置，显得较为尴尬。该专业知识类课程在各方面的分布较为均衡，既涉及一定的基础概论，也涉及传媒经济、策略传播，更有10.94%的课程属于无法归类的“其他”。这充分说明，现有网络与新媒体专业的人才培养，哪些是学生需要具备的最重要知识、专业的“脸谱化”特征到底是什么，甚至背后的培养目标等最核心问题，尚未思考清楚。

四、素养维度的课程分析

除国家规定必修的“马克思主义基本原理”等思想政治课程、“大学英语”“计算机基础及应用”等课程外，我们统计了367门素养课程，如表1-5所示。

表1-5　素养维度的课程分布（%）

课　程	专　业				
	新闻学	广播电视学	传播学	网络与新媒体	通识/基础
思想政治	12.16	5.56	0.00	4.35	5.05
数理统计	2.70	1.85	27.78	0.00	7.07
文学历史	27.03	20.37	5.56	30.43	28.28
行政/外交	1.35	0.00	0.00	0.00	14.65

续 表

课　程	专　业				
	新闻学	广播电视学	传播学	网络与新媒体	通识/基础
经济/管理	6.76	7.41	27.78	8.70	8.59
法律/伦理	10.81	1.85	5.56	8.70	9.09
社会/心理	6.76	3.70	16.67	4.35	9.60
艺术审美	21.62	57.41	16.67	39.13	8.59
职业发展	10.81	1.85	0.00	4.35	9.09
总　计	100.00	100.00	100.00	100.00	100.00

1. 素养维度的课程，大部分在低年级完成

367 门素养课程中，有 198 门为通识/基础阶段完成，占比为 54.0%。尤其是行政/外交、法律伦理、职业发展类课程，在高年级阶段接触机会极少。事实上，专业知识与素养知识，分别构成知识体系的深度与广度。低年级学生更需要知识深度，增加知识结构的复杂程度，便于打下坚实的专业基础。到了高年级，需要思维的灵活、更宏观的视野，知识的广度就显得尤为重要。但从培养方案的设置看，低年级侧重广度、高年级侧重深度的安排，似乎正好与此相反。今天，越来越多的学校强调“通识教育”，但“通识教育”越来越演变为只是针对大学低年级学生的“通识”而非贯穿整个大学教育始终，这一点从培养方案的分析，也体现得较为明显。

2. 新闻学、广播电视学、网络与新媒体专业的人文学科取向明显，传播学专业更偏社会科学

新闻学开设频次最多的三种课程为文学历史（27.03%）、艺术审美（21.62%）、思想政治（12.16%）。广播电视学、网络与新媒体专业开设频次最多的两种课程均为艺术审美、文学历史，其中广播电视学专业的艺术审美课程更是占素养类课程的 57.41%。传播学开设频次最多的两种课程为数理统计（27.78%）、经济/管理（27.78%）。从中可见新闻传播专业教育的两种典型知识结构取向：传统专业的人文科学取向、传播学专业的社会科学取向。值得重视的是，从专业名称理解，“网络与新媒体”专

业似乎也应该是社会科学取向，但事实上却是人文取向，这也再次说明网络与新媒体专业的定位模糊。

3. 部分院系尝试对素养类知识系统化，推出“模块化课程包”

中国人民大学、复旦大学、清华大学等提供了大量自由组合的课程包。以清华大学为例，一年级大类课程中就包含人文类、社科类、外文类、新闻类四个模块，文化素质课程则有八个课组（其中语言文学、历史文化、哲学与心理学类、社会科学类为推荐课组）供学生自主选择。这些模块化课程包的设立，说明这些院系对学生素养类知识有了更细化、更科学的设计与考量。学科评估排名最靠前的新闻院系，在人才培养方面，也的确有更超前的意识。除了课程包之外，依托各校自身优势和学生实际的一些特色性课程也正在进入培养方案，如安徽大学的“社会责任教育”，山东大学的“稷下创新讲堂”，河南大学的“公务员考试”等。

本章小结

通过对16所综合性大学新闻院系35个新闻传播类专业2017/2018级本科培养方案的课程设置分析，本章的主要结论有：

1. 回应媒体技术发展，中国主要新闻院校的本科人才培养，已经在课程设置方面进行相应调整，重视技能与知识教育，实现了“姿态性融合”

实证数据显示，技能维度的课程占38.8%，知识维度占35.9%，素养维度占25.3%。三者之中，技能维度相对突出，知识维度次之。这反映出移动互联网生态下，数字网络技术整合对新闻传播本科教育的影响。在信息流动速度不断加快、媒介技术日新月异的背景下，新闻传播人才不仅需要塑造传播能力，还需要知识发展与应用能力，以适应各类非新闻机构的工作。但是，现有的课程融合多为“姿态性融合”：在传统的新闻学、广播电视学专业原有课程基础上，新增若干网页制作、数据挖掘、全媒体新闻生产与运营等课程。从课程性质看，这些课程多为以选修课形式存在的“点缀”；从内在逻辑关系看，这些课程与“采写编评摄”等传统核心课程的逻辑关系尚未梳理清楚，相对割裂；从学分看，新媒体类课程占技能类课程的比例不到20%。而这一切，恰恰反映了新闻传播教育面对媒介融合的“被动调试”和“仓促之举”。今天，有一个更重要的问题值得我们认真思考：到底还有没有必要继续按照媒介形态设置专业？如果说在“前媒介融合”时代，以报纸、电视、广播、网络等不同媒介形态设置专业尚有道理，那么到了“媒介融合”的今天，这一专业设置的基石和前提已不复存在。顺着这个逻辑，本科阶段的新闻传播教育，可以整合成一个专业——新闻传播专业，真正体现“融合”的思路：在技能训练方面，重点让学生扎实掌握基于移动互联网需求的媒介内容生产；在知识维度方面，让学生在了解新闻传播业态发展史的基础上掌握适应互联网时代的各种理论和科学方法；在素养支撑方面，为学生的后续发展提供多学科的知识背景。

2. 传播学、网络与新媒体专业定位模糊，反映了专业亟须调整、整合

与新闻学、广播电视学（原名“广播电视新闻学”）等专业相比，传播学专业从2001年试办到2012年转正，2013年教育部首次批准28所高校设立网络与新媒体专业，时间都非常短。这两个专业从开办之初，就一直存在培养目标不清晰、课程设置随意性大、师资力量与新闻学专业高度重合等问题，甚至大部分传播学本科专业就是以网络传播（或新媒体）为具体方向。[①] 如果说，当年互联网作为一种新的媒介形态成为与传统媒体并列的“新媒体”而出现，设立这方面专业尚有需要的话，今天这种必要性也已经消失——传播是信息传递的活动和过程，互联网作为信息传递的工具和渠道进入生活的方方面面，所谓“新媒体”也不再是新的。在教育部颁布的新闻传播类专业中，新闻学、广播电视学、广告学、编辑出版学，所培养的人本质上都在进行各种传播活动，都要使用互联网。因此，需要对专业进行重新整合，摒弃以往按照媒介形态进行人才培养的思路，改为按岗位培养，能胜任移动互联网时代的优质内容生产。至于究竟是新闻机构还是非新闻机构的岗位，变得不再重要。明确了这一点，人才培养的“供给-需求”就变得较为顺畅，他们能够以“优质内容生产能力”这个“不变”，应对包括媒体部门、社会机构、政府机关、企业单位在内的各种“变”。

---

① 张振亭，张会娜.从试办到“转正”：我国传播学专业的现状、问题及对策研究［J］.新闻界，2013（19）：66—69.

3. 各校新闻传播类培养方案高度雷同，缺乏个性化，直接拉低了人才竞争力

通过梳理，我们发现培养方案的雷同，不仅体现在新闻学、传播学、广播电视学、网络与新媒体四个专业间技能、知识、素养维度课程差异不大，也体现为同一专业在各学校间的几乎无区分度，例如同样是新闻学专业，985 高校、211 高校及其他高校的人才培养目标和课程设置基本一致。未来经过整合统一后的“新闻传播学”专业，课程体系在坚持理论课程、实践教学环节和毕业论文（作品）“三模块”的基础上，理论课程的具体设计，各校结合不同的人才培养目标与定位，可以各自创新。创新有很多可以尝试的空间，或培养掌握融合报道基础上擅长财经、体育、娱乐等具体领域的“好记者好编辑”，或培养扎实掌握政务传播、商务传播、健康传播等某一核心能力的“公共传播”人才，或在高年级根据学生兴趣和潜力，按照“业务型”和“研究型”进行分类培养……无论是哪种尝试，背后都是“一专多能”的理念。“多能”打造了学生宽口径的专业基础与素养，使学生保持未来长期的职业发展潜力；“一专”具有“脸谱化”的高识别度，体现了不同学校的差异，使学生具备核心竞争力。

4. 素养类课程多而庞杂，需要通过顶层设计进行逻辑梳理与重构

通过梳理发现，“概论化”是目前新闻传播类专业课程设置的“通病”。概论化不仅体现为专业课程中以新闻学概论、广播电视概论、广告学概论、传播学概论、网络与新媒体概论等各种直接以“概论”出现的专业基础课，也包括像新闻采写、新闻传播学研究方法、数字媒体技术、新闻传播伦理与法规等“无概论之名有概论之实”的课程，还体现为大量以“通识教育”为名出现的各种“大杂烩”素养类课程。支撑新闻传播专业人才核心竞争力的外围素养主要有哪些？这是一个需要认真思考的问题。本书认为，丰富的文史哲知识、科学思维和严密逻辑能力、对自身清晰认知和分析能力、自我调节与管控能力等，构成了当今新闻传播人才最重要的“支撑性素养”。那么，今后的素养类课程，能否按照上述方面有针对性设置，形成若干个“模块化课程包”，从而实现对学生发展的长效支撑。

面对日新月异的传播技术与社会需求，新闻传播类人才培养，应该彻底跳出原有框架，充分发挥学科想象力，做到技能、知识、素养互为支

撑、深度融合。搜索引擎与社交网络背后的算法将我们导向了一个更多元、个性的社会空间。新闻教育亦应给予回应：一则因材施教，为新闻学子设定多元的个性化培养方向，给予学生充分的自主选择权；二则着眼当下兼顾长远，让学生在真正具备媒介融合时代优质内容生产的核心竞争力同时，为今后个人的发展提供各种可能。

第二章
新闻学子专业学习状况与效果

时代对新闻传播人才提出了更高要求，而新闻教育似乎总是跟不上步伐，相对新闻业亦步亦趋，导致新闻人才培养面临诸多问题。问题与压力之下，新闻学子的专业学习状况如何？他们还会热爱自己的专业并保持浓厚的学习兴趣吗？对于当下的新闻教育，新闻学子又是如何评价的呢？本章试图清晰呈现新媒体时代新闻学子的学习状况与效果评价，所依托的数据为上海地区 8 所大学 13—16 级新闻传播类专业 1 693 名大学生进行的问卷调查，共回收有效问卷 1 430 份，有效率为 84.5%。

第一节　专业报考情况

一、专业决定时间

总体上，“填写大学志愿时”和“进入大学后”决定专业选择的学生，各占 40%左右；在高中阶段就决定的人占 12.66%，初中及以前的则更少，详见表 2-1。具体到不同类型高校，此次调查的综合性大学，因为实行大一不分专业的“大类招生”制度，有近六成的学生，是在大一结束后才决定具体专业。从学生的专业决定时间看，绝大部分人并没有提前充分谋划，更多是“船到桥头”的紧迫性选择。

表 2-1 专业决定时间

	初中及以前	高　中	填写大学志愿时	进入大学后	其　他
综合性大学学生	2.50%	11.41%	26.38%	58.47%	1.25%
专业性大学学生	2.65%	11.70%	48.34%	27.37%	9.93%
理工类大学学生	1.68%	15.38%	49.76%	27.88%	5.29%
全体样本	2.31%	12.66%	40.14%	39.72%	5.17%

二、入学前对专业的了解程度

从调查结果看（见表 2-2），专业性大学的学生入学前对新闻传播专业了解程度最差，37.92%的学生竟然“一无所知”。此外，无论是哪类大学的学生，入学前对专业“比较了解”和“非常了解”的比例加起来，最多也就是 10%左右。这说明目前的专业填报指导还非常不到位。总体上，绝大多数同学入学前对专业仅处于“有些了解”（64.98%）或者“一无所知”（26.86%）的水平。

表 2-2 入学前对专业的了解程度

	一无所知	有些了解	比较了解	非常了解
综合性大学学生	19.35%	69.18%	10.75%	0.72%
专业性大学学生	37.92%	56.98%	4.21%	0.89%
理工类大学学生	24.94%	68.04%	6.54%	0.48%
全体样本	26.86%	64.98%	7.45%	0.70%

三、选择本专业的原因

兴趣是学习的主要动力，从表 2-3 可知，55.44%的受访者因为“自身兴趣”而选择新闻传播专业，这个比例并不算高。有24.84%的受访者是被“调剂”的，尤其是专业性大学的学生，调剂比例高达44.67%。这也很大程度上解释了为什么专业性大学的学生，37.92%的人入学前对新闻传播专业一无所知。此外，实行“大类招生”的综合性大学，学生因自身兴趣选择专业的比例，远远高于其他两类学校。这充分说明，大类招生制度对于学生专业选择的理性、自主性有很大帮助。仅有4.21%的学生看好“就业前景”而选择新闻传播专业。这个数据后面，至少可以解读出两层含义：第一，绝大部分新闻学子对专业就业前景评价悲观；第二，绝大部分新闻学子在入学之初，还是“理想主义者”。

表2-3　选择本专业的原因

	自身兴趣	家长/老师建议	就业前景好	调　剂	其　他
综合性大学学生	69.88%	11.41%	5.53%	8.02%	5.17%
专业性大学学生	37.11%	6.22%	2.89%	44.67%	9.11%
理工类大学学生	55.80%	8.45%	3.86%	26.09%	5.80%
全体样本	55.44%	8.91%	4.21%	24.84%	6.60%

第二节　专业课程评价及满意度

一、对专业课程的评价

本研究用五个指标测量新闻学子对新媒体时代专业课程的评价：专业课程设置能适应新媒体发展的趋势；专业课程老师了解新媒体发展的最新情况；专业课程学习增加了我的新媒体方面知识；专业课程学习能使我掌握新媒体的应用技能；专业课程学习能增加我对传媒业的从业意愿，分别简称为“课程设置”“师资水平”“知识覆盖”“技能提升”“从业促进”，用五点里克特量表，请受访者从“完全不赞同”到“完全赞同”打分，各项得分见表2-4。

表 2-4　新闻学子的专业课程及总体满意度评价均值及比较

	总体满意度	课程设置	师资水平	知识结构	技能培养	从业促进
全体样本	3.06	3.06	3.44	3.42	3.13	3.08
综合性大学学生	3.11	3.08	3.34	3.37	3.07	3.05
专业性大学学生	2.91	2.85	3.45	3.29	2.94	2.84
理工类大学学生	3.17	3.25	3.56	3.61	3.43	3.37
F 检验	***	***	**	***	***	***
男生	3.06	3.07	3.52	3.47	3.16	3.07
女生	3.06	3.06	3.42	3.41	3.12	3.08
T 检验	Ns	Ns	Ns	Ns	Ns	Ns
高中及以前	3.17	3.23	3.53	3.50	3.17	3.25
填写大学志愿时	3.03	3.04	3.46	3.45	3.18	3.08
进入大学后	3.06	3.03	3.39	3.36	3.08	3.01
F 检验	Ns	*	Ns	Ns	Ns	*
调剂	2.91	2.93	3.45	3.37	3.01	2.82
非调剂	3.15	3.13	3.44	3.45	3.20	3.21
T 检验	***	**	Ns	Ns	**	***
低年级	3.16	3.18	3.61	3.53	3.22	3.23
高年级	2.97	2.95	3.28	3.32	3.04	2.93
T 检验	***	***	***	***	***	***
有校园媒体经历	3.11	3.11	3.50	3.48	3.19	3.04
无校园媒体经历	3.02	3.02	3.39	3.36	3.08	3.10
T 检验	*	Ns	*	*	Ns	Ns
有社会媒体经历	3.08	3.12	3.52	3.46	3.15	3.11

续　表

	总体满意度	课程设置	师资水平	知识结构	技能培养	从业促进
无社会媒体经历	3.03	2.95	3.30	3.35	3.11	3.02
T 检验	Ns	**	***	*	Ns	Ns
有自媒体经历	3.13	3.16	3.57	3.54	3.24	3.17
无自媒体经历	2.97	2.91	3.25	3.24	2.98	2.94
T 检验	***	***	***	***	***	***
有亲属从事媒体行	3.11	3.02	3.44	3.43	3.14	3.07
无亲属从事媒体行	3.06	3.07	3.44	3.42	3.13	3.08
T 检验	Ns	Ns	Ns	Ns	Ns	Ns

注：*** $p<0.001$，** $p<0.01$，* $p<0.05$，Ns 为不显著。

从全体样本来看，五项均值都超过中值 3，说明学生总体上对目前专业课程各方面的评价较为正面。其中，“老师了解新媒体发展情况”（3.44）一项得分最高，紧接着是“课程学习增加新媒体知识”（3.42），表明新闻学子在新媒体时代对师资水平和知识覆盖两个方面相对较满意；课程对技能提升帮助（3.13）、课程增加从业意愿（3.08）和课程设置（3.06）三个方面得分相对较低。

进一步比较不同类型新闻学子对专业课程的评价差异（见表 2－4），可以发现：(1) 不同学校类型的新闻学子上述指标均有显著差异。总体上，专业性大学的新闻学子，对课程设置、知识覆盖、技能提升等方面，评价均最低。理工类大学的新闻学子，对上述方面的评价普遍较高。(2) 越早决定读本专业的学生，对课程设置和从业促进的评价越高。(3) 调剂进入该专业的学生，对课程设置、技能培养、从业促进等方面的评价显著低于非调剂生。(4) 高年级对上述指标的评价显著要低。(5) 有校园媒体经历、社会媒体经历的学生，对师资水平、知识结构的评价显著要高；此外，有社会媒体经历的学生，对课程设置的评价也较高；有运营个人微信公众号的学生，对目前新闻教育上述五方面的评价，均高于没有相关经历的学生。(6) 无论是男生还是女生，或者是否有近亲属在传媒业工作，学生对新闻传播专业课程的评价，均没有显著差异。

二、对新闻教育的总体满意度

通过五点量表，测量了新闻学子对目前新闻教育的总体满意度，均值为3.06。这意味着，新闻学子的满意度仅达一般水平，并不乐观。进一步比较不同群体的新闻学子后发现，低年级、非调剂生、有校园媒体经历、有自媒体经历的学生，对新闻教育的总体满意度显著高于其他学生。另外，专业性大学的学生，对新闻教育满意度，显著低于其他两类新闻学子，具体见表2-4。

三、专业课程的能力锻炼

较之于具体的业务能力，新闻学子认为专业课程学习中，得到锻炼最多的能力是“分析问题/批判性思维”（33.08%）和“认知社会”（22.35%），认为“传统新闻业务”“新媒体业务”能力得到锻炼最多的分别占样本总数的14.79%和20.88%，见图2-1。具体到三种不同高校类型的新闻学子，总体情况差不多，仅有理工类高校的学生，把“新媒体业务”和“分析问题/批判性思维”并列第一。调查表明，新闻学子认为目前专

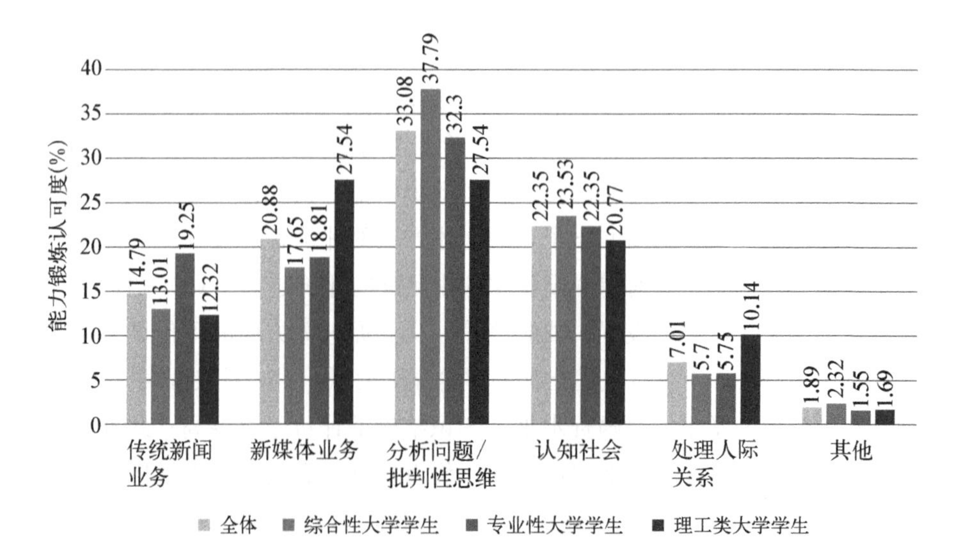

图2-1 专业课程的能力锻炼

业课程学习中，得到锻炼最多的基本都是那些相对宏观抽象的能力而非具体的新闻业务能力。此外，理工类高校在专业课程教育中，与时代结合相对紧密，更偏向于训练学生实操性的新媒体技能。

四、专业喜欢程度

从表2-5对本专业的喜欢程度来看，半数以上的学生比较喜欢本专业，不太喜欢和很喜欢的学生分别占比11.27%和10.85%，19.38%的学生表示无所谓。当问及“如果可以转专业，是否会转”的时候，仅有34.65%的人表示不会转专业，有较强的专业忠诚度。我们将学生选择转专业的原因归纳为“对行业前景的担忧”“对课程设置的不满”“缺乏兴趣”“其他”四类（见表2-6），其中缺乏学习兴趣（36.16%）、就业前景差（36.05%）、课程内容与实际脱节（34.12%）是学生选择最多的3个原因，其次是对传媒业未来没有信心（29.18%）、理论课程太多（27.79%）。不难发现，对行业前景的担忧这一因素对学生的专业忠诚度影响最大。

表2-5 对专业的喜欢程度

	很不喜欢	不太喜欢	无所谓	比较喜欢	很喜欢
综合性大学学生	1.25%	7.84%	13.19%	63.10%	14.62%
专业性大学学生	4.42%	19.47%	26.77%	43.81%	5.53%
理工类大学学生	1.20%	6.97%	19.71%	60.58%	11.54%
全体样本	2.24%	11.27%	19.38%	56.26%	10.85%

表2-6 转专业态度及原因（多选）

转专业的态度及原因		人数	个案百分比（%）
我不会转专业		493	34.65%
对课程设置的不满	课程内容与实际脱节	318	34.12%
	理论课程太多	259	27.79%

续　表

转专业的态度及原因		人数	个案百分比（%）
缺乏兴趣	缺乏学习兴趣	337	36.16%
对行业前景的担忧	就业前景差	336	36.05%
	对传媒业未来没有信心	272	29.18%
其　他	其　他	99	10.62%

第三节　媒体实践及满意度

一、媒体实践经历

通过表2-7新闻学子的实践经历发现，超过半数的学生有校园媒体经历（52.73%），有社会媒体实习经历和自媒体运营（个人微信公众号）经历的学生，占比约为40%和36%，其中有自媒体运营经历的人相对最少。从参与时长来看，新闻学子的媒体实践经历均集中在半年以下。略有不同的是，参与校园媒体实践一年以上的同学多于半年至一年的同学，而在另外两类媒体实践中，情况正好相反。可见，新闻学子的媒体实践，呈现“短期化”特点。

表2-7　媒体实践经历

	无	半年以下	半年至一年	一年以上
校园媒体	47.27%	20.42%	15.52%	16.79%
社会媒体	59.94%	27.17%	9.24%	3.64%
个人微信公号	63.99%	22.17%	8.88%	4.97%

二、首次社会媒体实习时间

在1 429位回答者中，仅有580人有社会媒体实习经历，占40.59%。

针对这580人进一步调查后发现，超过半数的学生把大二作为首次社会媒体实习的时间，尤其是大二下。大一及以前和大三开始实习的同学比例相当，均在10%左右，极少数同学（3.79%）在大四的时候才开始实习。

三、社会媒体实习部门

进一步对学生实习部门进行统计发现，见图2-2，在“网络新媒体”实习过的学生最多，占实习人数的36.69%；其次是“广电部门”（33.45%），“纸媒”（26.45%），“广告及公关公司”（25.26%），在“其他媒体相关部门”有过实习经历的新闻学子占16.55%。整体来看，网络新媒体和广电部门较受新闻学子的青睐。

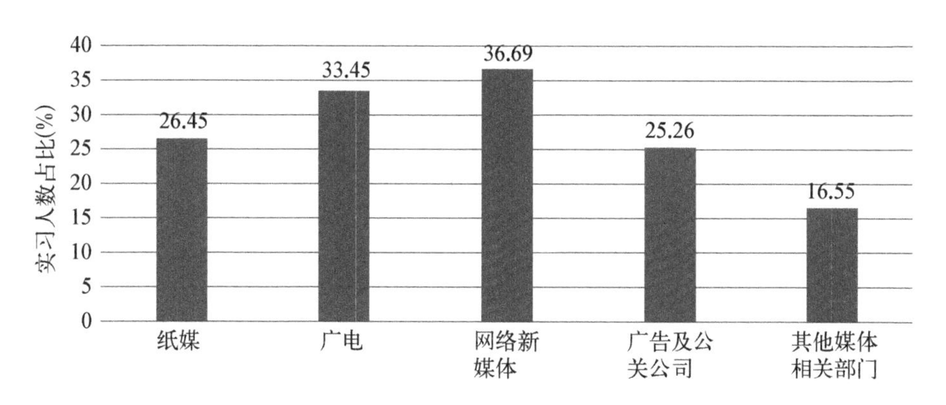

图2-2　社会媒体实习部门

四、对社会媒体实习的评价

我们采用五个指标测量有过相关经历的学生对社会媒体实习的评价：媒体实习能增加我对传媒业现状的了解；媒体实习能提升个人专业技能；媒体实习能提升个人专业信心；媒体实习能增强我对传媒业的从业意愿；媒体实习工作强度大。分别简称为“认知增强”“技能提升”“信心提升”“从业促进”“工作强度”，请受访者在“完全不赞同”到“完全赞同”的五点里克特量表上打分。

结果如表 2-8 所示，从全体样本来看，五项均值都超过中值，说明学生总体上对社会媒体实习的评价较为正面。其中“媒体实习能增加我对传媒业现状的了解”一项得分高达 4.01，“媒体实习能提升个人专业技能”一项的得分也达到了 3.81，说明新闻学子对实习的认知增强和技能提升作用比较满意。大家也比较认同“媒体实习工作强度大”（3.64），对实习能提升专业信心（3.35）和增加从业意愿（3.06）的评价较低。

表 2-8　新闻学子对社会媒体实习评价及总体满意度均值比较

	总体满意度	认知增强	技能提升	信心提升	从业促进	工作强度
全体样本	3.35	4.01	3.81	3.35	3.06	3.64
实习半年以下	3.28	3.93	3.71	3.27	2.98	3.52
实习半年至一年	3.45	4.03	3.83	3.38	3.10	3.76
实习一年以上	3.73	4.65	4.46	3.98	3.71	4.15
F 检验	***	***	***	***	***	***
大一及以前	3.31	4.06	3.91	3.50	3.18	3.71
大二上	3.32	3.95	3.80	3.41	3.07	3.55
大二下	3.29	3.95	3.68	3.21	2.94	3.56
大三上	3.49	4.06	3.81	3.35	3.24	3.73
大三下	3.52	4.13	3.98	3.50	3.17	3.85
大四	3.43	4.25	4.05	3.40	2.90	3.80
F 检验	Ns	Ns	Ns	Ns	Ns	Ns
男	3.39	3.84	3.74	3.28	2.87	3.61
女	3.34	4.04	3.82	3.37	3.10	3.65
T 检验	Ns	Ns	Ns	Ns	Ns	Ns

续　表

	总体满意度	认知增强	技能提升	信心提升	从业促进	工作强度
有亲属从事媒体行	3.28	3.90	3.57	3.32	3.00	3.51
无亲属从事媒体行	3.36	4.02	3.85	3.36	3.07	3.66
T 检验	Ns	Ns	*	Ns	Ns	Ns

注：*** $p<0.001$，** $p<0.01$，* $p<0.05$，Ns 为不显著。

进一步比较不同类型新闻学子对社会媒体实习的评价差异后发现：(1) 实习时间越长的学生，对社会媒体实习的五个指标评价越高；(2) 首次实习时间不同的学生，对五项指标评价没有显著差异；(3) 男女生的评价也没有显著差异；(4) 有亲属在传媒行业的新闻学子对社会媒体实习技能提升方面的评价显著低于其他学生。

五、社会媒体实习总体满意度

如表 2－6 所示，同样采用五点量表，测量新闻学子对社会媒体实习的满意度，均值为 3.35，为一般水平。进一步比较不同类型的学生发现：(1) 实习时间越长的学生，对社会媒体实习总体满意度显著越高；(2) 无论是否有近亲属在传媒业工作、无论男女生、无论首次实习时间是什么时候，学生对社会媒体实习的总体满意度均无显著差异。

六、社会媒体实习的能力锻炼

通过社会媒体实习，如图 2－3 所示，新闻学子认为自己得到最多锻炼的能力集中在“认知社会”(28.78%)、“新媒体新闻业务”(26.85%)、“处理人际关系”(24.18%) 三种方面，认为“分析问题或批判性思维能力”得到最多锻炼的同学仅占 10.09%。

比较“在专业课程学习中得到最多锻炼的能力”，我们发现，媒体实习与课程学习有着不同的作用，课程学习主要锻炼学生的批判思维等抽象

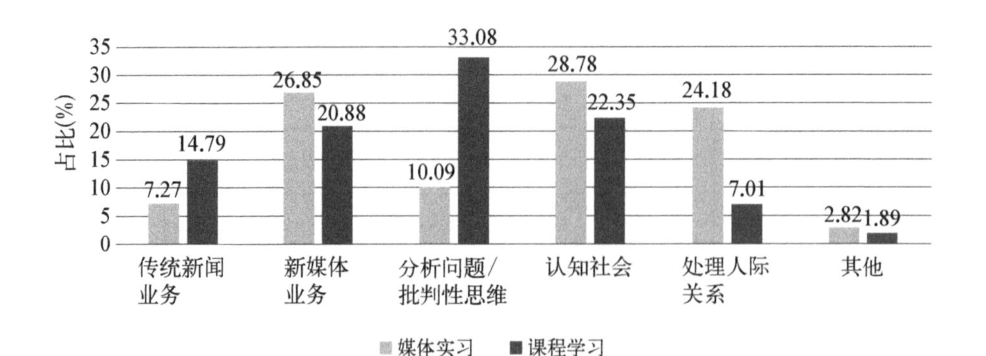

图 2－3　在社会媒体实习和课程学习中，你分别认为自己的哪一种能力得到了最多锻炼

能力，而媒体实习则主要锻炼学生的新媒体业务、处理人际关系等应用技能，同时对学生认知社会也有较好的帮助。因此，课程学习重点在于提升学生的“道”，媒体实习重点在于提升“术”，两者互相结合、相得益彰。

本章小结

本章分析了新媒体环境下新闻学子的专业学习状况及对学习效果的评价。研究的主要结论如下：

1. 以“自身兴趣”为主要报考动机背后，存在着志愿选择的盲目性和应景性，亟须进行科学的报考指导

报考的盲目性和应景性体现为：高达 92%左右的学生，在入学前对专业情况竟然是“一无所知”或者“有些了解”；在高中及以前就决定专业意愿的学生，仅占 15%左右。按理说，在互联网时代，通过网络获取各种信息并不困难，那为什么还是有如此多的学生，依然存在对专业的“无知”呢？本书认为原因可能有多方面：其一，多年来，中国教育在培养学生学习自主性和创造性方面，有所欠缺。学生长期以来养成了跟随老师的“被动学习”模式，独立思考能力不足。进入高三后，面对高强度、高压力的学习，没有更多时间精力、更没有意识去主动对自己未来的学习有前瞻性的规划，一心只想“把分数搞上去”。其二，作为能对高中生志愿填报产生较大影响的“意见领袖”——高中老师们，随着中国高等教育的快速发展，对目前大学各专业的真实情况和最新状况也不太了解，再加上目前对教师的评价也主要是“分数”，使他们也没有太多精力或者时间给予学生有效的专业填报指导。第三，家长对大学专业的相关情况更不了解，大部分家长只能根据往年的录取分数，建议子女报考相关学校和专业。其四，网络上的冗余信息太多，有效信息获取成本过高，降低了高中生在有限时间内获取高质量信息的可能性。

因此，除了网上资料外，越来越多的高校采用“进高中课堂”进行宣讲、答疑、面对面互动交流的方式，也有不少高校逐步尝试“大类招生改革”，使学生掌握了相对全面的信息后再决定具体专业，都不失为好的做法。另外，在有条件的地区和学校，可以面向全体学生和家长，开设“高校志愿填报指导”类的兴趣课或者讲座，把大学专业科学报考指导以课程的形式确立，对避免今后学生志愿选择的随意性、盲目性，都极有帮助。

2. 新媒体时代，新闻学子对校内课堂教育的总体满意度不高，其中对课程设置、从业促进的满意度最低

尽管新闻学子对校内课堂教育各指标的评价均超过 3，偏向于较为积极，但得分都在 3.5 以下，处于刚“及格”的水平。来自新闻学子的评价清晰显示，他们对当下新闻教育的“怨言颇多”是全方位的，既有课程设置本身，也有师资配备；既有知识的传授，也有技能的提升。如果说课程、师资、知识、技能等都是新闻教育过程的话，从业促进则是新闻教育的最终目标，也是评估能否完成党中央提出的“培养造就一支政治坚定、业务精湛、作风优良、党和人民放心的新闻舆论工作队伍”任务的重要指标。如果对学生传媒业的从业意愿没有显著促进，专业教育的意义和价值就大打折扣。为什么学生对人才培养过程中的师资水平、知识覆盖、技能提升评价尚可的情况下，亦然无法在从业选择时“忠实”于自己的专业呢？根据职业心理学的观点，职业价值观主要包括发展因素、保健因素、声望因素三方面。[①] 新媒体时代的媒体人工作压力大、与其他行业相比工资待遇偏低、传统媒体岗位不断萎缩、从业者个人社会地位大不如从前、

---

① 凌文辁，方俐洛，白利刚. 我国大学生的职业价值观研究 [J]. 心理学报，1999，31 (3)：342—348.

职业成长性和个人发展空间有限……这些残酷的现实，对新闻学子职业价值观的形成，无一不具有消极作用，不断“消解”着新闻教育的功效。再加上学生对新闻教育本身的满意度不高，两者叠加，更加拉低了传媒业的从业意愿。

3. 新闻学子的媒体实习呈现低龄化、短期化、多元化特点，社会媒体实习满意度显著高于校内课堂教育满意度

有社会媒体实习经历的学生中，有75%的人在大三之前就开始实习。我们认为，这一情况背后至少反映了两个问题：首先，一定程度上佐证了学生对当下校内课堂教育的不满意。正是因为对校内教育的不满意，学生才希望较早地通过社会媒体实习增强自身专业能力。本次调研中，新闻学子认为目前专业课程学习中，得到锻炼最多的是相对宏观抽象的“批判思维/认知社会”能力而非具体的新闻业务技能；而媒体实习则主要锻炼学生的新媒体业务、处理人际关系等应用技能，同时对学生认知社会也有较好的帮助。其次，反映了当下学生对就业的“群体性焦虑”。访谈中，很多学生表达了同样的想法：不管是主动还是被动，每一个学生都不由自主地被“就业焦虑”裹挟着，生怕自己实习开始太晚，实习经历不够丰富，而影响将来在就业市场的竞争力。所以，早开始总比晚开始好，多几个实习岗位总比少几个岗位好。在这样的实习心态下，必然呈现出实习岗位“短期化”“多元化”的状况——每个单位/岗位多则半年，少则一两个月；而且在传统媒体、网络新媒体、公关广告公司、其他媒体相关机构/部门间不断变换。

从短期看，低龄化、短期化、多元化的媒体实习经历，带来了学生实践技能的迅速增长，弥补了校内新闻教育的不足；对各类媒体岗位的接触与了解，也使得学生的简历变得“好看而丰富”。但从长期看，这种做法危机四伏：在越来越多高校采用“大类招生改革”的背景下，才上完一年专业课就去社会媒体实习，学生缺乏相应的理论积累、思维方式、逻辑思考能力培养与训练，只注重操作技能的长进。这对学生的长期职业发展是极为不利的。因此，作为学校，有必要对学生的社会媒体实习进行统一的规划和安排，同时不断调整课堂教学内容，增加“在全真的环境下做校园媒体”的机会，使学生在扎实的理论知识和优秀的实践技能两方面均有较大收获。

第三章
新闻学子的媒介素养水平

互联网时代，科学技术的发展与新闻业的震荡对公众媒介素养提出了更高要求，新闻人面对的挑战也更加艰巨。本章关注新闻学子媒介素养水平，旨在回答以下问题：1. 新闻学子的媒体素养水平现状如何？2. 不同新闻学子的媒体素养水平是否存在显著差异？3. 影响新闻学子媒介素养水平的因素有哪些？

第一节　概念与文献

一、核心概念：媒介素养

媒介素养首先是由英国文化研究学者李维斯（F. R. Leavis）和他的学生丹尼斯·汤普森（Denys Thompson）提出来的，1933 年，他们在《文化和环境：批判意识的培养》（*Culture and Environment: The Training of Critical Awareness*）中指出，人们在面对日常生活中由大众媒介生产，追求廉价情感诉求与满足低级心理需求的劣质文化时，应该培养一种甄别能力与批判能力，以抵制这些大众文化对自身的毒害。纵观媒介素养的发展历史，不难发现该概念内涵丰富，外延广泛，至今尚未形成统一的概念。①

尽管没有统一定义，学界对媒介素养概念的认识大致可以分为“技能

① 姜文琪，贾宁，刘超.基于 SSCI 数据库的媒介素养文献综述［J］.教育传媒研究，2017（1）：51—56.

模式”“知识模式”和“综合模式”。[①]“技能模式”的定义立足于技能，认为媒介素养是公民获取、分析、评价和传播各种信息的能力，侧重于对媒介信息的认知过程。如1992年美国媒介素养研究中心给媒介素养做出如下定义：媒介素养就是指人们面对媒介各种信息时的选择能力、理解能力、质疑能力、评估能力、创造和生产能力以及思辨的反应能力。加拿大安大略省教育部门给媒介素养下的定义是：媒介素养旨在培养学生对媒体本质、媒体常用的技巧和手段，以及这些技巧和手段所产生的效应的认知力和判断力。[②]“知识模式”的定义更强调知识，认为媒介素养更多的是关于媒介如何对社会产生功能的知识体系，侧重于媒介知识的累积。媒介素养应包括以下几个知识要点（1）媒介信息是被建构的；（2）媒介信息是在经济、社会、政治、历史和审美的背景下被生产的；（3）在信息接收中对意义的解释过程是由读文本和文化之间的互动构成的；（4）媒介有独特的语言，代表不同媒介形式的特征，类型以及传播信息的符号系统；（5）媒介再现在人们理解社会真实中扮演重要角色。[③]“综合模式”的定义则技能和知识并重，认为媒介素养是知识和技能的综合。

本书认为，以上三种模式分别从不同的侧重点去表述“媒介素养”这一概念，其对媒介素养这个概念内涵实质内容的认定是大致相同的，只是表述的角度各有侧重而已。只有具备了“知识模式”所强调的“知识结构”，才能拥有“技能模式”强调的“技能”；而从“技能”也可以体现相关“知识”是否具备。可见，知识是基础，技能则是在了解知识基础上对知识的灵活运用，把这两层含义都包含在内的综合模式对媒介素养内涵的概括更为全面。

进入21世纪，“新媒介素养”的概念应运而生并日益受到重视。美国新媒介联合会在2005年发布的《全球性趋势：21世纪素养峰会报告》中将“新媒介素养”定义为：“由听觉、视觉以及数字素养相互重叠共同构成的一整套能力与技巧，包括对视觉、听觉力量的理解能力，对这种力量的识别与使用能力，对数字媒介的控制与转换能力，对数字内容的普遍性传播能

---

① W. James, Potter. Theory of Media Literacy a Cognitive Approach [M]. London: Sage Publications, 2004: 29.

② 张开.媒介素养概论 [M].北京：中国传媒大学出版社，2006：94.

③ W. James, Potter. Theory of Media Literacy a Cognitive Approach [M]. London: Sage Publications, 2004: 259.

力，以及轻易对数字内容进行再加工的能力。”这一定义同样侧重在“技能模式”。此外，“信息素养”“数字素养”“图像素养”“多媒体素养”等一系列特定术语，也在研究领域内广泛应用。对“新媒介素养”的解读除了侧重技能的角度之外，学者们也将其看作传媒业者专业主义精神的内在要求。国内学者陈力丹认为，媒介素养不仅是公众对于媒介的认识和关于媒介的知识，也是传媒工作者对自己职业的认识和一种职业精神。① 这种解读则是偏重“知识模式”的理解。在国际范围内，对“新媒介素养”的概念至今尚未达成共识，仍处于探索阶段。但可以看到的是，在理解“媒介素养”的概念时，不同学者采取了不同视角和立场，但不论采用何种模式，媒介素养对人类社会的重要意义，已经有了广泛认同，它随着社会的发展和科技的进步不断丰富、扩展，成为一个具有历史性、发展性的概念系统。

我们认为，在当前媒体融合的时代背景下，媒介素养指人们在个人生活、社会发展中具备媒介常识和基本概念、参与媒介活动并对媒介有一定的认识，并能够根据自身的需要，批判性地获取、解读并使用相应的媒介信息，借助媒介工具编辑、处理、创造有建设性价值的信息或作品。具体包括以下四个指标：一是媒介知识量，对媒介常识、媒介生产知识、媒介伦理和法规的了解；二是媒介参与度，参与媒介传播各个过程中的具体活动；三是媒介应用技能，利用传统媒介和网络新媒体技术编辑、处理、创造信息的能力；四是媒介信息使用能力，根据自身需要，获取、鉴别有效信息，抵制不良信息的能力。

二、相关文献回顾

西方关于“媒介素养”的研究起步较早，研究成果丰富，研究体系也较为完善，研究主题基本上可以分为三大类：第一类是对媒介素养的影响和作用的研究，方法上偏于微观量化的分析；②③ 第二类是对媒介素养理论

① 陈力丹.关于媒介素养与新闻教育的网上对话［J］.湖南大众传媒职业技术学院学报，2007，7（2）：12—17.

② Lumb A. B.. The Effect of a Media Literacy Intervention on Female Body Image［D］. Carleton University，2006.

③ Yates B. L.. Media Literacy and Attitude Change：Assessing the Effectiveness of Media Literacy Training on Children's Responses to Persuasive Messages within the ELM［J］. International Journal of Instructional Media，2011，38（1）：59 - 71.

和历史的研究，方法上偏向于定性访谈和文献分析；[①②] 第三类是对媒介素养教育或课程设置问题的研究。这类的研究论文数量最多，一般围绕媒介素养教育现状及问题、提升办法等方面进行阐述。

媒介素养的概念之于我国是一种舶来品，1994 年，中国社科院新闻研究所的夏商周首次把媒介素养教育介绍到中国，[③] 张志安等认为，我国对媒介素养和媒介素养教育的关注始于 1997 年卜卫发表的《论媒介教育的意义、内容和方法》。[④] 这是中国大陆第一篇系统论述媒介素养教育的论文，追溯了媒介素养观在西方的发展演变史。此后，国内一些学者陆续发表了一些研究媒介素养的论文，这一课题开始在国内兴起。进入 21 世纪以后，我国大陆新闻传播学界也开始对媒介素养领域给予更多的关注。统观国内新闻传播学领域对媒介素养的研究，大致可分为以下几类：

第一类是关于媒介素养的理论研究。这类理论研究主要通过对国外媒介素养研究的介绍性译文或综述，[⑤] 以及对国内外研究的对比，为国内媒介素养理论的创新与发展提供思路与指导。张志安、沈国麟认为国内“研究尚未引起广泛重视”，“定性多于定量”，“缺乏有效实践”。蔡帼芬、张开、刘笑盈主编的《媒介素养》，收录了首届中国媒介素养教育国际研讨会上的 26 篇论文，是国内第一本较为全面地论述媒介素养理论和媒介素养教育的著作。[⑥] 除此之外，还有单晓红主编的《媒介素养引论》、段京肃的《媒介素养导论》等十余本专著。纵观国内的理论研究，可以看到国内学者们在构建本土化媒介素养知识体系道路上做出的不懈努力。

第二类是关于媒介素养的实证研究。随着理论的引进和发展，关于媒介素养的实证研究也开始出现。从较早的实证研究，如鲍海波等对西安大学媒介素养现状进行的调查，[⑦] 刘佳对上海大学生媒介素养现状的研究等

---

① Taebi S.. Theoretical Foundations of Media Education: A Critical Analysis [D]. McGill University Libraries, 2001.

② Agostino A.. Qualitative Analysis of Mindful Interaction and Cognitive Residue in Pre-Tertiary Media Education [D]. Concordia University, 2001.

③ 夏商周.我国需要“媒介扫盲”[J].新闻记者，1994 (1)：9—10.

④ 张志安，沈国麟.媒介素养：一个亟待重视的全民教育课题——对中国大陆媒介素养研究的回顾和简评 [J].新闻记者，2004 (5)：11—13.

⑤ 廖峰.加拿大媒体素养教育的启示 [J].当代传播，2007 (4)：69—71.

⑥ 蔡帼芬，张开，刘笑盈.媒介素养 [M].北京：中国传媒大学出版社，2005.

⑦ 鲍海波，杨洁，王喜严.象牙塔里看媒介——西安大学生媒介素养现状调查 [J].新闻记者，2004 (5)：16—19.

都采用定量的研究方法，对大学生群体的媒介素养现状进行了问卷调查，在给出客观的描述性统计结果同时辅以定性的解释、分析与总结。[①] 随着时代的发展，媒介素养开始成为一个全民普及的词汇，此时出现了对更多群体媒介素养现状的调查，如青少年群体[②]，政府官员[③]，农民工[④]，农民工子女[⑤]等。

第三类是媒介素养教育的研究。业内对媒介素养教育的研究主要还是聚焦在对媒介素养现有研究状况的分析。除此之外，对媒介素养教育的本土概论、海外概论，以及国内外对比研究也是媒介素养教育研究的一大重点。例如陈晓慧、杨菲总结了美国媒介素养教育的优缺点，并通过对比中美两国，提出了我国媒介素养教育应该注意的一些问题。[⑥] 尽管有大量概论和总结分析，国内对媒介素养教育的研究都未能应用到实践性中，关于构建媒介素养课程体系的文章更是少之又少，总体来说，实用性较为欠缺。而从对象上看，除了立足于校园的大学生、青少年媒介素养教育，农民工、政府工作者、军人、老年人等其他研究对象也进入了研究者的视野，在其中，新闻工作者的媒介素养教育由于行业的震荡成为一个新的重要议题。[⑦] 从这些日益增多的研究群体出发，也可以看到媒介素养教育已经在逐渐本土化。

第四类是针对新媒体时代“新媒介素养”内涵与培养路径的研究。理论研究方面，新加坡学者林子斌的《了解新媒介素养：一个理论的框架》基于西方既有理论框架，结合新加坡新媒体环境，构建出一个四维度的理论框架。在实证调查方面，宋金刚调查新媒体环境下不同层次高校外语专业学生媒介素养的基本情况，从宏观、中观、微观三个层面提出外语专业

---

① 刘佳.上海大学生媒介素养现状研究［D].上海：上海外国语大学，2005.

② 李玲.青少年网络媒介素养现状及对策研究［D].长沙：湖南师范大学，2005.

③ 袁军，王宇，陈柏君.政府官员的媒介素养现状及提高途径［J].现代传播（中国传媒大学学报），2009（5）：31—33.

④ 郑素侠.农民工媒介素养现状调查与分析：基于河南省郑州市的调查［J].现代传播（中国传媒大学学报），2010（10）：121—125.

⑤ 廖峰.城市农民工子女媒介素养状况实证研究：以浙江省为例［J].丽水学院学报，2013，35（4）：60—66.

⑥ 陈晓慧，杨菲.美国教师媒介素养教育研究［J].中国电化教育，2011（6）：22—25.

⑦ 万舒，张晨，袁晓斌.论传者媒介素养教育［J].吉林广播电视大学学报，2007（3）：74—76.

学生的媒介素养教育路径。[①] 赵梦洁等以智能媒介素养理论为依据，阐释老年女性群体智能媒介素养定义，并从智能媒介信息获取、评价以及创建三个维度离析其构成，从年龄因素、居住因素、文化因素和经济因素等方面对我国老年女性群体进行单因素方差分析，发现我国老年女性群体智能媒介素养仍然面临很大的困境，亟须政府、媒介、社会各界共谋措施，以提升该群体的老年生活幸福感。[②] 刘钰婷等针对江苏某高校医学生的实证研究发现，医学院校学生普遍存在网络自我约束能力较差、媒介信息辨别力不强、网络媒介学习能力不足、网络安全意识和独立思考能力以及对媒介素养的认知水平亟待提高等问题，而且网络还会造成作息不规律等问题，需加强管理和教育。[③] 张海燕针对高职学生的实证研究发现，学习成绩、计算机水平、受网络媒介教育状况、使用动机会显著影响高职生网络媒介素养。[④]

从当前已发表的文献看，我国的媒介素养研究尽管数量不少，但还有较大的空间。国内学者对媒介素养的多数研究停留在对国外研究成果的梳理和介绍上，又以引介西方媒介素养理论及实践模式居多，真正结合我国受众媒介素养实际状况的研究成果还不多见；目前媒介素养的实证研究成果，研究方法单一，选取视角泛化，并且多数只可称作调查报告，而不是从学术理念上对媒介素养这个概念的影响因素或影响作用进行的学术研究；对媒介素养的“系统研究存在盲点”，要清楚“媒介素养研究的系统性还涉及成立相关组织、建立相关立法以及学校社区、家庭共同努力等问题”。[⑤] 关于媒介素养课程体系建设研究十分匮乏。有学者梳理了2020年775篇以中文发表的媒介素养相关的研究型论文后发现：(1) 作者职称分布均衡，新生力量充足，学科来源较为多元；(2) 目标群体主要是各类学生，被研究得最多的是高校师生，对其他群体的关注不够；(3) 保护主义理念对媒介素养研究影响深远，辨别主义和保护主义范式依然占据主体

---

① 宋金刚.新媒体时代外语专业学生媒介素养教育路径探析 [J].中国教育技术装备：1—3.

② 赵梦洁，刘宝瑞.智媒时代我国老年女性群体智能媒介素养现状的实证研究 [J].新媒体研究，2022，8 (20)：113—118.

③ 刘钰婷，陈秀芳.医学院校学生媒介素养现状及其影响因素研究 [J].卫生职业教育，2022，40 (20)：66—68.

④ 张海燕.高职生网络媒介素养影响因素实证研究 [J].教育信息技术，2022 (2)：95—99.

⑤ 胡连利，刘伟娜.媒介对女性的误读与重建 [J].河北大学学报（哲学社会科学版），2006，31 (1)：74—79.

地位；（4）思辨性文章数量超过一半，部分论文的研究方法不够规范，研究结论的依据不充分；（5）论文主要结论的一致性较高，对策的可操作性有待提升。①

在人才优势主导媒体竞争的当下，新闻学子作为“准新闻人”也逐渐进入研究视野。但整体而言，相关研究重点是新闻记者和编辑，对新闻学子的研究仍非常缺乏，尤其是量化的实证研究。②③ 关于新闻学子媒介素养水平的文章并不多，为数不多的文章重点都放在培养途径、教育方式上，④⑤ 将目光从媒介素养放之新闻学子专业能力的研究上也是一样，文章都只探讨了培养能力、培养计划、培养模式、培养的重要性等。⑥

通过文献综述，可以发现新闻学子媒介素养研究的几大不足：（1）我国媒介素养理论研究起步晚，层次浅，实用性较为欠缺。实证研究方法单一，选取视角泛化，并且多数只可称作调查报告，而不是从学术理念上对媒介素养这个概念的影响因素或影响作用进行的学术研究。（2）关于新闻学子的研究仍非常缺乏，对于新闻学子媒介素养的研究更是少之又少，且重点都放在培养途径、教育方式上，多是泛泛而谈，缺乏有针对性的研究。（3）缺乏前瞻性和创新性，缺少对媒介素养教育系统构建的指向性、实践性对策。

第二节　研究设计

目前，媒介素养量表始终没有一个统一的测量标准。根据研究目的，本书把新闻学子的媒介素养水平分为媒介知识量、媒介参与度、媒介应用技能和媒介信息使用能力四大方面，据此设计媒介素养量表（见表3-1）。

---

① 朱巧燕.中国媒介素养研究现状分析：以2020年为例[J].中国广播电视学刊，2022(8)：36—40.

② 黄文波.试论新闻编辑媒介素养的提升[J].记者摇篮，2022(10)：30—32.

③ 袁晖.媒体融合背景下新闻工作者媒介素养的现状与重塑[J].记者观察，2022(9)：127—129.

④ 杨翠芳.媒介素养教育与新闻学专业大学生培养[J].湖北大学学报（哲学社会科学版），2010，37(4)：123—125.

⑤ 李芒，徐会.媒介融合情境下新闻专业的媒介素养教育[J].青年记者，2011(20)：19—20.

⑥ 程莉.加强新闻学子职业道德教育的重要性[J].新闻窗，2008(1)：117—118.

表 3 - 1 媒介素养水平指标及题目设置

维度		题目设计
媒介知识量	媒介内容与现实的混淆	电视/电台/网络音乐排行榜的歌曲是观（听）众最喜欢的
		电视剧里面包含了制作人的价值观
		暴力犯罪报道中的女性受害者多于男性，社会现实与报道一致
	媒介生产知识	《我是歌手》的制作经费基本上是由电视台提供的
		百度搜出的结果主要是通过所付的广告费用来排序的
		新闻报道都是经过编辑记者选择的
	媒介伦理	在新闻传播过程中，新闻倾向性总是客观存在的
		绝大多数媒介都是没有偏见的
		救灾现场，记者的主要职责是报道，而不是去救灾
	媒介法规	广播电台播放已经出版的录音制品，需经著作权人许可，并支付报酬
		四大门户网站（搜狐、新浪、腾讯、网易）均不具有新闻独立采访权
		在无其他约定的情况下，电影片的著作权归该片制片单位所有
媒介参与度	媒介现场参与	接受过记者采访
		参加过节目录制
	媒介传播过程参与	给媒介的新闻热线爆过料
		给媒介部门投过稿
		在网络上对热点事件进行评论
	媒介行业深度参与	参加过校园媒体
		参与过社会媒体
	传统媒介基础技能	新闻采写
		报纸编辑排版

续　表

<table>
<tr><th colspan="2">维　度</th><th>题　目　设　计</th></tr>
<tr><td rowspan="7">媒介应用技能</td><td rowspan="2">传统媒介基础技能</td><td>音视频编辑</td></tr>
<tr><td>平面设计</td></tr>
<tr><td rowspan="5">网络新媒体技能</td><td>大数据分析挖掘（如 SPSS）</td></tr>
<tr><td>设置代理服务器</td></tr>
<tr><td>设计个人网页</td></tr>
<tr><td>微信、微博公众号等新媒体运营</td></tr>
<tr><td>App 设计</td></tr>
<tr><td rowspan="9">媒介信息使用能力</td><td rowspan="3">信息获取力</td><td>我知道挑选什么媒介去找到需要的信息</td></tr>
<tr><td>我能通过新闻标题或者微博热搜快速了解到社会发生的事情</td></tr>
<tr><td>我经常只依靠自己便能在网上找到各种所需资源</td></tr>
<tr><td rowspan="3">不良信息抵制力</td><td>电影电视中出现性挑逗、性暴露情节，我跳过</td></tr>
<tr><td>在网络上接触到可能是谣言的信息后，我不会继续传播</td></tr>
<tr><td>当无意中打开情色网页后，我会继续看这个网页（反向计分）</td></tr>
<tr><td rowspan="3">信息鉴别力</td><td>媒体赞同的观点，我也会赞同支持（反向计分）</td></tr>
<tr><td>对于媒体的报道，我会设法用其他方法求证</td></tr>
<tr><td>我通常不能判断网络上检索到的资料是否适当可靠（反向计分）</td></tr>
</table>

一、媒介知识量

采用判断题的形式，有标准答案。在主要参考陆晔与郭中实 2006 年所编制的媒介知识量表和李维 2007 年所编制的网络知识量表的基础上，设计媒介内容与现实的混淆、媒介生产知识、媒介伦理、媒介法规四个指标；编码时 1＝答案正确；0＝答案不正确。计算总分时采用累加法，将反向题的计分逆向处理，答对计 1 分，答错为 0 分（实际使用数据时，为了统计方便，与里克特五点量表计分上保持一致，采用 5 分制，答对为 5 分，答错为 1 分），共 12 题。

二、媒介参与度

此部分主要参考郑智斌对南昌大学生媒介使用情况调查量表，根据当下的媒介环境从媒介现场参与、媒介传播过程参与、媒介行业深度参与三个指标设置题目。[①] 采用多选题型，计算总分时采用累加法，每选一个选项计 1 分；统计时列为单项选择，选中计 1 分，未选为 0 分（实际使用数据时，采用 5 分制，选中为 5 分，未选为 1 分），共 7 题。

三、媒介应用技能

此部分基于祝建华 2002 年构造的互联网使用技能（Online Skills）量表和现有的传统媒介应用技能，结合当下媒介环境，从传统媒介基础技能、网络新媒体技能两个指标设计题项。[②] 采用多选题型，计算总分时采用累加法，每选一个选项计 1 分，总分为媒介应用技能水平；统计时列为单项选择，选中计 1 分，未选为 0 分（实际使用数据时，采用 5 分制，选中为 5 分，未选为 1 分），共 9 题。

四、媒介信息使用能力

此部分主要参考江宇 2008 年对南宁市中学生及其父（母）使用的媒介素养调查量表，[③] 采用李克特 5 点计分法，从 1—5 分别为完全不符合、不太符合、比较符合、完全符合，共 9 题。

为了使量表适合于新闻学子，在形成量表后随机选取了四个年级的新闻

① 郑智斌，樊国宝.论农村受众的媒介素养教育：基于安西镇调查的视角 [J].南昌大学学报，2005 (3)：158—162.

② 祝建华，谭跃. 港、京、穗三地互联网使用技能之比较 [J].传媒透视，2002 (11)：7—9.

③ 江宇.家庭社会化视角下媒介素养影响因素研究 [D].北京：中国传媒大学，2008.

学子50名（有效问卷48份）为被试，进行小样本施测。首先对媒介素养水平量表进行内部一致性检验，删除信度较差的题项后（表3-1中黑色底纹的题项为删除项），共34题，总量表克隆巴赫系数为0.709，各维度系数值也均大于0.50，量表内部一致性可接受。随后对量表进行项目鉴别度分析，采用极端组比较法检验量表各指标的鉴别度。独立样本检验结果显示，所有指标极端组T检验都达到0.001显著水平，说明媒介素养水平量表各指标具有良好的鉴别力。最后对媒介素养水平量表各维度进行相关分析，发现各维度与媒介素养总分之间相关系数在0.554—0.719之间，相关度较高，且各个维度间相关度也全部达到0.01的显著水平，综合验证性因素结果和项目鉴别度分析，可以认为新闻学子媒介素养水平量表具有良好的效度。

第三节　新闻学子媒介素养水平现状

一、媒介知识量

媒介知识部分共4个指标，媒介内容与现实的混淆3题，媒介生产知识3题，媒介伦理3题，媒介法规2题（前测删除1题），共11道题，具体各题的正确率见表3-2。

表3-2　媒介知识水平测量题及正确率（N=1 033）

指　　标	题　　目	正确率（%）
媒介内容与现实的混淆	电视/电台/网络音乐排行榜的歌曲是观（听）众最喜欢的	67.5
	电视剧里面包含了制作人的价值观	92.0
	暴力犯罪报道中的女性受害者多于男性，社会现实与报道一致	52.9
媒介生产知识	《我是歌手》的制作经费基本上是由电视台提供的	88.5
	百度搜出的结果主要是通过所付的广告费用来排序的	67.5
	新闻报道都是经过编辑记者选择的	84.3

续 表

指 标	题 目	正确率（%）
媒介伦理	在新闻传播过程中，新闻倾向性总是客观存在的	90.0
	绝大多数媒介都是没有偏见的	86.9
	救灾现场，记者的主要职责是报道，而不是去救灾	72.1
媒介法规	四大门户网站（搜狐、新浪、腾讯、网易）均不具有新闻独立采访权	41.2
	在无其他约定的情况下，电影片的著作权归该片制片单位所有	81.1

从正确率来看，仅有 1 题低于 50%，且有 6 题正确率超过 80%，占总题量的 54.5%，说明新闻学子的媒介知识总体水平较好。

如果设定每答对 1 题得 1 分，总分为 11 分。从统计结果看，媒介知识题平均总得分为 8.24 分，换算为百分制，为 74.91 分，处在较好水平。如果把各项指标分别统计，媒介内容与现实的混淆题的平均得分是 2.12 分，相当于百分制的 70.67 分；媒介生产知识题的平均得分是 2.40 分，相当于百分制的 80 分；媒介伦理题的平均得分是 2.49 分，相当于百分制的 83 分；媒介法规题的平均得分是 1.22 分，相当于百分制的 61 分。

二、媒介参与度

媒介参与部分共 3 个指标，媒介现场参与 2 题，媒介传播过程参与 3 题，媒介行业深度 2 题，共 7 道题，具体题项参与率见表 3 - 3。

表 3 - 3　媒介参与行为测量题及参与率（N=1 033）

指 标	题 目	参与率（%）
媒介现场参与	接受过记者采访	32.7
	参加过节目录制	28.5

续　表

指　　标	题　　目	参与率（%）
媒介传播过程参与	给媒介的新闻热线爆过料	3.6
	给媒介部门投过稿	17.6
	在网络上对热点事件进行评论	60.6
媒介行业深度参与	参加过校园媒体	52.1
	参与过社会媒体	40.1
媒介参与行为（总）		87.2

从结果看，仅 2 题的参与率高于 50%，且有 3 题的参与率低于 30%，占总题量的 42.9%，且有 12.8%的新闻学子没有参与过任意一项量表中设计的媒介参与行为。这个结果表明新闻学子媒介参与行为状况并不尽如人意。在全部参与行为中，给媒介的新闻热线爆料这一行为的参与度最低，为 3.6%；在网络上对热点事件进行评论的行为参与度最高，为 60.6%。

如果设定每参与 1 项行为得 1 分，总分为 7 分。从统计结果看，媒介参与行为题的平均总得分为 2.35 分，换算为百分制，为 33.57 分，处在较差水平。如果把各项指标分别统计，媒介现场参与的平均得分是 0.61 分，相当于百分制的 30.5 分；媒介传播过程参与行为的平均得分是 0.82 分，相当于百分制的 27.3 分；媒介行业深度参与的平均得分是 0.92 分，相当于百分制的 46 分。

三、媒介应用技能

媒介应用技能部分共 2 个指标，传统媒介基础技能 4 题，网络新媒体技能 4 题（前测删除 1 题），共 8 道题，具体题项得分率见表 3 - 4。

可以发现有 99.3%的新闻学子至少拥有一项媒介应用技能，说明当前新闻学子的媒介应用技能培养还是具有成效的。而在所有技能中，设置代理服务器技能的得分率最低，仅有 2.8%，微信、微博公众号等新媒体运营技能得分率最高。

表 3-4 媒介应用技能水平测量题及得分（N=1 033）

指　　标	题目（我能从事的活动）	得分率（%）
传统媒介基础技能	新闻采写	69.0
	报纸编辑排版	51.2
网络新媒体技能	音视频编辑	57.1
	平面设计	38.2
	大数据分析挖掘（如 SPSS）	14.9
	设置代理服务器	2.8
	设计个人网页	24.6
	微信、微博公众号等新媒体运营	74.0
媒介应用技能（总）		99.3

如果设定每答对 1 题得 1 分，总分为 8 分。从统计结果看，媒介应用技能题平均总得分为 3.32 分，换算为百分制，为 37.9 分，处在较低水平。如果把各项指标分别统计，传统媒介基础技能的平均得分是 2.16 分，相当于百分制的 54 分；网络新媒体技能的平均得分是 1.16 分，相当于百分制的 37.9 分。

四、媒介信息使用能力

媒介信息使用能力部分共 3 个指标，信息获取力 3 题，不良信息抵制力 2 题（前测删除 1 题），信息鉴别力 3 题，共 8 道题，采用李克特 5 点量表，从 1—5 分别为完全不符合、不太符合、比较符合、完全符合，具体题项平均得分见表 3-5。

新闻学子在媒介信息使用能力上总分 3.76 分，处于中等偏高水平，各题目平均得分也均处于较高水平，说明新闻学子媒介信息使用能力较好；其中“在网络上接触到可能是谣言的信息后，我不会继续传播”题项得分最高，为 4.35 分，说明新闻学子对网络谣言有很好的抵制力；仅有一道题目平均得分低于3.5分以下——“我通常不能判断网络上检索到的资料是否适当可靠”，为3.10分，说明新闻学子对繁杂的网络信息鉴别能力水平较弱。

表3-5 媒介信息使用能力测量题平均得分（N=1 033）

指标	题目	M（±SD）
信息获取力	我知道挑选什么媒介去找到需要的信息	3.76±0.88
	我能通过新闻标题或者微博热搜快速了解到社会发生的事情	3.97±0.87
	我经常只依靠自己便能在网上找到各种所需资源	3.51±1.00
	信息获取力总得分	**3.75±0.68**
不良信息抵制力	在网络上接触到可能是谣言的信息后，我不会继续传播	4.35±0.90
	当无意中打开情色网页后，我会继续看这个网页（反向）	3.94±1.16
	不良信息抵制力总得分	**4.14±0.78**
信息鉴别力	媒体赞同的观点，我也会赞同支持（反向计分）	3.60±0.85
	对于媒体的报道，我会设法用其他方法求证	3.53±0.96
	我通常不能判断网络上检索到的资料是否适当可靠（反向）	3.10±1.00
	信息鉴别力总得分	**3.41±0.60**
媒介信息使用能力总得分		3.76±0.49

五、媒介素养水平总体情况及群体比较

掌握了新闻学子媒介素养水平各维度的得分情况后，对新闻学子媒介素养水平总体得分及各维度得分均值进行比较分析，我们发现：(1) 从全体样本来看，新闻学子媒介素养水平平均得分为3.28，仅达到一般水平；(2) 新闻学子在媒介知识量上得分最高，达到3.95，紧接着是媒介信息使用能力，达到3.77分；(3) 新闻学子在媒介参与度和媒介应用技能两

个维度上得分最低，仅为2.39分、2.49分，均低于2.5分。

第四节 不同新闻学子媒介素养水平比较

一、个体因素

表3-6给出了新闻学子媒介素养水平各维度在个体因素上的群体比较结果。比较后发现：(1) 不同性别的新闻学子媒介素养总体水平上具有显著差异（$p<0.01$）。男生的媒介素养总体水平相对女生要低，主要表现在媒介参与度（$p<0.001$）和媒介信息使用能力（$p<0.01$）两个维度；(2) 不同年级的新闻学子媒介素养总体水平上差异显著（$p<0.001$），可以看出来随着年级的增长，新闻学子媒介素养水平总分均值在逐步提高，这种差异在媒介素养水平四个维度上均有体现，其中，媒介信息使用能力的年级差异最小（$p<0.05$）。

表3-6 新闻学子媒介素养水平各维度在个体因素上的群体比较（N=1033）

	总体水平	媒介知识	媒介参与度	媒介应用技能	媒介信息使用能力
男生	3.19	3.92	2.31	2.74	3.62
女生	3.30	3.96	2.40	2.93	3.80
T检验	**	Ns	***	Ns	**
大一	3.03	3.79	1.91	2.83	3.70
大二	3.22	3.93	2.19	3.11	3.77
大三	3.41	4.03	2.66	3.20	3.83
大四	3.42	4.04	2.74	2.89	3.75
F检验	***	***	***	***	*

注：*** $p<0.001$，** $p<0.01$，* $p<0.05$，Ns为不显著。

二、家庭因素

表3-7给出了新闻学子媒介素养水平各维度在家庭因素上的群体比较结果。比较后发现：(1) 不同家庭所在地的新闻学子在媒介素养总体水平上具有显著差异（$p<0.001$）。原籍在县城及以下的学生，较之于来自城市的学生，媒介素养总体水平得分较低。主要表现在媒介参与度（$p<0.01$）和媒介信息使用能力（$p<0.001$）两个维度。(2) 有无亲属在媒体单位工作不会造成新闻学子媒介素养总体水平上的显著差异（$p>0.05$），仅在媒介参与度上有差异（$p<0.05$）。(3) 是否是独生子女在新闻学子媒介素养总体水平上并无显著差异（$p>0.05$），仅在媒介信息使用能力上有差异（$p<0.05$）。

表3-7 新闻学子媒介素养水平各维度在家庭因素上的群体比较（N=1 033）

	总体水平	媒介知识	媒介参与度	媒介应用技能	媒介信息使用能力
县城及以下	3.18	3.91	2.25	2.81	3.64
城市	3.31	3.97	2.44	2.93	3.82
T检验	***	Ns	**	Ns	***
亲属影响	3.30	3.88	2.62	2.88	3.75
无亲属影响	3.27	3.96	2.35	2.90	3.77
T检验	Ns	Ns	*	Ns	Ns
独生子女	3.34	4.00	2.51	2.94	3.81
非独生子女	3.13	3.85	2.10	2.78	3.67
T检验	Ns	Ns	Ns	Ns	*

注：*** $p<0.001$，** $p<0.01$，* $p<0.05$，Ns为不显著。

三、报考因素

比较新闻学子媒介素养水平各维度在报考因素上的群体差异发现（见

表3－8)：(1) 入学后决定专业的学生，在媒介素养总体水平上显著高于入学前决定专业的学生（$p<0.05$），差异主要表现在媒介应用技能($p<0.01$）和媒介信息使用能力（$p<0.01$）两个维度，这某种程度上反映了大类招生的优势。(2) 入学前对专业了解程度低的学生，在媒介素养总体水平上显著低于入学前对专业了解程度高的学生（$p<0.001$）。(3) 调剂进入新闻传播类专业学习的学生，在媒介素养总体水平（$p<0.001$）和四个维度上均显著低于非调剂的学生。这种差异在媒介参与度、媒介应用技能、媒介信息使用能力三个维度上均有体现。(4) 不同学校类型的新闻学子在媒介素养总体水平（$p<0.001$）和四个维度上均有显著差异。总体上，综合性大学的新闻学子在媒介知识、媒介参与度、媒介应用技能、媒介信息使用能力四个维度上得分均为最高，而理工类大学的新闻学子各个维度得分均为最低。

表3－8　新闻学子媒介素养水平各维度在报考因素上的群体比较（N=1 033）

	总体水平	媒介知识	媒介参与度	媒介应用技能	媒介信息使用能力
入学前决定专业	3.25	3.92	2.37	2.83	3.74
入学后决定专业	3.32	3.99	2.41	2.99	3.82
T检验	*	Ns	Ns	**	**
专业了解程度低	3.26	3.95	2.34	2.87	3.75
专业了解程度高	3.50	3.98	2.95	3.12	3.98
T检验	***	Ns	***	*	***
非调剂	3.32	3.97	2.48	2.98	3.80
调剂	3.15	3.91	2.11	2.65	3.70
T检验	***	Ns	***	***	**
综合性大学	3.43	4.08	2.61	3.15	3.85
专业性大学	3.27	4.00	2.40	2.74	3.76
理工类大学	3.08	3.71	2.07	2.71	3.67
F检验	***	***	***	***	***

注：*** $p<0.001$，** $p<0.01$，* $p<0.05$，Ns为不显著。

四、实践因素

通过表 3－9 比较之后发现：(1) 有校园媒体实习经历的新闻学子在媒介素养总体水平及各个维度上均比无校园媒体实习经历的学子显著要高（$p<0.001$）；(2) 有社会媒体实习经历的新闻学子在媒介素养总体水平及各个维度上均比无社会媒体实习经历的学子显著要高（$p<0.001$）。

表 3－9　新闻学子媒介素养水平各维度在实践因素上的群体比较（N=1 033）

	总体水平	媒介知识	媒介参与度	媒介应用技能	媒介信息使用能力
无校园媒体实习	3.04	3.84	1.76	2.63	3.68
有校园媒体实习	3.49	4.05	2.96	3.14	3.84
T 检验	***	***	***	***	***
无社会媒体实习	3.10	3.86	1.90	2.66	3.72
有社会媒体实习	3.53	4.08	3.10	3.24	3.84
T 检验	***	***	***	***	***

注：*** $p<0.001$，** $p<0.01$，* $p<0.05$。

第五节　新闻学子媒介素养水平的影响因素

一、媒介素养总体水平影响因素

从个体因素、家庭因素、报考因素、学习心理因素以及实践因素五个方面对新闻学子媒介素养水平做阶层回归分析。进入回归方程的顺序根据实际情况的考量，阶层一为个体因素区组，包括性别、年级和政治面貌三个变量；阶层二为家庭因素区组，包括原籍地、是否为独生子女以及亲属影响三个变量；阶层三为报考因素区组，包括专业决定时间、入学前专业了解程度、调剂与否与学校类型四个变量；阶层四为学习心理因素区组，包括学业自我效能和专业承诺两个变量；阶层五为实践因素变量，包括校园媒体实习与社会媒体实习两个因素。各阶层内不采取变量选择程序，要求针对每一个自变量的效果加以检验。

得到的结果发现五个区组能够有效解释因变量媒介素养水平 43.4%的变异量（$F=54.201$，$p<0.000$）。每一个阶层模型的预测效果都达到了显著水平，并且后四层的解释力增加量均达统计水平，分别为“家庭因素”区组的 $\Delta R^2=0.035$（$F=13.748$，$p<0.000$）、“报考因素”区组的 $\Delta R^2=0.052$（$F=16.438$，$p<0.001$）、“学习心理因素”区组的 $\Delta R^2=0.082$（$F=57.281$，$p<0.001$）和“实践因素”区组的 $\Delta R^2=0.142$（$F=123.842$，$p<0.001$）。各阶层分析后的系数估计结果见表3-10。

二、媒介知识量的影响因素

回归结果显示：五个区组能够有效解释因变量媒介知识量 10.5%的变异量（$F=8.328$，$p<0.000$）。每一个阶层模型的预测效果都达到了显著水平，并且后四层的解释力增加量均达统计水平，分别为“家庭因素”区组的 $\Delta R^2=0.009$（$F=3.052$，$p=0.028$）、“报考因素”区组的 $\Delta R^2=0.041$（$F=11.011$，$p<0.001$）、“学习心理因素”区组的 $\Delta R^2=0.010$（$F=5.410$，$p=0.005$）和“实践因素”区组的 $\Delta R^2=0.018$（$F=9.790$，$p<0.001$）。各阶层分析后的系数估计结果见表 3-11。

三、媒介参与度的影响因素

结果显示：五个区组能够有效解释因变量媒介参与度 65.6%的变异量（$F=134.703$，$p<0.000$）。每一个阶层模型的预测效果都达到了显著水平，并且后四层的解释力增加量均达统计水平，分别为“家庭因素”区组的 $\Delta R^2=0.040$（$F=16.348$，$p<0.001$）、“报考因素”区组的 $\Delta R^2=0.049$（$F=15.679$，$p<0.001$）、“学习心理因素”区组的 $\Delta R^2=0.063$（$F=44.035$，$p<0.001$）和“实践因素”区组的 $\Delta R^2=0.365$（$F=526.161$，$p<0.001$）。各阶层分析后的系数估计结果见表 3-12。

表 3-10 媒介素养水平影响因素阶层回归分析各区组模型摘要与参数估计值

变量		区组一		区组二		区组三		区组四		区组五	
		个体因素		家庭因素		报考因素		学习心理		实践因素	
		Beta	t	Beta	t	Beta	t	Beta	t	Beta	t
一	性别	0.115	3.25***	0.115	3.33***	0.091	2.69**	0.104	3.34**	0.053	1.85
	年级	0.141	10.75**	0.134	10.34***	0.099	7.30***	0.092	7.08***	0.022	1.63
	政治面貌	−0.095	−2.54*	−0.105	−2.84**	−0.106	−2.95**	−0.097	−2.84**	−0.037	−1.20
二	原籍地			0.057	1.68	0.014	0.419	0.019	0.593	0.041	1.44
	独生子女			−0.156	−4.74***	−0.153	−4.80***	−0.114	−3.73***	−0.065	−2.36*
	亲属影响			−0.051	−1.20	−0.041	−0.99	−0.048	−1.24	−0.001	−0.02
三	专业决定时间					−0.045	−2.59*	−0.040	−2.45*	−0.005	−0.32
	专业了解度					0.070	2.96**	0.056	2.45**	0.047	2.29*
	调剂与否					−0.050	−1.49	−0.033	−1.00	−0.025	−0.84
	学校类型					−0.105	−5.74***	−0.093	−5.39***	−0.085	−4.11***

续 表

变 量		区组一		区组二		区组三		区组四		区组五	
		个体因素		家庭因素		报考因素		学习心理		实践因素	
		Beta	t	Beta	t	Beta	t	Beta	t	Beta	t
四	学习自我效能							0.244	10.63***	0.186	8.91***
	专业承诺							−0.104	−4.61***	−0.083	−4.11***
五	校园媒体									0.077	12.64***
	社会媒体									0.053	7.16***
模型摘要	R^2		0.124		0.158		0.211		0.292		0.434
	F		47.029		31.287		26.509		34.139		54.201
	P		0.000		0.000		0.000		0.000		0.000
	ΔR^2		0.124		0.035		0.052		0.082		0.142
	ΔF		47.029		13.748		16.438		57.281		123.842
	Δp		0.000		0.000		0.000		0.000		0.000

注：*** $p<0.001$，** $p<0.01$，* $p<0.05$。

表 3－11　媒介知识量影响因素阶层回归分析各区组模型摘要与参数估计值

变　量		区组一		区组二		区组三		区组四		区组五	
		个体因素		家庭因素		报考因素		学习心理		实践因素	
		Beta	t	Beta	t	Beta	t	Beta	t	Beta	t
一	性别	0.043	0.883	0.044	0.91	0.025	0.52	0.031	0.64	0.007	0.14
	年级	0.086	4.70***	0.081	4.40***	0.038	1.95	0.030	1.54	0.002	0.07
	政治面貌	−0.093	−1.78	−0.093	−1.76	−0.089	−1.73	−0.093	−1.81	−0.066	−1.28
二	原籍地			0.012	0.25	−0.030	−0.623	−0.027	−0.57	−0.016	−0.35
	独生子女			−0.113	−2.43*	−0.112	−2.45*	−0.105	−2.29*	−0.083	−1.81
	亲属影响			0.069	1.15	0.068	1.15	0.060	1.01	0.080	1.37
三	专业决定时间					−0.059	−2.40*	−0.062	−2.52*	−0.045	−1.83
	专业了解度					−0.014	−0.40	−0.001	−0.03	−0.005	−0.156
	调剂与否					0.045	0.94	0.018	0.36	0.021	0.423
	学校类型					−0.168	−6.44***	−0.164	−6.30***	−0.160	−6.20***

续 表

变量		区组一		区组二		区组三		区组四		区组五	
		个体因素		家庭因素		报考因素		学习心理		实践因素	
		Beta	t	Beta	t	Beta	t	Beta	t	Beta	t
四	学习自我效能							0.087	2.52*	0.060	1.73
	专业承诺							−0.106	−3.13**	−0.097	−2.86**
五	校园媒体									0.038	3.80***
	社会媒体									0.020	1.62
模型摘要	R^2		0.028		0.037		0.078		0.088		0.105
	F		9.619		6.365		8.376		7.944		8.328
	P		0.000		0.000		0.000		0.000		0.000
	ΔR^2		0.028		0.009		0.041		0.010		0.018
	ΔF		9.619		3.052		11.011		5.410		9.790
	Δp		0.000		0.028		0.000		0.005		0.000

注：*** $p<0.001$，** $p<0.01$，* $p<0.05$。

表 3 - 12　媒介参与度影响因素阶层回归分析各区组模型摘要与参数估计值

变　量		区组一		区组二		区组三		区组四		区组五	
		个体因素		家庭因素		报考因素		学习心理		实践因素	
		Beta	t	Beta	t	Beta	t	Beta	t	Beta	t
一	性别	0.132	1.86	0.132	1.91	0.085	1.26	0.108	1.66	−0.051	−1.12
	年级	0.299	11.31***	0.288	11.10***	0.242	8.85***	0.230	8.68***	−0.033	−1.54
	政治面貌	−0.289	−3.81***	−0.308	−4.14***	−0.313	−4.31***	−0.296	−4.25***	−0.095	−1.95
二	原籍地			0.011	0.16	−0.065	−0.97	−0.057	−0.88	0.012	0.28
	独生子女			−0.339	−5.13***	−0.330	−5.13***	−0.259	−4.17***	−0.095	−2.18*
	亲属影响			−0.328	−3.86***	−0.295	−3.56***	−0.308	−3.87***	−0.139	−2.48*
三	专业决定时间					−0.114	−3.30**	−0.106	−3.18**	0.005	0.21
	专业了解度					0.203	4.28***	0.177	3.80***	0.147	4.51***
	调剂与否					−0.106	−1.58	−0.073	−1.08	−0.041	−0.87
	学校类型					−0.121	−3.31**	−0.101	−2.87**	−0.067	−2.74**

续 表

变 量		区组一		区组二		区组三		区组四		区组五	
		个体因素		家庭因素		报考因素		学习心理		实践因素	
		Beta	t	Beta	t	Beta	t	Beta	t	Beta	t
四	学习自我效能							0.435	9.30***	0.246	7.44***
	专业承诺							−0.178	−3.88***	−0.111	−3.46**
五	校园媒体									0.224	23.28***
	社会媒体									0.214	18.40***
模型摘要	R^2		0.138		0.179		0.228		0.291		0.656
	F		53.621		36.218		29.280		33.852		134.703
	P		0.000		0.000		0.000		0.000		0.000
	ΔR^2		0.138		0.040		0.049		0.063		0.365
	ΔF		53.621		16.348		15.679		44.035		526.161
	Δp		0.000		0.000		0.000		0.000		0.000

注：*** $p<0.001$，** $p<0.01$，* $p<0.05$。

四、媒介应用技能的影响因素

结果显示，五个区组能够有效解释因变量媒介应用技能 23%的变异量（$F=21.089$，$p<0.001$）。每一个阶层模型的预测效果都达到了显著水平，并且后三层的解释力增加量均达统计水平，“报考因素”区组的 $\Delta R^2=0.019$（$F=5.511$，$p<0.001$）、“学习心理因素”区组的 $\Delta R^2=0.044$（$F=26.937$，$p<0.001$）和“实践因素”区组的 $\Delta R^2=0.018$（$F=25.338$，$p<0.001$）。而“家庭因素”区组的 $\Delta R^2=0.004$（$F=1.615$，$p=0.184$）未达显著，各阶层分析后的系数估计结果见表 3-13。

五、媒介信息使用能力的影响因素

五个区组能够有效解释因变量媒介知识量 16.4%的变异量（$F=13.823$，$p<0.001$）。每一个阶层模型的预测效果都达到了显著水平，并且后四层的解释力增加量均达统计水平，分别为“家庭因素”区组的 $\Delta R^2=0.032$（$F=11.278$，$p<0.001$）、“报考因素”区组的 $\Delta R^2=0.033$（$F=8.943$，$p<0.001$）、“学习心理因素”区组的 $\Delta R^2=0.067$（$F=39.449$，$p<0.001$）和“实践因素”区组的 $\Delta R^2=0.007$（$F=4.274$，$p<0.05$）。各阶层分析后的系数估计结果见表 3-14。

本章小结

通过对新闻学子媒介素养水平的量化实证分析，本章的主要结论如下：

1. 新闻学子媒介素养水平总体不高，媒介应用技能培养与现实需求相脱节

新闻学子在媒介知识量上的高分和媒介应用技能上的低分暴露了新闻教育在平衡理论教学和实践训练上的不足。具体分析新闻学子在媒介应用技能两个维度上的得分发现，新闻学子的传统媒介基础技能水平显著高于

表 3-13　媒介应用技能影响因素阶层回归分析各区组模型摘要与参数估计值

变　量		区组一		区组二		区组三		区组四		区组五	
		个体因素		家庭因素		报考因素		学习心理		实践因素	
		Beta	t	Beta	t	Beta	t	Beta	t	Beta	t
一	性别	0.199	3.06**	0.199	3.07**	0.172	2.67**	0.188	2.99**	0.139	2.24*
	年级	0.271	11.23***	0.267	10.98***	0.234	8.96***	0.230	8.98***	0.168	5.75***
	政治面貌	−0.072	−1.04	−0.079	−1.13	−0.083	−1.21	−0.065	−0.96	−0.007	−0.11
二	原籍地			0.046	0.73	−0.002	−0.04	0.003	0.04	0.024	0.40
	独生子女			−0.095	−1.55	−0.098	−1.60	−0.041	−0.68	0.006	0.10
	亲属影响			−0.017	−0.217	−0.008	−0.11	−0.012	−0.16	0.032	0.42
三	专业决定时间					−0.045	−1.36	−0.034	−1.06	0.001	0.02
	专业了解度					0.029	0.641	−0.007	−0.15	−0.015	−0.35
	调剂与否					−0.164	−2.56*	−0.108	−1.65	−0.101	−1.59
	学校类型					−0.087	−2.49*	−0.073	−2.13*	−0.065	−1.94

续 表

变量		区组一		区组二		区组三		区组四		区组五	
		个体因素		家庭因素		报考因素		学习心理		实践因素	
		Beta	t	Beta	t	Beta	t	Beta	t	Beta	t
四	学习自我效能							0.308	6.82***	0.252	5.63***
	专业承诺							−0.059	−1.33	−0.039	−0.89
五	校园媒体									0.078	5.97***
	社会媒体									0.044	2.80**
模型摘要	R^2		0.123		0.127		0.146		0.190		0.230
	F		46.829		24.265		17.027		19.427		21.089
	P		0.000		0.000		0.000		0.000		0.000
	ΔR^2		0.123		0.004		0.019		0.044		0.039
	ΔF		46.829		1.615		5.511		26.937		25.338
	Δp		0.000		0.184		0.000		0.000		0.000

注：*** $p<0.001$，** $p<0.01$，* $p<0.05$。

表 3－14　媒介信息使用能力影响因素阶层回归分析各区组模型摘要与参数估计值

变　量		区组一		区组二		区组三		区组四		区组五	
		个体因素		家庭因素		报考因素		学习心理		实践因素	
		Beta	t	Beta	t	Beta	t	Beta	t	Beta	t
一	性别	0.180	4.68***	0.180	4.74***	0.161	4.30***	0.173	4.77***	0.161	4.43***
	年级	0.026	1.84	0.019	1.35	−0.007	−0.46	−0.010	−0.70	−0.021	−1.23
	政治面貌	−0.017	−0.41	−0.033	−0.82	−0.033	−0.82	−0.021	−0.54	−0.008	−0.21
二	原籍地			0.149	4.02***	0.122	3.30***	0.126	3.52***	0.131	3.68***
	独生子女			−0.075	−2.08*	−0.070	−1.96	−0.031	−0.89	−0.020	−0.59
	亲属影响			0.013	0.28	0.023	0.51	0.020	0.44	0.028	0.64
三	专业决定时间					−0.001	−0.07	0.005	0.29	0.014	0.74
	专业了解度					0.115	4.36***	0.092	3.56***	0.090	3.49**
	调剂与否					−0.021	−0.57	0.015	0.36	0.015	0.39
	学校类型					−0.065	−3.21**	−0.055	−2.80**	−0.054	−2.75*

续 表

变 量		区组一		区组二		区组三		区组四		区组五	
		个体因素		家庭因素		报考因素		学习心理		实践因素	
		Beta	t	Beta	t	Beta	t	Beta	t	Beta	t
四	学习自我效能							0.218	8.41***	0.205	7.81***
	专业承诺							−0.052	−2.05*	−0.048	−1.86
五	校园媒体									0.021	2.71**
	社会媒体									0.006	0.62
模型摘要	R^2		0.024		0.056		0.089		0.156		0.164
	F		8.353		9.944		9.733		15.313		13.823
	P		0.000		0.000		0.000		0.000		0.000
	ΔR^2		0.024		0.032		0.033		0.067		0.007
	ΔF		8.353		11.278		8.943		39.449		4.274
	Δp		0.000		0.000		0.000		0.000		0.014

注：*** $p<0.001$，** $p<0.01$，* $p<0.05$。

网络新媒体技能水平，这或许从侧面反映出当前新闻学子媒介应用技能教育的侧重点还是放在传统媒介基础技能的培养上。大数据时代下，传统的采写评编摄已经不能满足专业岗位的需求，数据挖掘等新技能的需求在不断地扩充，新闻教育在对新闻学子媒介应用技能的培养上已经与社会媒体工作的现实需求产生了脱节。另外，从数据结果还可以发现，新闻学子在新媒体运营能力上得分率最高，而其他技能得分率都非常低，这也反映了当下新闻人才新媒体应用技能培养方向上的单一性。

2. 信息时代下“媒介真实”与现实世界的背离

新闻学子在网络媒介与传统媒介传播过程参与度上的差异展现了互联网时代的特性——公众更愿意在虚拟化的匿名环境下发表言论参与。当然，这也与互联网传播低门槛的特点密不可分。正是这种开放性、匿名性的特点为虚假信息提供了滋生的温床。而新闻学子在分辨媒介内容与现实上得分相对不高也一定程度上印证了，在信息爆炸的当下，公众会产生“媒介建构”与“现实”混淆的隐忧。新闻学子在对海量信息进行辨别时确实受到了很多的影响，冗杂的网络资源给新闻学子鉴别有效信息、快速获取信息造成了一定困难；但也可以发现的是，新闻学子具有非常高的不良信息抵制力，对不良、虚假的信息能够起到良好的个体把关的作用。

3. 不同类型高校在新闻人才招收、培养模式上的差异

年级越高的新闻学子，媒介素养总体水平及各个维度得分均越高，这个结果极大地肯定了新闻教育的作用。但也可以看到的是：不同高校由于在专业招生、培养模式上的差异，在新闻学子媒介素养水平上具有显著差异。理工类大学的新闻学子得分最低。理工类大学的新闻传播类学科多为新办，无论是在人文社会学科知识积淀，新闻教育经费投入，还是人才培养模式等方面，都与综合性大学和专业性大学存在一定差距。

4. 学习结合实践：知识与能力互相转化的重要途径

知识是人类认识世界的成果，能力则是对知识的具体运用，二者必须紧密结合，才能创造出社会价值。知识只有用于实践，才能转化成能力；也只有实践才能检验对知识的掌握、加深对知识的理解、找到联系实际运用的途径，使能力、素质得到提高。实证研究的结果显示：实践与学习心理是对新闻学子媒介素养水平影响最大的因素。媒介知识和媒介应用技能水平的提高大多可以通过学习与实践积累实现。新闻学子通过校园、社会

实践将从课堂上学到的知识转化为实用技能，同时通过实践丰富自身的媒介知识。这个发现对于新闻专业的实践教学模式和课程结构具有启发性的意义。

5. 家庭是学生个体媒介素养教育的起点

家庭是少年儿童绝大部分媒介行为的发生地，也是他们受媒介影响的主要场所。作为孩子在课堂之外认知、辨别和使用媒体最为直接的指导者，家长在少年儿童媒介素养的形成过程中发挥着关键的作用。家庭能在没有政策干预的情况下成为媒介素养教育的重要场所，是由家庭和家庭教育的特点决定的。家庭教育是学校教育与社会教育的基础，更是少年儿童初期媒介素养教育切实可行、卓有成效的方式。家庭教育的感染性、针对性和灵活性等特点，使其在媒介素养教育中具有不可比拟的优势，也决定了它在媒介素养教育实践中的重要作用。实证研究的结果显示：家庭因素是影响媒介参与度和媒介使用的重要因素，但却不是影响媒介应用技能的因素。这说明，在新技术快速发展的时代，家庭教育环境已经不再能够成为帮助新闻学子提升媒介应用技能的有效环境，如何重新拉动这一因素的促进作用也是一个值得思考的问题。

第四章
新闻学子对新闻教育的评价

随着新闻教育的规模不断扩张，人才培养质量却不容乐观。“泛媒体就业”正成为新闻传播类专业学生就业的普遍状态，“公式化就业”趋势明显，越来越多的毕业生选择去网络传媒、影视综艺、广告制作等专业密切相关的公司，或者投身其他各类公司的新媒体部门。那么，作为新闻教育的接受者—新闻学子，他们对新媒体时代的新闻教育满意吗？具体到新闻教育的各个方面，新闻学子的评价情况如何？不同的人群是否存在差异？造成评价差异的显著影响因素有哪些……本章试图清晰呈现新闻学子对新闻教育的现状评价，为改进今后的新闻教育提供借鉴。

第一节　文献综述

随着互联网技术的飞速发展，新闻教育如何顺应时代要求的议题逐渐进入学者们的研究视野。围绕新闻教育的现状、困境和出路，学界展开了诸多讨论。中国人民大学新闻学院新闻传播教育课题小组基于对18所国内新闻传播院系的调研后，总结出师资队伍、专业课程建设和资源条件三个方面的共性问题。[①] 余秀才从传统新闻传播教育的理念、模式与方法，分析了当前新媒体发展对我国新闻传播教育带来的困境与挑战，并以美国为

① 中国人民大学新闻学院新闻传播教育课题小组.媒介融合时代的中国新闻传播教育：基于18所国内新闻传播院系的调研报告［J］.国际新闻界，2014（4）：123—134.

鉴，探讨了我国新闻传播教育改革的路径与方法。[①] 蔡雯归纳和分析了我国新闻教育在媒介融合发展新时期亟待探索的主要问题，包括新闻教育规模及人才培养定位、新闻教育的创新与守成、师资队伍建设、复合型人才培养、专业硕士教育、资金保障与实验条件等，并在此基础上提出了对策性的思考和建议。[②] 此外，还有一些针对专门群体的研究，如对理工科院校新闻传播教育的现实困境的探讨及其反思，[③] 对地方本科高校新闻教育现状及困境的研究。[④]

在人才优势主导媒体竞争的当下，新闻学子作为“准新闻人”进入研究视野。但整体而言，国内对新闻学子的研究仍非常缺乏，尤其是量化的实证研究。为数不多的研究主要涉及新闻教育现状、媒介素养调查及能力培养。有研究表明，在人文基础训练和实务技能训练两个方面，新闻专业学生的期望值和满意度之间的心理落差非常大；[⑤] 媒介消费动机倾向于了解信息但是以娱乐为主，学生对媒介的理解和分析批判素养较高，在参与媒介传播能力方面程度比较低。[⑥] 也有学者开始将视角转入新闻学子的职业认同。夏焱针对江苏地区的研究发现，新闻专业学生职业认同总体处于中等偏上水平，并试图从个人因素、媒介环境和新闻教育、制度环境等方面，分析影响新闻专业学生职业认同的因素。[⑦]

一方面，国外学者多年来一直关注新闻教育对新闻学子的影响，主要围绕新闻学子职业动机、[⑧] 媒介角色认知、[⑨] 对新闻伦理和争议性手法评价

---

① 余秀才.新媒体语境下新闻传播教育面临的困境与革新［J］.新闻大学，2015（4）：133—139.

② 蔡雯.新闻教育亟待探索的主要问题［J］.国际新闻界，2017，39（3）：6—18.

③ 樊水科.论理工院校新闻专业的通识教育：以清华、复旦、华中科技三所院校为例［J］.新闻爱好者，2012（1）：51—52.

④ 郑晓华，杜娟.安徽地方本科高校新闻教育现状及困境［J］.滁州学院学报，2011，13（4）：88—91.

⑤ 陆晔.动机、认知、职业选择：中国新闻教育现状与问题调查报告［J］.新闻大学，2004（4）：3—8.

⑥ 冯瑞珍.对新闻传播类大学生媒介素养调查分析：以河北省四所高校为例［J］.新闻界，2012（21）：70—74.

⑦ 夏焱.准新闻人职业认同研究［D］.南京：南京师范大学，2013.

⑧ Hanusch F., Mellado C., Boshoff P., et al.. Journalism Students' Motivations and Expectations of Their Work in Comparative Perspective. [J]. Journalism & Mass Communication Educator, 2014, 70 (2): 141 - 160.

⑨ Sanders K., Hanna M., Berganza M. R., et al.. Becoming Journalists: A Comparison of the Professional Attitudes and Values of British and Spanish Journalism Students [J]. European Journal of Communication, 2008, 23 (2): 133 - 152.

等领域展开。[①] 大部分研究发现，新闻教育对新闻学子的职业价值观和职业态度的形成极其重要；也有研究表明，新闻教育仅仅是一个可能影响今后从业表现的因素，经济、政治、文化等社会因素对从业者的影响更大，[②]且在不同国家间有差异。

另一方面，国外关于学生满意度的研究也非常成熟。学生满意度是顾客满意度理论在教育领域的具体运用。美国学者卡多索（Cardozo）认为，顾客满意受到两个方面的影响：顾客为获得产品所付出的努力；顾客对产品的期望，并且顾客满意不仅仅取决于产品自身，也与取得该产品的过程有关。[③] 某种意义上，学生是学校的"顾客"，在高等教育产业化发达的西方，对顾客满意度的研究自然而然会延伸到教育领域。

美国作为高等教育最领先的国家，20 世纪 50 年代开始就进行学生满意度的相关实证测评。1994 年，美国首次进行了每年一次的全国大学生满意度调查，形成一年一度的《全国大学生满意度报告》，包括"学术咨询效果、学术服务、校园气氛、校园生活、校园支持服务、对个体的关心、教学效果、招生和经济援助效果、注册有效性、对学生多元化的反应、安全与卫生、服务卓越性、学生中心"13 个方面，此报告被视为美国大学生满意度测评的国家标准。[④] 英国对学生满意度的研究比较有名的是始于 2005 年的全国学生调查（NSS），从"课程与教学、评价和反馈、学术支持、组织和管理、学习资源、个人发展和总体满意度"七个方面要求学生对教学给予综合评价。[⑤]

我国直到 20 世纪 90 年代才开始对高校学生满意度进行关注和研究，但很快成为研究的热点，以"学生满意度"为关键词检索中国知网，相关论文超过 1 000 篇，相当大部分为实证研究。有学者从"学校形象、基础

---

① Detenber B. H., Cenite M., Malik S., et al.. Examining Education and Newsroom Work Experience as Predictors of Communication Students' Perceptions of Journalism Ethics [J]. Journalism & Mass Communication Educator, 2012, 67 (1): 45 - 69.

② Zhu J. H., Others A.. Individual, Organizational, and Societal Influences on Media Role Perceptions: A Comparative Study of Journalists in China, Taiwan, and the United States. [J]. Journalism & Mass Communication Quarterly, 1997, 74 (1): 84 - 96.

③ Cardozo R. N.. An Experimental Study of Customer Effort, Expectation, and Satisfaction [J]. Journal of Marketing Research, 1965, 2 (3) : 244 - 249.

④ 韩玉志.美国大学生满意度调查方法评介 [J].比较教育研究，2006，27 (6)：60—64.

⑤ 田芸.英国学生评价高等教育服务质量的现状研究：以《全国学生调查》为例 [J].科教文汇，2011 (15)：31.

条件、学院管理、教学质量、学生发展、学生管理”六个方面设计了指标体系；[1] 也有学者从“自我发展、业余生活、后勤保障、教师队伍、教学状况、教学条件”等方面设计了测评指标体系；[2] 还有学者从“执教素养、教学组织、教学态度、教学方法、教学环境、学生学习意识、学生学习行为、教学效果”八个方面设计了专门针对课堂教学的学生满意度测评方案。[3]

与此同时，专门针对新闻传播类专业的学生满意度调查却屈指可数。田秀娟通过访谈的方式，指出了高校新闻教育面临的三个困境：一是新闻教育没有什么价值；二是对学生的新闻理想和职业道德的培养不到位；三是新闻专业课程设置滞后于社会潮流。[4] 邵宝辉等通过对河北大学新闻专业两届毕业生的连续调查，从课程设置、教师、教学内容与新闻实践、学生、实习、就业六大方面反思了当前新闻专业教育的成就和不足。[5] 遗憾的是，这两篇文章对实证材料的分析与解释均停留于较浅层面，并且无专一的视角。本章采用实证研究，聚焦当代新媒体环境下新闻学子对新闻教育的评价，并分析其影响因素，对未来新闻教育的改革与发展具有非常重要的现实意义和指导价值。

第二节　研究设计

一、测量指标及操作化定义

1. 因变量

借鉴其他新闻教育相关文献的内容，我们将新媒体时代下新闻教育的评价指标分为六个方面：总体满意度、课程设置、师资水平、知识覆盖、

---

① 简彩云.高职院校学生满意度测评指标体系研究 [J].现代教育管理，2008 (8)：61—64.

② 陈萍.教育服务对象满意度调查指标体系设计与实证分析 [J].温州职业技术学院学报，2006，6 (1)：73—76.

③ 谭诤，王欣欣.高校课堂教学学生满意度指标体系建构 [J].中国高等教育评估，2015 (4)：50—54.

④ 田秀娟.从一组问卷看高校新闻教育的问题与改进 [J].东南传播，2009 (6)：152—154.

⑤ 邵宝辉，张雅明，王秋菊.从新闻学子调查看当前传媒教育的改革与发展：以河北大学新闻学专业两届本科毕业生为例 [J].河北大学成人教育学院学报，2011 (4)：72—75.

技能提升、从业促进，具体题项如下：（1）您是否满意目前的新闻教育；（2）专业课程设置能适应新媒体发展的趋势；（3）专业课程老师了解新媒体发展的最新情况；（4）专业课程学习增加了我的新媒体方面知识；（5）专业课程学习使我能掌握很多新媒体的应用技能；（6）专业课程学习能增强我对传媒业的从业意愿，通过五点量表来测量每个指标的满意度。

2. 自变量

借鉴其他研究成果，我们将影响新闻学子对新闻教育评价的因素分为三个方面：个体因素、报考因素、实践因素。个体因素是重要的控制变量，包括性别、年级、家庭所在地、家庭（亲属）影响四个具体变量。我们将年级分为高、低两档，大一大二为低年级、大三大四为高年级；家庭所在地分为“城市”和“县城及以下”两类；家庭（亲属）影响指是否有亲属在传媒业工作。报考因素包括专业决定时间、入学前对专业了解、是否调剂、学校类型四个变量。实践因素包括“是否有校园媒体实践经历”和“是否有社会媒体实习经历”两个方面。

二、统计模型

对新闻教育的评价用五点量表测量，属于“有序多分类结果”，所以我们采用有序 logistic 回归（ordered logistic regression，ologit）模型进行影响因素分析。该模型可以表达为：

$$asses_i = \beta_0 + \sum_m \beta_m pers_{im} + \sum_n \beta_n apply_{in} + \sum_p \beta_p pract_{ip} + v$$

$asses_i$ 为第 i 个受访者对新闻教育的评价，用李克特五点量表表示（1＝很不满意，2＝较不满意，3＝一般，4＝较满意，5＝很满意）。$pers_{im}$ 为第 i 个受访者的个体因素，$pers_1$ 为性别，$pers_2$ 为年级，$pers_3$ 为家庭所在地，$pers_4$ 为家庭（亲属）影响。$apply_{in}$ 为第 i 个受访者的报考因素，$apply_1$ 为专业决定时间，$apply_2$ 为入学前对专业了解，$apply_3$ 为是否调剂，$apply_4$ 为大学类型。$pract_{ip}$ 为第 i 个受访者的实践因素，$pract_1$ 为校媒经历，$pract_2$ 为社会媒体经历。

β_0、β_m、β_n、β_p、β_q、β_r 为待估参数，v 为残差。

第三节　数据分析

一、新闻学子对新闻教育评价的现状

表4-1给出了新媒体时代新闻学子对新闻教育六个指标的评价均值及群体比较结果。我们发现：(1) 从全体样本来看，新闻学子对新闻教育的总体满意度为3.06，仅达到一般水平；(2) 在“老师了解新媒体发展情况”一项上得分最高，达到3.44，紧接着是“课程学习增加新媒体知识”，说明新闻学子在新媒体时代对师资水平和知识覆盖两个方面相对较满意；(3) 在课程对技能提升帮助、课程增加从业意愿和课程设置三个方面得分相对较低。

表4-1　新闻学子对新闻教育六个指标的评价均值及群体比较

	总体满意度	课程设置	师资水平	知识覆盖	技能提升	从业促进
全体样本	3.06	3.06	3.44	3.42	3.13	3.08
男生	3.06	3.07	3.52	3.47	3.16	3.07
女生	3.06	3.06	3.42	3.41	3.12	3.08
T检验	Ns	Ns	Ns	Ns	Ns	Ns
低年级	3.16	3.18	3.61	3.53	3.22	3.23
高年级	2.97	2.95	3.28	3.32	3.04	2.93
T检验	***	***	***	***	***	***
县城及以下	2.96	2.94	3.40	3.34	3.04	3.00
城市	3.10	3.10	3.45	3.45	3.16	3.10
T检验	**	**	Ns	Ns	*	Ns
有家庭影响	3.11	3.02	3.44	3.43	3.14	3.07

续 表

	总体满意度	课程设置	师资水平	知识覆盖	技能提升	从业促进
无家庭影响	3.05	3.07	3.44	3.42	3.13	3.08
T 检验	Ns	Ns	Ns	Ns	Ns	Ns
非调剂	3.11	3.10	3.44	3.43	3.17	3.16
调剂	2.90	2.93	3.45	3.37	3.00	2.82
T 检验	***	**	Ns	Ns	**	***
综合性大学	3.11	3.08	3.34	3.37	3.07	3.05
专业性大学	2.91	2.85	3.45	3.29	2.94	2.84
理工类大学	3.17	3.25	3.56	3.61	3.43	3.37
F 检验	***	***	**	***	***	***

注：*** $p<0.001$，** $p<0.01$，* $p<0.05$，Ns 为不显著。

进一步比较后发现：(1) 不同年级的新闻学子在新闻教育六项指标上均有显著差异。高年级对新闻教育的评价显著要低。(2) 不同家庭所在地的新闻学子对新闻教育总体满意度、课程设置、技能提升的评价有显著差异。原籍在县城及以下，较之于来自城市的学生，评价显著较低。(3) 调剂进入新闻传播类专业学习的学生，在新闻教育总体满意度、课程设置、技能提升、从业促进四个方面的评价，显著低于非调剂的学生。(4) 不同学校类型的新闻学子在新闻教育六项指标上均有显著差异。总体上，专业性大学的新闻学子，对新闻教育的总体满意度以及课程设置、知识覆盖、技能提升等方面，评价均最低；理工类大学的新闻学子，对上述方面的评价普遍较高。(5) 不同性别、不同家庭（亲属）影响的新闻学子对新闻教育的评价并没有显著差异。

二、新闻学子对新闻教育评价的影响因素

经过检测，符合平行线法则，可以使用有序 logistic 回归，结果见表 4-2，

我们发现：(1) 在新闻教育的总体满意度方面，高年级、调剂入学、专业性大学、有社会媒体经历的新闻学子，较之于参考群体的满意度明显较低；来自城市的新闻学子，较之于参考群体，满意度较高；入学前对专业越了解，其满意度越高。(2)“课程设置对新媒体发展适应性”评价方面，高年级、专业性大学、有社会媒体经历的新闻学子，较之于参考群体，评价明显偏低；来自城市的新闻学子，较之于参考群体，评价较高；入学前对专业越了解，此方面的评价越高。(3) 影响“专业课程老师了解新媒体发展的最新情况”评价的显著因素，主要是个体情况和实践情况两方面。高年级、有社会媒体经历的新闻学子，较之于参考群体的评价明显较低。(4) 影响“专业课程学习增加了我的新媒体方面知识”评价的显著因素，主要是报考情况和实践情况两方面，专业决定时间越晚、有社会媒体经历的新闻学子，较之于参考群体，此方面的评价明显较低；理工类大学的新闻学子，较之于参考群体的评价较高。(5)“专业课程学习使我能掌握很多新媒体的应用技能”评价方面，理工类大学、入学前对专业越了解的新闻学子，评价较高；有社会媒体经历的新闻学子，较之于参考群体，评价较低。(6) 高年级、调剂入学、专业性大学、有社会媒体经历的新闻学子，较之于参考群体，对“专业课程学习能增强我对传媒业的从业意愿”的评价明显较低；理工类大学、有校园媒体经历的新闻学子，较之于参考群体评价较高；入学前对专业越了解，其评价越高。

表 4-2 新闻学子对新闻教育评价的有序 Logistic 回归结果

影响因素		总体满意度	课程设置	师资水平	知识覆盖	技能提升	从业促进
个体因素	女生[1]	−0.025	−0.058	−0.185	−0.100	−0.067	−0.070
		(0.137)	(0.128)	(0.130)	(0.129)	(0.128)	(0.128)
	高年级[2]	−0.340**	−0.233*	−0.400***	−0.119	−0.062	−0.438***
		(0.126)	(0.118)	(0.118)	(0.118)	(0.117)	(0.119)
	原籍城市[3]	0.307**	0.260*	0.165	0.214	0.212	0.109
		(0.117)	(0.109)	(0.110)	(0.110)	(0.109)	(0.111)

续　表

影响因素		总体满意度	课程设置	师资水平	知识覆盖	技能提升	从业促进
个体因素	有家庭影响[4]	−0.079	0.181	−0.039	0.014	0.072	0.206
		(0.157)	(0.152)	(0.154)	(0.154)	(0.152)	(0.153)
报考因素	专业决定时间	−0.043	−0.094	−0.124	−0.145*	−0.027	−0.092
		(0.069)	(0.064)	(0.065)	(0.065)	(0.064)	(0.066)
	入学前对专业了解程度	0.340***	0.187*	0.061	0.099	0.186*	0.222*
		(0.095)	(0.090)	(0.090)	(0.091)	(0.091)	(0.091)
	调剂[5]	−0.320*	−0.116	−0.008	0.031	−0.219	−0.458***
		(0.139)	(0.131)	(0.132)	(0.134)	(0.132)	(0.132)
	专业性大学[6]	−0.360*	−0.409**	0.110	−0.202	−0.159	−0.315*
		(0.142)	(0.132)	(0.132)	(0.131)	(0.132)	(0.133)
	理工类大学[6]	0.054	0.187	0.179	0.290*	0.596***	0.496***
		(0.135)	(0.128)	(0.129)	(0.129)	(0.129)	(0.129)
实践因素	有校园媒体实践经历[7]	−0.162	−0.061	−0.127	−0.068	−0.051	0.225*
		(0.110)	(0.103)	(0.104)	(0.104)	(0.104)	(0.104)
	有社会媒体实习经历[8]	−0.263*	−0.362**	−0.340**	−0.492***	−0.375**	−0.246*
		(0.130)	(0.124)	(0.123)	(0.124)	(0.122)	(0.123)
N		1 392	1 401	1 401	1 401	1 401	1 401
pseudo R^2		0.026	0.019	0.016	0.017	0.020	0.031

注：* $p<0.05$，** $p<0.01$，*** $p<0.001$，表中数字为非标准化回归系数，括号中数字为标准误。1 参考类别为“男生”；2 参考类别为“低年级”；3 参考类别为“原籍县城及以下”；4 参考类别为“无家庭影响”；5 参考类别为“非调剂”；6 参考类别为“综合性大学”；7 参考类别为“无校园媒体实践经历”；8 参考类别为“无社会媒体实习经历”。

本章小结

通过实证研究，我们呈现了新媒体环境下新闻学子对新闻教育的总体满意度及课程设置、师资水平、知识覆盖、技能提升、从业促进五个子项目的现状，比较了不同类型新闻学子在上述方面的评价差异，并从个体因素、报考因素、实践因素三个方面，分析了影响新闻学子对新闻教育评价的因素。研究的主要结论是：

1. 新闻学子对新闻教育的总体满意度一般，不同年级、生源地、录取志愿、学校类型的新闻学子，对新闻教育的满意度呈现较大差异

相对而言，高年级、来自城市、非调剂的学生，对新闻教育的满意度较高；与其他两类高校相比，专业性大学的新闻学子，对新闻教育的满意度最低。高年级学生，对课程设置、从业促进、总体满意度三项的评价均低于中值 3，为负面态度。这给今后新闻教育带来了很多启示：现有的课程设置是否区分了循序渐进的梯度？是否根据社会需求设计了合理的模块？针对高年级同学，是否要在今后专门开设针对媒体行业就业辅导的课程？能否结合高年级学生实习反馈和心得（65.32%的高年级同学有社会媒体实习经历，低年级仅为 12.81%）调整相关教学内容？所以，针对高年级学生的新闻教育改革，变得尤为迫切。

原籍城市的新闻学子对新闻教育的满意度较高，原因可能是相对于来自县城或农村的同学，他们的媒介素养起点较高，通过互联网、自学、实习等其他方式的学习能力较强，对课堂教学的依赖程度比其他同学低。因此，如果短时间内改变课程设置、师资水平等方面对很多新闻院系存在较大困难的话，引导学生多利用慕课等互联网资源，或者开拓更多校外实习平台，哪怕能给学生提供更多、更好、更新的学习材料，都将有助于新闻教育满意度的提升。调剂生源的满意度较低，“专业兴趣是可以慢慢培养的”美好愿望幻灭了，作为新闻教育机构，今后应该逐步缩小招生规模，招收更多真正对专业有兴趣的学生进行精细化培养。

本研究再次凸显了专业性大学新闻人才培养的严峻问题：不仅职业认同度最低，对新闻教育的满意度也最低。尤其在课程设置、从业促进和技能提升方面，均为负面评价。事实上，专业性大学所宣传的“1+1 复合型

人才培养模式”，在实际中往往成为“一半英语/法律/经济课＋一半新闻课”的“两张皮”，真正做到两个专业知识交融非常困难。在就业方面，专业性大学的新闻学子，往往既无法掌握扎实的英语/法律/经济知识，也由于实训少、定位过于理想化而不具备娴熟的新闻业务技能，处境尴尬。因此，今后新闻教育改革和重构的重点，相比综合性或理工类大学，更加迫切的应该是那些看上去很美好的“复合型新闻人才培养”单位——培养复合型的传媒人才并不能仅仅依靠相关专业课程简单的“1＋1”模式，还需要更加细致的课程设置和有机的内容结合。

2. 除了年级、生源地、是否调剂、学校类型外，入学前对专业的了解程度、社会媒体实习经历，也是影响新闻学子对新闻教育满意度评价的显著因素

组织行为学中的工作满意度“期望理论”认为，只有当人们预期到某一行为将实现自身的某一目标时，其工作积极性和满意度才会得到保证。① “期望理论”也可以用于新闻学子对新闻教育满意度的解释：入学前对专业现状越了解，期望相对较低，遇到新闻教育不尽如人意时，越能接受。尤其值得重视的是，“社会媒体实习经历”对新闻教育评价的影响——这是唯一一个既对新闻教育总体满意度，又对课程设置、师资水平、知识覆盖、技能提升、从业促进等方面均有显著负效应的自变量。校外媒体实习对新闻教育满意度的“消解”作用，也有力地证明了目前新闻教育与媒体工作实际需求的脱节：社会媒体工作强调实践技能，校内课堂教学却多为理论；社会媒体在不断融合转型，校内教学却依然在讲授传统媒体的采写编评摄；社会媒体需要微信 H5 页面制作人才，学校却还是在教普通的网页制作……尽管社会媒体实习对新闻教育满意度有强烈的副作用，但从人才培养的过程看，媒体实习环节必须强化，所以需要改变的，只能是新闻教育本身。此外，校园媒体实践对新闻学子从业促进具有正向影响，说明在校园媒体“仿真”环境锻炼中，新闻学子的新闻敏感、选题质量、风险判断、采写水平等各项能力都有所提升，一定程度上增强了他们的从业自信。因此，更新课堂教学内容、增强校园媒体实践以更好地适应社会媒体需求，应该成为未来新闻教育改革的两大抓手。

---

① Vroom V. H.. Work and Motivation [J]. Industrial Organization Theory & Practice, 1994, 35 (2): 2-33.

第五章
新闻学子的专业承诺

新闻学子对于专业的认知和态度不仅反映了新闻传播教育的质量，更影响着其专业学习的意愿和未来的职业趋势。当代新闻学子，到底在多大程度上依然热爱自己的专业，即其专业承诺的现状如何？有哪些因素在影响着新闻学子专业承诺水平的高低？它们是正向的促进还是反向的消解？对上述问题的探索，从接受者的角度深入了解新闻教育现状和不足，不仅能为切实提高新闻学子专业学习兴趣、将来更好地在专业领域就业，从而成长为党和国家需要的高素质新闻传播人才提供必要的实证支持，也为解决新闻教育中存在的问题提供新的视角和操作思路。

第一节 文献综述

专业承诺（professional commitment）是将管理学领域的“组织承诺”“职业承诺”等概念进一步应用于大学生专业学习领域。学者霍尔（Hall）认为，专业承诺是在某一选定的专业角色上促使其投入的原动力；[①] 莫罗（Morrow）等认为，专业承诺是个人对专业的忠诚度和认同度；[②] 阿利（Aryee）和坦（Tan）强调专业承诺的情感性，是个人认同在特定专业

① Hall D. T.. A Theoretical Model of Career Subidentity Development in Organizational Settings [J]. Organizational Behavior & Human Performance, 1971, 6 (1): 50-76.

② Morrow P. C., Wirth R. E.. Work Commitment among Salaried Professionals [J]. Journal of Vocational Behavior, 1989, 34 (1): 40-56.

领域的相关内容，并在行为上有能力去实现专业目标。[①]

较之于国外学者，国内学者对专业承诺的关注时间不长，并呈现出“态度说”和“态度＋行为说”两种观点。前者认为专业承诺仅仅是大学生认同所学专业并愿意付出相应努力的态度；[②] 后者认为专业承诺除了态度之外，还包括大学生认同所学专业并愿意付出相应努力的行为。[③] 本书赞同后者，作为个体与所选专业之间签订的“心理合同”，专业承诺必然代表着个体的内在态度，并在行为实践中不断体现着这些态度。参考连榕等的定义，我们将新闻学子专业承诺界定为：新闻传播类专业大学生认同所学专业并愿意付出相应努力的积极态度和行为，包含情感承诺、理想承诺、继续承诺、规范承诺四个方面。情感承诺反映学生是否对自己所学专业充满感情；理想承诺反映学生是否认为所学专业能够实现自我价值；继续承诺反映学生结合自身情况、就业前景等是否愿意继续留在该专业学习；规范承诺反映学生对于国家、社会的责任与义务在专业学习中的体现。

在操作化测量方面，迈耶（Meyer）和艾伦（Allen）对前人的理论模型进行了整合，提出了包含情感承诺、规范承诺和继续承诺的三因子模型，[④] 成为后续专业承诺测量模型的基准。连榕团队针对中国大学生的情况，在国内较早开发了包含四个方面 27 个项目的《大学生专业承诺量表》。[⑤] 由于较好的信度与效度，该量表是目前国内使用率最高的专业承诺测量工具。此外，严瑜、龙立荣提出的由感情承诺、经济承诺、规范承诺、机会承诺四个维度构成的《大学生专业承诺量表》，也有一定的学术影响力。[⑥]

---

① Aryee S., Tan K.. Antecedents and Outcomes of Career Commitment [J]. J Vocat Behav, 1992, 40 (92): 288 - 305.

② 彭春妹，罗润生.对地方高校大学生专业承诺状况及影响因素的调查研究 [J].教育学术月刊，2007 (2): 43—45.

③ 连榕，杨丽娴，吴兰花.大学生的专业承诺、学习倦怠的关系与量表编制 [J].心理学报，2005，37 (5): 632—636.

④ Meyer J. P., Allen N. J.. The Measurement and Antecedents of Affective, Continuance and Normative Commitment to the Organization [J]. Journal of Occupational Psychology, 1990, 63 (1): 1 - 18.

⑤ 连榕，杨丽娴，吴兰花.大学生的专业承诺、学习倦怠的关系与量表编制 [J].心理学报，2005，37 (5): 632—636.

⑥ 严瑜，龙立荣.大学生专业承诺的心理结构及影响因素研究 [J].高等教育研究，2008 (6): 90—97.

现有专业承诺研究，主要集中在以下方面：（1）专业承诺现状。众多研究表明，大学生专业承诺总体水平不高。其中，规范承诺和情感承诺相对较高，情况好于理想承诺和继续承诺。针对免费师范生、[①] 高职学生、[②] 体育专业学生[③]等具体人群的研究，也支持了这一点。此外，大学生专业承诺多呈现性别差异、年龄差异、专业差异。（2）专业承诺的相关研究。集中在专业承诺与学习成效、[④] 专业承诺与学习倦怠、[⑤] 专业承诺与社会支持[⑥]等领域。除了学习倦怠外，专业承诺与以上其他方面均存在显著的正相关，与学习倦怠存在显著的负相关。（3）专业承诺的影响因素。性别、年级、录取志愿、学习兴趣、学习能力等常被证实为影响大学生专业承诺的重要因素。[⑦]

迄今为止，国内外学界对新闻学子专业承诺的研究不多。国内新闻教育研究主要集中在媒介融合时代新闻传播教育面临的困境、挑战与出路；对西方发达国家新闻传播教育创新模式介绍并与中国之比较；对民国时期新闻教育思想的梳理等领域。为数不多的新闻学子研究，主要从如何提升实践能力、媒介素养、职业发展等方面展开且缺少实证数据支持。少数实证研究则关注新闻学子马克思主义新闻观教育效果、[⑧] 对专业学习与实习的评价。[⑨] 尽管国外学者对新闻学子的关注相对较多，但主要围绕新闻学子职业动机、[⑩⑪]

---

① 姚福清，陈时见.免费教育师范生专业承诺状况的调查研究［J］.当代教师教育，2009，2（1）：62—67.

② 陈侃贞.高职院校学生专业承诺的特点研究［J］.中国校外教育，2010（14）：133.

③ 孙小娟.体育教育专业大学新生学习倦怠状况及其与专业承诺的关系研究［J］.体育科技文献通报，2017（8）：106—108.

④ 严瑜.大学生专业承诺的实证研究［J］.湖北大学学报（哲学社会科学版），2008（6）：134—138.

⑤ 段陆生，李永鑫.大学生专业承诺、学习倦怠与学习投入的关系［J］.中国健康心理学杂志，2008（4）：407—409.

⑥ 周炎根，桑青松，葛明贵.大学生社会支持与专业承诺的关系：职业决策效能感的中介作用［J］.中国特殊教育，2012（2）：76—80.

⑦ 谢超，文烨.大学生专业承诺研究综述［J］.中国成人教育，2011（21）：12—15.

⑧ 郭小良.高校新闻专业学生马克思主义新闻观教育现状调查：以西部四所高校为例［J］.新闻知识，2016（4）：62—65.

⑨ 邵宝辉，张雅明，王秋菊.从新闻学子调查看当前传媒教育的改革与发展：以河北大学新闻学专业两届本科毕业生为例［J］.河北大学成人教育学院学报，2011（4）：72—75.

⑩ Coleman R., Lee J. Y., Yaschur C., et al.. Why Be a Journalist? US Students' Motivations and Role Conceptions in the New Age of Journalism［J］. Journalism, 2018, 19（6）：800－819.

⑪ Hanna M., Sanders K.. Perceptions of the News Media'S Societal Roles: How the Views of UK Journalism Students Changed During Their Education［J］. Journalism & Mass Communication Educator, 2012, 67（2）：145－163.

媒介角色认知、[①] 对新闻伦理和争议性手法评价[②③]等方面展开，较少涉及专业承诺话题。

本章旨在根据大学生的培养历程，从志愿填报、课堂学习、课外实践三个方面，呈现新闻学子专业承诺现状，探讨影响新闻学子专业承诺的主要因素，并对今后的新闻教育有所启示，兼具理论意义和实践价值。

第二节 研究设计

一、研究假设

从人才培养的过程看，新闻学子成长普遍历经“志愿填报——课堂学习——课外实践”三个阶段。有学者曾指出，符合个人意志的自主选择是影响个体内在兴趣的重要因素。[④] 相关研究也表明，专业了解程度、专业兴趣、个人就读意愿等都是影响专业承诺的重要因素。本章提出的第一项假设是：

H_1：新闻学子入学时对专业越了解、自主选择专业的学生，其专业承诺越高。这一假设具体分为两项子假设：

H_{11}：新闻学子入学时的专业了解程度越高，其专业承诺水平越高。

H_{12}：较之于调剂进入专业的人，自主填报的学生专业承诺水平较高。

入学后的课堂专业学习是人才培养最重要的环节。已有研究表明学生在学习过程中的态度和行为直接影响着专业承诺，学习自我效能是专业承诺的有效预测变量，学生对于教育的评价，如专业满意度也与专业

---

① Sanders K., Hanna M., Berganza M. R., et al.. Becoming Journalists: A Comparison of the Professional Attitudes and Values of British and Spanish Journalism Students [J]. European Journal of Communication, 2008, 23 (2): 133-152.

② Detenber B. H., Cenite M., Malik S., et al.. Examining Education and Newsroom Work Experience as Predictors of Communication Students' Perceptions of Journalism Ethics [J]. Journalism & Mass Communication Educator, 2012, 67 (1): 45-69.

③ Plaisance P. L.. An Assessment of Media Ethics Education: Course Content and the Values and Ethical Ideologies of Media Ethics Students [J]. Journalism & Mass Communication Educator, 2006, 61 (4): 378-396.

④ 刘里里.免费师范生入学动机、学习自我效能感和专业承诺的现状及其关系研究 [D].重庆：西南大学，2009.

承诺正相关。[①] 本章提出的第二项假设是：

H_2：**专业学习越好的新闻学子，其专业承诺水平越高**。这一假设具体分为两项子假设：

H_{21}：**新闻学子专业学习自我效能越高，专业承诺水平越高**。

H_{22}：**新闻学子对新闻教育满意度越高，专业承诺水平越高**。

理论与实践并重，既是新闻传播学科的一大特色，也贯穿了人才培养的整个过程。课外专业实习，不仅是对课堂理论教学的检验与实践，在增强学生动手能力、社会适应性等方面，更是发挥着不可替代的独特作用。本章提出的第三项假设是：

H_3：**较之于其他新闻学子，有实践经验的学生，专业承诺水平更高**。这一假设具体分为两项子假设：

H_{31}：**较之于其他同学，有校园媒体实践经历的新闻学子，专业承诺水平更高**。

H_{32}：**较之于其他同学，有社会媒体实践经历的新闻学子，专业承诺水平更高**。

二、测量工具

我们采用"连榕版"量表并适当精简来测量专业承诺。该量表针对中国大学生的情况，分为情感承诺、理想承诺、继续承诺、规范承诺四个维度共27题，从"完全不符合"到"完全符合"五级测量，是目前被运用最为广泛的专业承诺测量工具。实际操作中，我们进行了适当精简，选择其中16个题目，覆盖了上述四个维度，每个维度4题。精简版量表四个维度和总量表的α系数分别为0.85、0.82、0.84、0.88、0.92，可信度较高。

志愿填报的测量，通过"决定读本专业时间""入学前对专业了解程度""是否调剂进入本专业""所在学校类型"四个变量获得；课堂专业学习情况的测量，通过"专业学习自我效能感"和"对新闻教育满意度"两方面获得。由班杜拉（Bandura）最早提出的自我效能感（self-

---

① 姚琼，黄卫明，马庆玲.大学生核心自我评价与专业承诺、学习满意度的关系研究 [J].安徽理工大学学报（社会科学版），2010（1）：88—91.

efficacy)，用来衡量个体对自身能否利用所掌握的技能去完成某项工作/任务的自信程度。[①] 在学习方面的体现即为学习自我效能感（academic self-efficacy)，具体可细分为学习能力自我效能感（academic ability self-efficacy）和学习行为自我效能感（academic behavior self-efficacy)。这两种效能感的测量，本书借鉴了梁宇颂开发的量表。[②] 课外专业实践情况采用“是否有校园媒体经历”“是否有社会媒体经历”两项测量。

第三节 新闻学子专业承诺现状

专业承诺得分计算方式是，取下属各项求均值。从表 5 - 1 可见，新闻学子的理想承诺（2.98)、继续承诺（2.83）低于中值 3，情感承诺(3.38)、规范承诺（3.34）略高于中值，总承诺得分仅为 3.13，表明当下新闻学子专业承诺不理想，尤其是理想承诺和继续承诺比较消极。

表 5 - 1 新闻学子的专业承诺均值及比较

变量		情感承诺	理想承诺	继续承诺	规范承诺	总承诺	组间比较
性别	男	3.27	2.95	2.77	3.29	3.07	1*
	女	3.40	2.99	2.85	3.35	3.15	
年级	低年级	3.47	3.04	2.89	3.46	3.21	1***，2*，3*，4***，5***
	高年级	3.29	2.93	2.79	3.23	3.06	
生源地	县城及以下	3.28	2.84	2.71	3.30	3.03	1**，2***，3**，5**
	城市	3.41	3.04	2.88	3.35	3.17	
志愿类型	自主选择	3.51	3.14	3.00	3.43	3.27	1—5***
	调剂	2.98	2.52	2.34	3.07	2.73	

① 郭本禹，姜飞月.自我效能理论及其应用［M].上海：上海教育出版社，2008：58.

② 梁宇颂.大学生成就目标、归因方式与学业自我效能感的研究［D].武汉：华中师范大学，2000.

续　表

变　量		情感承诺	理想承诺	继续承诺	规范承诺	总承诺	组间比较
校园媒体经历	无	3.33	2.87	2.78	3.33	3.08	1*，2***，3*，5**
	有	3.41	3.08	2.88	3.35	3.18	
社会媒体经历	无	3.37	2.94	2.81	3.38	3.12	2*，3*，
	有	3.39	3.03	2.88	3.27	3.14	
学校类型	综合性	3.54	3.12	3.00	3.42	3.27	1—5***
	专业性	3.05	2.71	2.48	3.06	2.83	
	理工类	3.50	3.09	2.99	3.53	3.28	
全　体		3.38	2.98	2.83	3.34	3.13	—

注：低年级组为大一、大二，高年级组为大三、大四；组间比较中，1—5分别代表情感承诺、理想承诺、继续承诺、规范承诺、总承诺，只列出了有显著差异的项目。* $p<0.05$，** $p<0.01$，*** $p<0.001$。

对不同群体的新闻学子比较后发现：(1) 男女生在情感承诺方面有显著差异，女生高于男生。(2) 高年级学生的专业承诺各方面，均显著低于低年级学生。进一步细分年级后发现，新闻学子的情感承诺、理想承诺、继续承诺和总承诺都经历了大二小幅增长，大三大幅下跌，大四再次增长的“波浪形”；规范承诺则呈现大二小幅下跌，大三继续大幅下跌，大四反弹后大幅增长的“V”字。(3) 城市学生的专业承诺水平显著高于县城及农村的学生。(4) 调剂志愿录取的学生，专业承诺水平显著低于自主填报的学生，无论在总承诺还是各方面均如此。(5) 有校园媒体经历学生的专业承诺，显著高于没有相关经历的人；但不同社会媒体经历的学生专业承诺差异却不明显。(6) 专业性大学新闻学子，无论是专业承诺总体水平还是各方面得分均最低，综合性与理工类的情况差不多。

第四节　新闻学子专业承诺的影响因素分析

本章以情感承诺、理想承诺、继续承诺、规范承诺分别为因变量进行多元回归，采用层次回归（hierarchical regression）策略，根据研究假设，选取性别、原籍地、家庭影响、年级作为控制变量，志愿填报、课堂学习、课外实践作为自变量，顺次纳入回归模型。

一、情感承诺的影响因素

除了控制变量，模型1只考虑志愿填报，入学前对专业的了解程度、是否调剂、学校类型对情感承诺的作用是显著的。作用最显著的是专业了解程度，控制了其他变量，入学前专业了解程度提高一个单位，情感承诺上升27.9%；调剂比非调剂学生的情感承诺降低31.8%，专业性大学的新闻学子，比综合性大学降低34.2%。

模型2增加了课堂学习后，志愿填报中显著的变量没有变化，但标准化系数都有所下降。课堂学习层面的变量中，对情感承诺影响最大的指标是“学习能力自我效能”，控制了其他变量，它解释了因变量变化的33.2%。“学习行为自我效能”每增加一个单位，情感承诺上升27.7%；新闻教育满意度每增加一个单位，情感承诺上升24.7%。此外，性别变得显著，较之于男生，女生情感承诺上升10.5%。

在模型3中，课外实践被纳入。结果显示，无论是社会媒体实践经历还是校园媒体实践经历，对新闻学子的情感承诺均没有显著效果。与此同时，原本显著的变量保持不变。对情感承诺影响较大的指标依然是“学习能力自我效能”和“新闻教育满意度”，详见表5-2。

表5-2 新闻学子“情感承诺”的回归模型

自变量＼参数		模型1		模型2		模型3	
		系数	标准化	系数	标准化	系数	标准化
个人层面	女生[1]	0.066	0.032	0.105**	0.050	0.104*	0.050
	原籍城市[2]	0.046	0.026	−0.020	−0.011	−0.024	−0.013
	有家庭影响[3]	0.044	0.018	0.015	0.006	0.011	0.004
	高年级[4]	−0.237***	−0.149	−0.165***	−0.104	−0.181***	−0.114

续 表

自变量 \ 参数		模型1		模型2		模型3	
		系数	标准化	系数	标准化	系数	标准化
志愿填报	专业了解程度	0.279***	0.204	0.147***	0.108	0.150***	0.110
	入学后定志愿[5]	−0.018	−0.011	−0.034	−0.021	−0.035	−0.022
	调剂[6]	−0.318***	−0.173	−0.164***	−0.089	−0.162***	−0.088
	专业性[7]	−0.342***	−0.199	−0.223***	−0.129	−0.219***	−0.127
	理工类[7]	−0.016	−0.009	−0.014	−0.008	−0.006	−0.003
课堂学习	能力自我效能			0.367***	0.332	0.370***	0.334
	行为自我效能			0.277***	0.200	0.274***	0.198
	新闻教育满意度			0.247***	0.241	0.247***	0.241
课外实践	有社媒经历[8]					−0.011	−0.007
	有校媒经历[9]					0.036	0.022
常数项		3.141***		0.365**		0.357**	
调整后的 R^2		0.177		0.477		0.477	
有效样本量		1 404		1 389		1 387	

注：* $p<0.05$，** $p<0.01$，*** $p<0.001$，1 参照类别为“男生”；2 参照类别为“原籍县城及以下”；3 参照类别为“无家庭影响”；4 参照类别为“低年级”；5 参照类别为“入学前定志愿”；6 参照类别为“非调剂”；7 参照类别为“综合性大学”；8 参照类别为“无社会媒体实践经历”；9 参照类别为“无校园媒体实践经历”。

二、理想承诺的影响因素

模型 4 显示，仅纳入控制变量和志愿填报时，志愿填报的所有指标都是显著的。从标准化系数看，专业了解程度的作用最大，控制了其他变量，入学前专业了解程度提高一个单位，理想承诺上升35.3%。调剂进入的学生，理想承诺比非调剂生下降40.3%；入学后决定志愿的人，理想承诺下降8.7%；相对于综合性大学，专业性大学的新闻学子理想承诺下降19.5%。此外，原籍城市的学生，比非城市学生的理想承诺高10.1%；高年级比低年级要降低14.4%。

进一步纳入课堂学习的相关变量，“原籍地”变得不显著，其他变量依然显著。除了“志愿决定时间”的标准化系数上升外，其他标准化系数均下降。“学习能力自我效能”和“学习行为自我效能”两个指标，对理想承诺影响最大。控制了其他变量，这两个指标每增加一个单位，理想承诺分别上升37.7%和30.6%。课堂学习三个指标的标准化系数，均超过了其他指标，说明其对理想承诺的影响最大。

在模型6中，增加了课外实践。结果显示，与模型5相比，整体模型的解释力并没有显著提升，两个指标也未达显著，说明课外实践对理想承诺没有显著作用。详见表5-3。

表5-3 新闻学子“理想承诺”的回归模型

		模型4		模型5		模型6	
		系数	标准化	系数	标准化	系数	标准化
个人层面	女生[1]	−0.030	−0.014	0.010	0.004	0.005	0.003
	原籍城市[2]	0.101*	0.056	0.039	0.022	0.035	0.019
	有家庭影响[3]	0.058	0.023	0.027	0.011	0.019	0.008
	高年级[4]	−0.144***	−0.089	−0.090	−0.055	−0.108**	−0.067
志愿填报	专业了解程度	0.353***	0.254	0.225***	0.162	0.223***	0.160
	入学后定志愿[5]	−0.087*	−0.053	−0.105**	−0.064	−0.100**	−0.061
	调剂[6]	−0.403***	−0.215	−0.250***	−0.133	−0.244***	−0.130
	专业性[7]	−0.195***	−0.111	−0.086*	−0.049	−0.098*	−0.056
	理工类[7]	0.032	0.018	0.035	0.019	0.043	0.024

续　表

		模　型 4		模　型 5		模　型 6	
		系　数	标准化	系　数	标准化	系　数	标准化
课堂学习	能力自我效能			0.377***	0.334	0.376***	0.332
	行为自我效能			0.306***	0.217	0.296***	0.209
	新闻教育满意度			0.183***	0.175	0.185***	0.177
课外实践	有社媒经历[8]					0.028	0.036
	有校媒经历[9]					0.059	0.017
常数项		2.607***		−0.099		−0.099	
调整后的 R^2		0.195		0.475		0.477	
有效样本量		1 402		1 387		1 385	

注：* $p<0.05$，** $p<0.01$，*** $p<0.001$，1 参照类别为“男生”；2 参照类别为“原籍县城及以下”；3 参照类别为“无家庭影响”；4 参照类别为“低年级”；5 参照类别为“入学前定志愿”；6 参照类别为“非调剂”；7 参照类别为“综合性大学”；8 参照类别为“无社会媒体实践经历”；9 参照类别为“无校园媒体实践经历”。

三、继续承诺的影响因素

模型 7 显示，仅纳入控制变量和志愿填报时，控制变量中的“年级”，志愿填报中的“专业了解程度”“是否调剂”“学校类型”变化比较显著。从标准化系数看，“是否调剂”对继续承诺的作用最大。控制了其他变量，调剂生的继续承诺水平降低 45.3%。

将课堂学习加入模型后，原来的显著指标均没有变化，但标准化系数都有所下降。所有指标中，“新闻教育满意度”对继续承诺的影响最大。控制了其他变量，新闻教育满意度每增加一个单位，继续承诺上升 21.6%。“是否调剂”的作用也很大，调剂生的继续承诺水平比非调剂生降低34.7%。学习自我效能的两个指标，对继续承诺的作用也是显著的。

进一步把课外实践加入模型，整体模型的解释力没有显著变化，课外实践的两个指标均不显著。其他指标的显著性和标准化系数基本保持不变，见表5-4。

表5-4 新闻学子“继续承诺”的回归模型

自变量＼参数		模型7		模型8		模型9	
		系数	标准化	系数	标准化	系数	标准化
个人层面	女生[1]	0.019	0.009	0.045	0.021	0.042	0.020
	原籍城市[2]	0.068	0.037	0.020	0.011	0.018	0.010
	有家庭影响[3]	0.104	0.042	0.087	0.035	0.079	0.032
	高年级[4]	−0.148***	−0.090	−0.088*	−0.053	−0.115**	−0.070
志愿填报	专业了解程度	0.239***	0.170	0.154***	0.110	0.150***	0.106
	入学后定志愿[5]	−0.058	−0.035	−0.071	−0.043	−0.072	−0.044
	调剂[6]	−0.453***	−0.238	−0.347***	−0.182	−0.342***	−0.179
	专业性[7]	−0.318***	−0.180	−0.241***	−0.135	−0.249***	−0.140
	理工类[7]	0.053	0.029	0.048	0.027	0.055	0.030
课堂学习	能力自我效能			0.187***	0.164	0.185***	0.162
	行为自我效能			0.225***	0.157	0.218***	0.152
	新闻教育满意度			0.216***	0.204	0.218***	0.206
课外实践	有社媒经历[8]					0.052	0.016
	有校媒经历[9]					0.026	0.031

续　表

自变量 \ 参数	模型 7		模型 8		模型 9	
	系　数	标准化	系　数	标准化	系　数	标准化
常数项	2.728***		0.784***		0.793***	
调整后的 R^2	0.193		0.325		0.325	
有效样本量	1 404		1 389		1 387	

注：* $p<0.05$，** $p<0.01$，*** $p<0.001$，1 参照类别为“男生”；2 参照类别为“原籍县城及以下”；3 参照类别为“无家庭影响”；4 参照类别为“低年级”；5 参照类别为“入学前定志愿”；6 参照类别为“非调剂”；7 参照类别为“综合性大学”；8 参照类别为“无社会媒体实践经历”；9 参照类别为“无校园媒体实践经历”。

四、规范承诺的影响因素

模型 10 显示，仅纳入控制变量和志愿填报，对新闻学子规范承诺有显著影响的指标是“年级”“专业了解程度”“是否调剂”和“学校类型”。志愿填报中，作用最大的是“专业了解程度”。控制了其他变量，专业了解程度每增加 1 个单位，规范承诺上升 20.7%。从整个模型看，标准化系数最大的是年级，控制了其他变量，高年级比低年级的规范承诺降低 25.9%。

模型 11 增加了课堂学习，整体解释力有显著提升。原先显著的指标依然显著，但标准化系数均大幅下降。与此同时，课堂因素的三个指标显示出对规范承诺具有强有力的作用。控制了其他变量，学习能力自我效能、学习行为自我效能、新闻教育满意度各自增加一个单位，新闻学子的规范承诺分别提高了 31.1%、28.9%和 27.7%。

进一步增加课外实践后，整体模型的解释力并没有明显改善，课堂学习依然对规范承诺具有最重要影响。值得注意的是，尽管未达显著，课外实践两个指标对规范承诺呈现负效应，见表 5－5。这意味着，课外实践经历会一定程度上消解新闻学子的规范承诺。

表 5-5 新闻学子“规范承诺”的回归模型

自变量 \ 参数		模型 10		模型 11		模型 12	
		系数	标准化	系数	标准化	系数	标准化
个人层面	女生[1]	0.029	0.014	0.071	0.033	0.075	0.035
	原籍城市[2]	0.002	0.001	−0.061	−0.033	−0.060	−0.033
	有家庭影响[3]	0.086	0.034	0.060	0.024	0.069	0.028
	高年级[4]	−0.259***	−0.157	−0.180***	−0.109	−0.143***	−0.087
志愿填报	专业了解程度	0.207***	0.147	0.082**	0.058	0.087**	0.062
	入学后定志愿[5]	0.076	0.046	0.056	0.034	0.056	0.034
	调剂[6]	−0.239***	−0.126	−0.090	−0.047	−0.097*	−0.051
	专业性[7]	−0.254***	−0.143	−0.144**	−0.081	−0.139**	−0.078
	理工类[7]	0.136*	0.075	0.135**	0.075	0.128**	0.071
课堂学习	能力自我效能			0.311***	0.272	0.311***	0.272
	行为自我效能			0.289***	0.202	0.298***	0.208
	新闻教育满意度			0.277***	0.261	0.273***	0.258
课外实践	有社媒经历[8]					−0.068	−0.010
	有校媒经历[9]					−0.017	−0.041
常数项		3.211***		0.488**		0.482**	
调整后的 R^2		0.116		0.381		0.381	
有效样本量		1 404		1 389		1 387	

注：* $p<0.05$，** $p<0.01$，*** $p<0.001$，1 参照类别为“男生”；2 参照类别为“原籍县城及以下”；3 参照类别为“无家庭影响”；4 参照类别为“低年级”；5 参照类别为“入学前定志愿”；6 参照类别为“非调剂”；7 参照类别为“综合性大学”；8 参照类别为“无社会媒体实践经历”；9 参照类别为“无校园媒体实践经历”。

本章小结

本章呈现了本科新闻学子专业承诺现状，通过层次回归，重点考察了志愿填报、课堂专业学习、课外专业实践三方面因素对新闻学子专业承诺的影响。研究的主要发现有：

1. 新闻学子的专业承诺水平较低，理想承诺和继续承诺亟待提高

以往研究显示：不分专业的调查，大学生专业承诺最低得分为 3.14；分专业的调查，最低得分为护理专业 3.21。[①] 此次针对新闻传播类学生专业承诺调查，结果显示总平均分仅为 3.13，创下“新低”。

究其根源，受到了传媒业价值重构和当下职业新闻人真实生存状态的影响。“以天下为己任”的观念，今天仍然会影响着媒体从业者，尤其是最优秀的那批人，依然保有对理想的不懈追求。但近十多年来新媒体、新技术的发展，很大程度上颠覆了原先的传媒业规则，侵蚀了传媒业原有的领地。这种情势下，虽然大部分新闻学子喜欢并且认同专业，但他们内心依然存在一种深刻的担忧，目前所学的专业知识能否适应传媒行业的发展需要？随着新技术对于传媒业的不断渗透，“内容为王”的记者群体在未来是否会被排挤甚至边缘化？在大数据时代，专业媒体与职业新闻人的理想和价值该如何体现？

另外，媒体从业者的社会地位已从“无冕之王”的宝座上跌落，新闻民工成为媒体从业者较突出的职业形象。从真实的职业状况来看，媒体工作压力极大，强度极高，有调查显示，如果将各行业的工作紧张程度划分为 10 级（级数越大越紧张），记者以 7.5 级名列第三，[②] 经济收入是媒体从业者最主要的压力来源。[③] 在美通社发布的《2016 中国记者职业生存状态与工作习惯调查报告》中显示，80.6%的中国职业记者月薪收入在 1 万元以下，且收入并没有随着从业年限与资历的增长而相应增加，58.8%的一线新闻记者表示鉴于目前的收入待遇，极有可能离开现在的岗位。[④]

---

① 谢洁，王惠珍．护理本科生专业承诺现状调查［J］．护理研究，2008，22（13）：1155—1157．

② 纪殿禄．职业紧张度一览［J］．新闻记者，2000（6）：12．

③ 苏林森．我国新闻从业者的职业压力研究［J］．新闻大学，2013（1）：86—91．

④ 美通社．2016 中国记者职业生存状态与工作习惯调查报告［EB/OL］．https：//www.prnasia.com/story/141491-1.shtml，2016－01－26/2022－11－13．

严峻的现实必然会深刻影响到新闻学子的专业承诺。很少有行业像新闻业那样，在短短十多年的时间里，无论是职业声誉还是收入待遇，都经历了从巅峰到谷底的“断崖式”塌陷。新闻学子原本不错的专业情感和社会责任感，在就业形势严峻、工资待遇偏低、高强度的工作要求等现实因素面前，变得相当脆弱，造成了新闻学子理想承诺、继续承诺低，进而拉低了专业承诺的总体水平。

2. 志愿填报中的专业了解程度、是否调剂对学生今后的专业承诺有显著影响

专业承诺四个方面的层次回归清晰显示，入学前对专业越了解，越是自主选择专业的学生，专业承诺水平越高，研究假设 1 成立。兴趣是学习最好的动力，越了解专业，越知道与自身兴趣是否匹配，进入自己感兴趣的专业学习，积极性也会越高。仔细看专业承诺的四个方面，同一因素的作用又不一样。比如“调剂”对于理想承诺、继续承诺的消解，较之于情感承诺、规范承诺更大。调剂的学生无论是专业忠诚度、继续留在本专业学习的意愿，还是认为所学专业能发挥个人特长、实现个人价值方面，都很不理想。实证数据有力说明，“专业兴趣、专业热爱是可以培养的”，或许只是美好的一厢情愿而已。尽量减少调剂生规模，降低招生总人数，加大第一志愿比例，是提升新闻学子专业承诺的重要举措。

我们的一项重要发现是，以大类招生模式为代表的“入学后决定志愿”，不仅不能有效提升专业承诺，一定程度上还降低了专业承诺。这与政策制定者的初衷相差甚远。结合访谈，我们发现导致这种“令人费解”现象的原因复杂：首先，经过一到两年的大类学习，主导学生选择专业时的心态，往往从兴趣变成了学习强度、绩点高低、就业好坏等非常现实的方面，学习态度不端为专业承诺下跌埋下了伏笔。其次，大类招生还会造成学生的班级意识、同伴意识淡漠。有研究发现，课堂内同伴之间的良性互动和良好的伙伴关系对大学生的课程兴趣、自主学习动机等有重要的影响。[①] 同伴关系的淡化会影响学生的学习动机和学习兴趣，降低专业承诺。再次，大类招生在实际分流中，学生更愿意选择与自己分数对应的专业而

---

① 潘颖秋. 大学生专业兴趣的形成机制：专业选择、社会支持和学业投入的长期影响 [J]. 心理学报，2017，49（12）：1513—1523.

不考虑自己的真正兴趣。“高分专业”与“低分专业”的结构性矛盾突出，部分学生选择某专业，仅仅是因为分数历年来一直较高、出国率高等，但这些因素对提升学生的专业承诺基本没有帮助。最后，大类招生制度带来了专业课程设置不合理、专业学习时间紧张等弊端。一方面，为完成学分，进入高年级后依然维持较高的专业课程量，违背了人才培养内在规律；另一方面，进入大三下学期后，学生面临考研、出国或者就业等选择，冲击了专业课程的学习积极性。大类招生降低了专业承诺，究竟是新闻学子的特有现象，还是所有专业大学生的普遍现象，则有待于今后其他相关研究的进一步完善。

3. 学习自我效能和新闻教育满意度对专业承诺有最重要的促进作用

从实证结果来看，学生对自身能顺利完成学业、取得好成绩的能力和行为越有信心，对目前新闻教育越满意，其专业承诺水平越高，研究假设 2 成立。令新闻教育工作者鼓舞的是，课堂学习因素对专业承诺不仅有正向作用，而且强度超过了研究中的其他因素。

根据班杜拉（Bandura）的理论，不同自我效能感的人感知、思维和行为方式都不同，自我效能感越强，其情绪反应越趋于正向，越能应付特定的情境，也直接影响到个体的行为选择。因此，若新闻学子的学习自我效能越强，对于新闻学习越有自信，当学习中遇到困难或者压力时，他们会倾向于积极面对，从而获得较高的学习成就感，又会反过来增强学生的学习自我效能感，整个学习过程处于一个良性循环中，最终对学生的专业承诺造成显著的正向影响。

专业满意度越高，说明学生从专业学习中的获得感越高，专业承诺必然相应提高。今后，提升专业满意度，可以多管齐下：优化课程设置，让教学内容更适应传媒发展需求；增强学生的专业技能和市场竞争力；加强对新闻学子的专业与职业生涯规划指导，让他们深入了解和认识专业……通过有效提升专业满意度来促进专业承诺，是未来可以重点努力的方向。

4. 课外实践对新闻学子专业承诺水平的提升效果，无法得到实证支持

课外实践在新闻教育中的重要作用毋庸置疑，但其对新闻学子专业承诺水平存在显著的正向影响，却无法得到实证支持。因此，研究假设 3 不成立，这样的结果确实出人意料。

结合访谈资料，我们初步发现了一些原因：首先，几乎所有新闻院系

的课外实习、实践都是培养计划中的必修课。对大部分学生而言，课外实践经历并非自身主动寻求的结果，而是规定或任务，与个人兴趣关系不大，无法对专业承诺有较大影响。其次，从实习质量看，目前大部分新闻学子的专业实习内容，无非是资料搜集、电话联系、录音整理等采写辅助工作，或者是打字、文印、材料分发等行政辅助工作，较少有独立采写机会，很多时间是跟在正式员工身后观摩，缺乏系统规范的带教和指导。不同学生的课外实践质量差异不大，无法作为显著因素影响专业承诺水平。再次，进一步检验发现，年级与社会媒体实习经历、校园媒体实习经历的相关系数分别为 0.536^{**} 和 0.487^{**}，存在较高的相关性，年级变量很大程度上涵盖并消解了课外实践对专业承诺的作用。此外，课外实践对规范承诺还存在着负效应，说明学生所接受的“学一行、爱一行”，“所学专业对国家重要，所以我应该学好它”，“我应该努力成为优秀的专业人才”等校内教育，一定程度上受到课外实习的冲击。

第六章

新闻教育与新闻学子专业承诺的关系

曾几何时，新闻工作者头顶“党和人民的喉舌耳目”“站在社会船头的瞭望者”“客观公正的代表”“正义良知的化身”等多重光环，职业风光无限，也使新闻传播专业成为众多考生追逐的热门。但一夜之间似乎很多情况都变了：从业者工作压力大、风险高，引发了较高的流动性和离职率；自媒体的出现，大大削弱了媒体工作作为一种“职业”的优势和荣誉感，与微博、微信公众号遍地开花相比，诸多报纸停刊，传统媒体呈现“断崖式”的衰弱；传媒业对从业者的技能、知识结构等也提出了新的要求……问题与压力之下，当代新闻传播专业的大学生还会热爱自己的专业并保持浓厚的学习兴趣吗？新闻教育对新闻学子的专业认同是正向的促进还是负向的消解？如果新闻教育与专业认同存在较大的关系，这种关系又受什么因素影响？本章是对上一章专业承诺的继续深化，旨在用实证材料回答上述问题。

第一节　研究假设与设计

一、研究假设

从内部看，随着新闻教育的大规模扩张，以及受人才培养过程中师资队伍、课程设置、软硬件保障等方面的局限，新闻教育远远落后于媒介融合时代对媒体从业者的要求。从外部看，近年来媒体逐步加大从经济、外语、法律等其他非新闻传播专业毕业生中招聘从业人员，一定程度上挤占了新闻学子的媒体就业机会。从媒体自身而言，传统媒体的经济效益遭受重创并不断萎缩，新媒体除了广告和少数付费项目外，尚未有成熟的营利模式。这些现实的“不利”因素都会对新闻学子产生消极影响。本章提出的第一个研究假设是：

H_1：新闻学子的专业承诺水平总体偏低。

针对其他学科大学生的研究表明，专业承诺呈现性别差异、年级差异。具体到新闻传播类专业的情况，男女生比例严重失衡，高年级学生愿意将精力更多地用于媒体实习，来自农村的学生较之于城市学生，在媒介素养等方面，均有一定差距。因此，本章提出的第二个研究假设是：

H_2：不同性别、年级、录取志愿、生源地、学校类型的新闻学子，其专业承诺水平有显著差异。

必须承认，新闻学子对当今中国新闻业现状的初步认知、对未来职业的初步想象、对从业技能的基本掌握，以及对纷繁复杂媒介现象的解读和理解，很大程度上来自校内课堂教育和专业教师。在进入媒体实习之前，校内新闻教育建构了新闻学子最重要的媒介素养和职业意识，也奠定了他们最基本的职业能力。本章提出的第三个研究假设是：

H_3：新闻教育对新闻学子专业承诺水平有显著的正向影响。

自我效能感（self-efficacy）是人们对其组织和实施达成成就目标所需行动过程的能力的信念，是其对自己行动能力的自我表现评估或信心，这一概念由美国著名心理学家班杜拉（Bandura）于 1977 年提出并不断完善。[①] 与学习有关的自我效能感被称为学习自我效能感（academic self-efficacy）。平特里奇和德格鲁特（Pintrich & De Groot）将学习自我效能感分为两个相对独立的维度：学习能力自我效能感（academic ability self-efficacy）和学习行为自我效能感（academic behavior self-efficacy）。[②] 前者指学生对自己是否有能力完成学业、取得良好成绩和避免学业失败的判

① 郭本禹，姜飞月.自我效能理论及其应用［M］.上海：上海教育出版社，2008：58.

② Pintrich P. R., DeGroot E. V.. Motivational and Self-Regulated Learning Components of Classroom Academic Performance［J］. Journal of Educational Psychology, 1990, 82（1）：33－40.

断；后者指学生对自己的学习行为能否达到学习目标的判断。已有研究发现学习自我效能感与专业承诺相关并有显著的预测作用。[①] 同时，学习自我效能感与学校教育密不可分。如果在教学中给予较多的正面引导，充分树立起学生的学习自信，增强他们的学习满意度，学习自我效能感也会相应提升。本章提出的第四个假设是：

H_4：在新闻教育影响新闻学子专业承诺过程中，学习自我效能感产生重要的中介作用。

二、研究工具

我们采用“连榕版”量表来测量大学生的专业承诺，具体详见第五章。

学习自我效能感量表，借鉴了华中师范大学梁宇颂的研究成果，他参考了平特里奇和德格鲁特编制的学习自我效能感问卷的维度，从学习能力自我效能感、学习行为自我效能感两个方面，共设计了22题，从“完全不符合”到“完全符合”五级评分。[②] 我们选择了因子载荷最高的题目进行精简，分别保留了4题和3题，精简版量表两个维度和总量表的α系数分别为0.83、0.85、0.86。

在前期大量访谈的基础上，本研究设计了“新闻教育评价量表”。结合当下的新媒体环境，该量表从课程设置、师资水平、知识覆盖、应用技能四个方面，对是否适应新媒体发展进行打分，具体表述为“专业课程设置能适应新媒体的发展趋势”“专业课程老师了解新媒体发展的最新情况”“专业课程学习增加了我的新媒体方面知识”“专业课程学习能使我掌握很多新媒体的应用技能”“专业课程学习能增强我对传媒业的从业意愿”，从“完全不赞同”到“完全赞同”五级评分，α系数为0.87。此外，还通过五点量表对“总体而言，我对目前的新闻传播教育满意度”进行打分。

---

① 杨云苏，罗润生，彭春姝.高师生专业承诺及其与学习适应性、学习自我效能感的关系[J].中国临床心理学杂志，2009，17（6），767—769.

② 梁宇颂.大学生成就目标、归因方式与学业自我效能感的研究［D].武汉：华中师范大学，2000：32.

第二节 新闻学子专业承诺现状及对新闻教育评价

一、专业承诺现状

专业承诺得分计算方式是，取下属各项求均值。从上一章可知，新闻学子专业承诺水平不容乐观。理想承诺（2.98）、继续承诺（2.83）低于中值3，情感承诺（3.38）、规范承诺（3.34）略高于中值，总承诺得分仅为3.13。

不同类型新闻学子的专业承诺，女生（3.15）略高于男生（3.07），但仅在情感承诺方面有显著差别。低年级学生（3.21）显著高于高年级学生（3.06），无论在总承诺还是四个维度上，这种差异均具有显著性。原籍县城及以下的新闻学子（3.03），专业承诺普遍低于来自城市的学生（3.17），这种差异显著体现在情感承诺、理想承诺、继续承诺和总承诺方面。调剂到新闻传播类专业的学生（2.73），在专业承诺的各方面都显著低于非调剂的学生（3.27）。有家庭影响的学生（3.27），其专业承诺显著高于其他学生（3.11）。专业性大学新闻学子，无论是专业承诺总体水平（2.83）还是四维度的得分均最低，综合性（3.27）与理工类（3.28）的情况差不多。其中，理工类大学新闻学子，规范承诺和总承诺略高于综合性大学。

二、对新闻教育的评价

从调查结果看，当代新闻学子对新闻教育的评价差强人意。尽管课程设置、师资水平、知识覆盖、应用技能四方面的评价都高于中值3，但均未超过4，总体满意度仅为3.06。其中，新闻学子对专业师资水平（3.44）、课程知识覆盖（3.42）的认可度相对较高，对“专业课程设置适应新媒体时代发展趋势”（3.06）的认可度最低，见表6-1。

进一步比较发现，男生对新闻教育的认可度略高于女生，有家庭影响的学生对新闻教育的认可度稍高，但均未达显著。高年级学生与低年级学

表 6－1　新闻学子对新闻教育的评价及比较

		课程设置	师资水平	知识覆盖	应用技能	总体满意度	组间比较
性　别	男	3.07(1.05)	3.52(0.98)	3.47(0.97)	3.17(1.05)	3.06(0.83)	Ns
	女	3.06(1.01)	3.42(0.96)	3.41(0.97)	3.12(1.02)	3.06(0.76)	
年　级	低年级	3.18(1.01)	3.61(0.92)	3.53(0.98)	3.22(1.04)	3.16(0.74)	1—5***
	高年级	2.95(1.01)	3.28(0.98)	3.31(0.95)	3.05(1.01)	2.97(0.80)	
生源地	县城及以下	2.94(1.00)	3.40(0.94)	3.34(0.97)	3.04(1.04)	2.96(0.76)	1**,4*,5**
	城市	3.10(1.02)	3.45(0.98)	3.45(0.97)	3.16(1.02)	3.10(0.78)	
志　愿	自主选择	3.10(1.00)	3.44(0.97)	3.43(0.96)	3.17(1.01)	3.11(0.76)	1**,4**,5***
	调剂	2.93(1.05)	3.45(0.98)	3.37(1.02)	3.01(1.06)	2.91(0.80)	
家庭影响	有	3.02(1.08)	3.44(1.06)	3.43(1.05)	3.14(1.10)	3.11(0.77)	Ns
	无	3.07(1.01)	3.44(0.96)	3.42(0.96)	3.13(1.02)	3.06(0.77)	
学校类型	综合性	3.08(1.02)	3.34(1.01)	3.37(0.94)	3.07(1.02)	3.11(0.77)	1—5***
	专业性	2.86(1.03)	3.46(0.95)	3.29(1.01)	2.94(1.04)	2.91(0.82)	
	理工类	3.26(0.96)	3.56(0.92)	3.61(0.93)	3.43(0.94)	3.17(0.70)	
全　　体		3.06(1.02)	3.44(0.97)	3.42(0.97)	3.13(1.03)	3.06(0.77)	—

注：括号外为均值，括号内为标准差。低年级组为大一、大二，高年级组为大三、大四；家庭影响的操作化定义为“有无近亲属在传媒业工作”；组间比较中，1—5分别代表情感承诺、理想承诺、继续承诺、规范承诺、总承诺。只列出了有显著差异的项目。* $p<0.05$，** $p<0.01$，*** $p<0.001$，Ns 为不显著。

生对新闻教育的评价差异明显，在课程设置、师资水平、知识覆盖、应用技能及总体满意度方面，高年级评价均显著较低，尤其是课程设置和总体满意度两项，呈负面评价。原籍城市的学生，对新闻教育评价比原籍县城及以下的学生要积极，后者课程设置和总体满意度两项打分低于3。调剂进入专业学习的学生，对新闻教育的课程设置、应用技能培养、总体满意度，均显著低于非调剂生。理工类高校新闻学子对新闻教育的评价较为积极。专业性高校的新闻学子打分最低，大多低于中值，表明他们对目前的新闻教育最为不满。

第三节　新闻教育与专业承诺的关系分析

一、新闻教育对专业承诺的直接影响

采用多元线性回归模型，因变量为专业承诺的四个维度及总承诺得分，自变量为对新闻教育评价的四个方面，回归结果见表6-2。控制了其他变量，课程设置评价每增加一个单位，专业承诺各维度提高12.7%—15.8%，总承诺水平提高14.6%。应用技能评价每增加一个单位，专业承诺各纬度提高8.1%—11.3%，总承诺水平提高9.3%。知识覆盖评价每增加一个单位，情感承诺、规范承诺、总承诺分别提高9.5%、11.5%和7.3%；师资水平每增加一个单位，继续承诺相应提高6.3%。

表6-2　新闻教育对新闻学子专业承诺的多元回归分析

变量	情感承诺	理想承诺	继续承诺	规范承诺	总承诺
课程设置	0.152*** (0.028)	0.147*** (0.029)	0.158*** (0.030)	0.127*** (0.029)	0.146*** (0.025)
师资水平	0.009 (0.029)	0.019 (0.031)	0.063* (0.031)	0.042 (0.030)	0.007 (0.026)
知识覆盖	0.095** (0.034)	0.050 (0.036)	0.034 (0.037)	0.115** (0.035)	0.073* (0.031)

续　表

变量	情感承诺	理想承诺	继续承诺	规范承诺	总承诺
应用技能	0.081** (0.028)	0.088** (0.030)	0.113*** (0.030)	0.091** (0.029)	0.093*** (0.025)
Constant	2.296*** (0.080)	2.150*** (0.084)	2.095*** (0.085)	2.125*** (0.082)	2.167*** (0.072)
N	1430	1430	1430	1430	1430
F	56.97***	34.33***	32.52***	63.88***	59.28***
R^2	0.136	0.086	0.082	0.151	0.142

注：括号外为非标准化回归系数，括号内为标准误。* $p<0.05$，** $p<0.01$，*** $p<0.001$。

这充分表明，课程设置、知识覆盖、应用技能是情感承诺、规范承诺、总承诺的有效预测变量；课程设置、应用技能是理想承诺的有效预测变量；课程设置、师资水平、应用技能是继续承诺的有效预测变量——新闻教育对当前新闻学子专业承诺有显著的正向影响。

二、学习自我效能感的中介作用检验

由于新闻教育、专业承诺、学习自我效能感均为不可直接测量的潜变量，针对潜变量之间关系的检验，结构方程模型（Structural equation modeling，SEM）是最有效的方法。我们将研究假设 4 具体细化为 6 项子假设，见表 6－3。我们使用 Lisrel 8.70 软件进行结构方程模型分析，拟合结果见图 1，$\chi^2=756.32$，$df=84$，所有标准化路径系数 T 值均大于 1.96。本研究的样本量为 1 430，由于 χ^2/df 易受样本量影响，大样本使用时对评价模型参考意义不大，[①] 其余各项拟合指数（表 6－5）均较为理想。新闻教育、学习能力自我效能感、学习行为自我效能感、专业承诺四个潜变量的组合信度（CR 值）和平均方差抽取量（AVE 值）分别为：0.874、0.832、0.746、0.903 和 0.635、0.555、0.513、0.701，表明各潜变量

① 侯杰泰，温忠麟，成子娟.结构方程模型及其应用［M］.北京：教育科学出版社，2004：168.

“建构信度”良好。综上，模型总体理想。

表 6－3 结构方程模型主要参数及研究假设的验证结果

假　　设	路　径	标准化路径系数	T 值	验证结果
新闻教育（JE）对学习能力自我效能感（AASE）有直接正向影响	JE→AASE	0.28***	8.83	支持
新闻教育（JE）对学习行为自我效能感（ABSE）有直接正向影响	JE→ABSE	0.08**	3.03	支持
新闻教育（JE）对专业承诺（PC）有直接正向影响	JE→PC	0.22***	8.71	支持
学习能力自我效能感（AASE）对学习行为自我效能感（ABSE）有直接正向影响	AASE→ABSE	0.83***	20.97	支持
学习行为自我效能感（ABSE）对专业承诺（PC）有直接正向影响	ABSE→PC	0.32***	4.34	支持
学习能力自我效能感（AASE）对专业承诺（PC）有直接正向影响	AASE→PC	0.32***	4.65	支持

注：** $p<0.01$，*** $p<0.001$。

随后，我们将样本分成高低年级两个组进行多组分析，目的是为了考察“年级”这一变量是否对模型存在调节效应，从而进一步检验模型的稳定性。具体做法是逐步对回归系数进行限定并比较前后模型的卡方差（$\Delta\chi^2$）与自由度差（Δdf）。如果卡方差在相应的自由度差上不显著（$p>0.01$），说明调节变量对模型的作用不显著，模型稳定。我们依次设定了未经任何限定模型（Unconstrained，M_1）、测量权重等同模型（Measurement weights，M_2）、M_2基础上结构权重等同模型（Structural weights，M_3）、M_3基础上结构协方差等同模型（Structural covariances，M_4）、M_4基础上结构残差等同模型（Structural residuals，M_5）。表 6－5 的各项指标显示，$\Delta\chi^2$在相

应的 Δdf 上均未达显著水平，说明图 6-1 的理论模型不受年级这个调节变量的影响，模型稳定，解释力强。

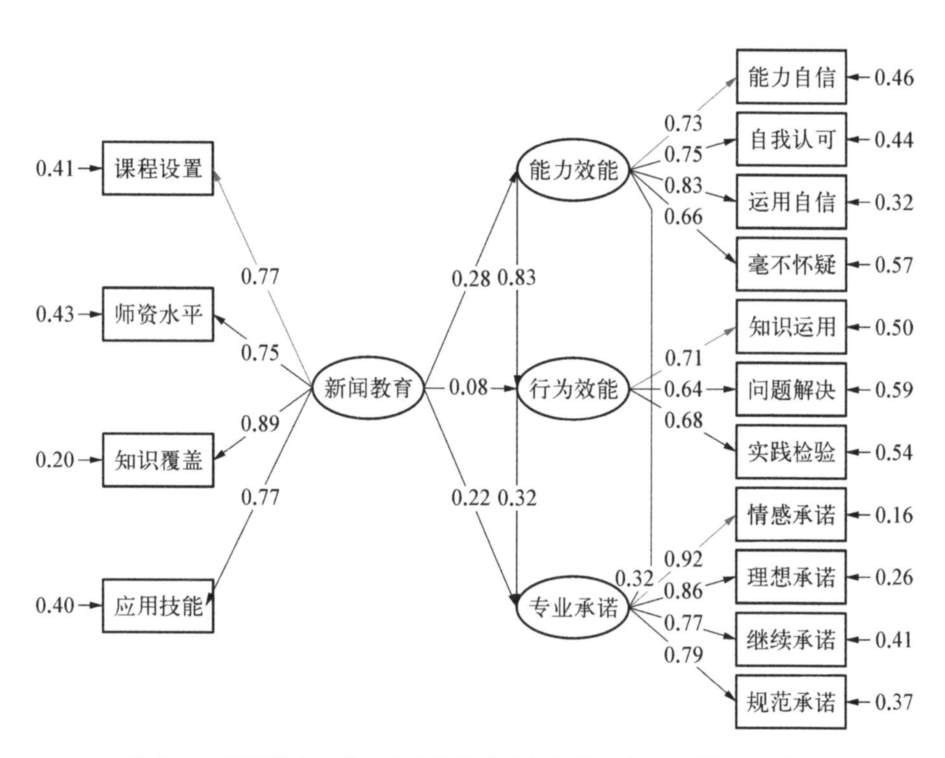

图 6-1 新闻教育、学习自我效能感对新闻学子专业承诺的影响模型

从结构方程模型拟合结果看（见表 6-4），新闻教育对新闻学子专业承诺的直接效应为 0.22，间接（中介）效应为 0.19，总效应为 0.41。其中，通过学习能力自我效能感产生的中介效应为 0.09，通过学习行为自我效能感产生的中介效应为 0.03，通过两者共同作用产生的中介效应为 0.07。

本章小结

1. 新媒体环境下新闻学子的专业承诺水平较低，且在不同新闻学子间存在差异

专业承诺的总体水平仅为 3.13，其中继续承诺（2.83）和理想承诺

表 6 - 4 结构方程模型的拟合指数及年级多组分析评估摘要表

模 型	χ^2	df	χ^2/df	GFI	RMSEA	NFI	CFI	PNFI	AGFI	$\Delta\chi^2(\Delta df)$
判断标准	—	—	<5	>0.90	<0.08	>0.90	>0.90	>0.50	>0.90	—
全体样本	756.32***	84	9.004	0.932	0.075	0.936	0.943	0.794	0.902	—
$M_{低年级}$	453.60***	84	5.400	0.918	0.080	0.921	0.935	0.737	0.883	—
$M_{高年级}$	379.39***	84	4.517	0.933	0.069	0.938	0.951	0.750	0.905	—
M_1	833.00***	168	4.958	0.926	0.053	0.930	0.943	0.744	0.894	—
M_2	857.49***	179	4.790	0.924	0.052	0.928	0.942	0.791	0.898	24.48(11)
M_3	866.90***	185	4.686	0.923	0.051	0.927	0.942	0.817	0.900	9.41(6)
M_4	866.96***	186	4.661	0.923	0.051	0.927	0.942	0.821	0.900	0.06(1)
M_5	867.36***	189	4.589	0.923	0.050	0.927	0.942	0.834	0.902	0.40(3)

(2.98) 尚未达到中值 3，表明新闻学子在这两方面是消极的；情感承诺 (3.38) 和规范承诺 (3.34) 稍微好些。本次调查的其他数据显示，仅有 34.65%的学生遇到有转专业机会时能不为心动，坚持留在本专业。因此，研究假设 1 成立。

相对于男生，女生的专业承诺尤其是情感承诺较高。分析其原因，新闻传播类专业男女生比例严重失衡（本次调查为 1∶4.46)，男生较少，再加上男生性格相对开放、思维相对灵活，他们大多不安于现状，对未来生活充满信心和挑战……这些都使男生在大学期间及未来深造、就业道路上，有更多从容的选择。专业承诺在年级上表现为“两头高、中间低”趋势，呈“V”字——大三学生专业承诺水平最低。仔细分析，大一学生对大学生活和学习充满期待、怀有热情，学习动力较大；有越来越多高校采用宽口径的“通识教育”和“大类招生”，往往大二才是专业学习的起点，所以大二学生的专业承诺也尚可，但课业负担重，忽视了教学的循序渐进和应有效果。步入大三，要面临实习、考研、就业等现实问题，大部分学生对专业学习已经不太关注。大四是重要的人生十字路口，在择业、深造时，很多学生会考虑专业对口度，专业承诺水平有一定回升。

原籍城市的新闻学子，入学前无论是媒体接触、媒介素养，还是报考信息掌握、大学生活认知等方面，均比来自县城及以下的同学机会更多，对专业情况的了解也相对充分，入学后专业承诺水平相对较高就不难理解。这样的解释也同样适用于有家庭影响的学生。

与综合性、理工类大学相比，专业性大学新闻学子的专业承诺水平最低，根源在于“调剂”，此类高校竟然有高达 44.67%的新闻学子是专业调剂生，这一比例在其他两类高校分别为 8.02%和 26.09%。可见，个人内在的学习兴趣是决定新闻学子专业承诺水平的重要因素。专业性大学的新闻学子中，有 78.35%的人表示“如果有机会就想转专业”；他们中有 86.93%是被“调剂”录取的。因此，专业性大学的新闻传播专业人才培养的形势尤为严峻：今后要么想办法招到更多自主报考的学生，要么大大缩减培养规模。否则，“复合型人才培养”只是看上去很美好而已。综上，研究假设 2 基本成立。

2. 新闻教育对新闻学子专业承诺有积极的促进作用

学生对新媒体时代的新闻教育，无论是课程设置、师资水平，还是知识覆盖、应用技能和总体满意度，评价都还算积极。这一点无疑让新闻教育工作者有些许欣慰，但也只能“谨慎的乐观”。其中，课程设置、应用技能得分较低说明，根据新媒体发展特点对专业课程体系进行顶层设计和重构，使学生掌握更多新媒体应用技能，不仅是教育者和用人单位的共识，也是新闻学子的呼声。比较后发现，高年级学生对新闻教育的满意度低于低年级学生——他们更注重学习的有效性、针对性、实用性。来自县城及以下学生的满意度低于城市的学生，我们认为可能的原因是，后者在知识信息获取、自我技能培养、资源运用等方面的能力相对较强，新媒体时代，他们中很多人可以借助自学、网络课程等途径，对课堂教学和校内资源的依赖程度比前者要低。专业性大学新闻学子的新闻教育满意度，同样落后于其他两类大学。结合访谈发现，其中原因是复杂的：既与学生多为调剂进入有关，也与此类大学目前人才培养的尴尬局面有关——理想中“1+1”的复合型新闻传播人才培养模式，在实践中往往成为“两张皮”，一半英语课（或法律、经济）一半新闻课，无法有机融合和打通，结果两个领域都学不好，在就业市场上也缺乏竞争力。实证材料无疑对专业性大学的新闻人才培养模式敲响了警钟！

研究结果表明，新闻教育对新闻学子专业承诺有显著的正向影响，假设3成立。尤其是如果课程设置能较好适应新媒体的发展趋势、课程学习能使学生充分掌握新媒体应用技能的话，无论对提升新闻学子情感承诺、理想承诺，还是继续承诺、规范承诺的效果都很明显。因为与时俱进、优质有效的新闻教育，能增强学生的综合能力和就业竞争力，使他们掌握更多的“硬本领”，今后个人发展变得自信从容；这样，学生也能提高学习心理的投入，获得较高的成就感，进而更加热爱自己的专业，认同专业规范和要求，增进专业情感，投入更多的热情和精力来学习。

3. 在新闻教育影响专业承诺过程中，学习自我效能感产生中介效应

无论是学习能力自我效能感还是学习行为自我效能感，都能产生中介效应，即新闻教育通过影响新闻学子的学习自我效能感，间接影响个体的专业承诺，研究假设4成立。学习自我效能感是学生对自己是否能成功完成学习任务所具备能力的判断与自信。新媒体时代的新闻教育，如果能在课程体系、师资配备、理论知识、实践操作等方方面面都适应时代发展，给予学生正向积极的引导和鼓励，让学生感受到学习的有效性和针对性，

有助于他们顺利完成大学阶段的专业学习及今后的个人发展。如果学生相信自己有能力完成学业并通过努力能达到预期良好的学习结果，他们也就更愿意投入专业学习，专业承诺相应提高。

实证研究表明，新闻教育无论对学习能力自我效能感、学习行为自我效能感还是专业承诺，都有直接正向的影响。因此，在传媒业风云激荡的时代，也不必对新闻教育的作用过于悲观。需要思考的是，新媒体环境下，如何从系统工程的角度来提升新闻学子的专业承诺水平？其中，新闻教育环节起码可以从以下途径努力：一是专业填报方面，通过各种传播渠道，加强专业选择的科学指导，让学生在进入专业前充分了解专业情况、专业与个人兴趣的匹配度，降低盲目性。从这个意义上说，越来越多的高校正在实行的“大类招生制”不失为一种好办法，对提高学生的专业承诺有积极作用。二是招生和培养方面，招生上适当压缩招生规模，尽量挑选自主填报的考生进入专业学习；培养过程中，允许学生根据自己的兴趣特长转专业，通过鼓励和引导，加强对学生的专业教育和职业教育，采用大数据等信息，让学生了解专业的发展前景、毕业生的就业形势及社会上相关职业的发展状况，提升专业学习自信，增强学习自我效能感。三是教学保障方面，改善软硬件、提高师资水平，使教学内容和形式充分适应新媒体时代的特点，其中作为教学活动的组织者、管理者、协调者的师资是重中之重，必须找到熟悉新媒体发展规律和运用技能的高水平师资充实课堂教学。四是专业结构方面，对“1+1复合型人才培养”“融合媒体人才培养”“宽口径通识人才培养”等现有探索模式进行实事求是地评估，通过顶层设计、资源配置和保障、效果评价等进行“过程质量管理”，随时调整。

第七章
新闻学子的媒体实习

新闻传播专业人才培养，具有较强的实践性，注重学生动手能力。课堂形式的校内教育和媒体实习形式的校外教育，构成了目前新闻传播专业人才培养的两个主要方面。尤其是媒体实习，不仅作为新闻传播专业教学体系的重要环节占据一个学期乃至更长时间，而且对促进学生课堂知识掌握、确立未来从业意愿、增加就业资本等，都发挥着重要作用。与此同时，传统媒体“风光不再”，大量从业机会在新媒体领域涌现。新闻传播专业学生的实习机会虽多，但岗位要求也相应提高。面对急剧变化的媒体环境，新闻学子处于普遍的就业焦虑状态。近年来，大一大二就“迫不及待”进入媒体单位实习的人已不在少数，他们认为“尽早实习能更清晰地看清自己到底适不适合媒体工作，也能有时间去改进自己的不足”。[①]

尽管媒体实习对专业教育及学生个人发展的重要性都毋庸置疑，但目前针对新闻学子媒体实习的专项研究较少，采用实证方法了解新闻学子媒体实习行为及他们对实习评价的研究更是寥寥无几。鉴于此，本章重点探讨以下几个问题：新闻学子首次媒体实习一般发生在什么时候，是否真的存在“低龄化”现象？哪些因素会“刺激”他们较早开展媒体实习？新闻学子对媒体实习的评价如何？造成评价差异的显著因素有哪些？

---

① 李雪昆.实习过后，我们蓄力出发…… [N].中国新闻出版广电报，2018-08-28 (8).

第一节　文献综述

在教育学领域，已经发展出丰富的理论来支持和解释大学生专业实习的重要性。其中，源自美国的“学生发展理论”（student development theory）影响较大。学生发展理论从个体与环境的关系、社会心理、认知结构、生态学等角度解释学生在大学期间的发展和成长规律，强调学校要创造多样化的条件帮助学生成长，学生也必须积极主动地寻找机会参与学习和发展。[①] 学生参与包括课堂内学习参与和课堂外活动参与，实习属于课外活动参与的一种。因此，有效的实习对学生的发展非常重要，大量实证研究也支持了这一点。一方面，实习能提升大学生自身就业能力；另一方面，能增强就业效能感，并通过就业效能感影响就业结果。[②] 学生通过专业实习将课堂理论知识与实际应用联系起来，有利于学生对知识的理解，相对于未参与实习的学生，实习有益于促进学业参与。[③]

“情境学习理论”（situated learning theory）也支持了实习的重要性。该理论强调知识与情境的动态相互作用过程，认为知识与活动不可分离，学习者在情境中通过活动获得知识，学习与认知本质上是情境性的。[④] 专业实习就是在真实的职业环境中“做中学、学中做”，能有效激励学生学习能力、工作能力和社会适应能力的形成。

在这些理论下，目前有关学生实习的研究重点关注实习对学业参与、学业成绩、学生发展等方面的影响。从实习对学业参与的影响看，现有研究并不能有力支持实习时间对学业参与的挤占效应。[⑤] 从实习对学业成绩的影响看，相关实证研究并未得出一致结论。有研究发现学业成绩

---

① 克里斯汀·仁，李康.学生发展理论在学生事务管理中的应用：美国学生发展理论简介[J].高等教育研究，2008（3）：19—27.

② 王振源，孙珊珊.大学生实习与就业结果关系的实证研究［J］.黑龙江高教研究，2013，31（10）：132—135.

③ 石卫林.大学生过早实习：促进抑或阻碍学业参与？［J］.复旦教育论坛，2012，10（2）：20—26.

④ Brown J. S.，Collins A.，Duguid P.. Situated Cognition and the Culture of Learning [J]. Educational Researcher，1989，18（1）：32-42.

⑤ 辛云娜.低年级大学生实习参与的数量与质量特征及实习效果分析［D].北京：北京大学，2013.

与实习之间并无显著的相关性；① 也有研究发现实习对学业成绩有正向影响；② 还有研究发现，在一定的实习强度内，实习对学业成绩并无显著影响，但一旦过度，尤其是每周实习时间超过 20 小时，实习强度对学业成绩有负效应。③ 从实习对学生发展的影响看，当实习时间超过临界值后，实习对学生发展的边际效用递减，并且实习时间对学生在知识学习、通用技能、公民意识、职业技能等不同维度上影响的临界值也不同。④

从学科领域看，现有的学生实习研究多集中在商科、师范、护理等专业，同样作为实践性、应用性非常强的新闻传播学科，对学生实习的关注非常少。已有研究发现，新闻学子实习问题多多，比如缺乏责权分明、长期有效、有资金保障的实习制度；缺乏稳定的互惠互利机制导致媒体积极性不高；实习生思想准备不足。⑤ 实习过程中专业知识得不到全方位运用、实习要求与学生能力存在矛盾、实习积极性不高。⑥ 还有学者以学生实习日志为分析素材，发现实习中学生对采访活动缺乏掌控能力、难以融入实习单位、容易受记者或者部门领导批评，并提出“做中学”和“错中学”的学习策略。⑦ 针对武汉地区学生的问卷调查发现，学生被动实习倾向明显，学校管理放松，媒体缺乏带教热情，需要从梯次实习体系建立、实习导师制、多途径联系实习单位、数量与质量综合考评制等方面加以改进。⑧ 重庆地区的实证研究发现，专业实习对学生新闻报道实做能力并没有明显提升，应该重视校园媒体的实践教学价值。⑨ 还有学者提出从课堂教学提高学生的实践应用能力、改进高校-媒体的合作实习模式、结合当地特色

---

① Cook S. J., Parker R. S., Pettijohn C. E.. The Perceptions of Interns: A Longitudinal Case Study [J]. Journal of Education for Business, 2004, 79 (3): 179.

② English D. M., Koeppen D. R.. The Relationship of Accounting Internships and Subsequent Academic Performance [J]. Issues in Accounting Education, 1993, 8 (2): 292 - 299.

③ Gleason P. M.. College Student Employment, Academic Progress, and Post-college Labor Market Success [J]. Journal of Student Financial Aid, 1993, 23 (2): 5 - 14.

④ 刘岐山.大学生实习参与适度性的实证研究 [D].北京：北京大学，2012.

⑤ 邹华华.新闻传播专业实习基地建设探讨 [J].新闻界，2006 (6)：123.

⑥ 洪杰文，彭雨田.新闻传播专业实习模式及效果研究 [J].湖北第二师范学院学报，2017，34 (1)：120—123.

⑦ 岳改玲.新闻专业学生媒体实习的问题与对策 [J].东南传播，2012 (12)：120—121.

⑧ 何志武，吕惠.新闻专业实习的效果调查及模式探讨 [J].新闻知识，2007 (2)：66—67.

⑨ 屈弓.高校新闻专业集中实习的真实效能初探：兼论校园媒体的同步建构价值 [J].西南农业大学学报（社会科学版），2013，11 (12)：121—124.

创建实习模式等方面提高媒体实习质量。[①] 近期一项关于新闻实习生的实证研究发现，他们的整体工作满意度处于中等水平；[②] 对媒介伦理争议行为的整体接受度较低；[③] 从业体验层面的实习经历，以及职业志向层面的理想媒体类型选择和媒体功能认知，会对实习生职业认同水平产生显著性影响。[④]

较之于国内情况，国外学者对新闻学子进行了更多关注，研究重点在新闻学子职业动机、[⑤⑥⑦] 对新闻伦理和争议性手法评价[⑧⑨]、择业意愿[⑩⑪]等方面。到目前为止，从可以获得的材料看，国外也较少有专门针对新闻学子实习行为和评价的相关实证研究。

综上，尽管近年来关注新闻实习生的研究逐渐增多，但总量依然偏少，且多为经验性阐述，从学生角度通过大规模抽样调查的实证研究很少，对实习行为发生和实习评价相关影响因素探讨的实证研究更少。因此需要有进一步的研究进行补充与完善。

---

① 李玉迪.高校新闻传播学专业媒体实习的问题与对策［J］.传播与版权，2016（8）：150—152.

② 韩晓宁，王军.新闻实习生的工作满意度、职业认同与职业伦理调查研究［J］.新疆大学学报（哲学·人文社会科学版），2017，45（6）：46—51.

③ 韩晓宁，王军，王雅婧.传媒实习生群体对媒介伦理争议行为的态度及影响因素研究［J］.国际新闻界，2017（10）：29—44.

④ 韩晓宁，王军.从业体验与职业志向：新闻实习生的职业认同研究［J］.现代传播（中国传媒大学学报），2018，40（5）：151—155.

⑤ Coleman R., Lee J. Y., Yaschur C., et al.. Why Be a Journalist? US Students' Motivations and Role Conceptions in the New Age of Journalism [J]. Journalism, 2018, 19 (6): 800-819.

⑥ Hanna M., Sanders K.. Journalism Education in Britain: Who Are the Students and What Do They Want? [J]. Journalism Practice, 2007, 1 (3): 404-420.

⑦ Hanna M., Sanders K.. Perceptions of the News Media' S Societal Roles: How the Views of UK Journalism Students Changed During Their Education [J]. Journalism & Mass Communication Educator, 2012, 67 (2): 145-163.

⑧ Detenber B. H., Cenite M., Malik S., et al.. Examining Education and Newsroom Work Experience as Predictors of Communication Students' Perceptions of Journalism Ethics [J]. Journalism & Mass Communication Educator, 2012, 67 (1): 45-69.

⑨ Plaisance P. L.. An Assessment of Media Ethics Education: Course Content and the Values and Ethical Ideologies of Media Ethics Students [J]. Journalism & Mass Communication Educator, 2006, 61 (4): 378-396.

⑩ Sanders K., Hanna M., Berganza M. R., et al.. Becoming Journalists: A Comparison of the Professional Attitudes and Values of British and Spanish Journalism Students [J]. European Journal of Communication, 2008, 23 (2): 133-152.

⑪ Mellado C., Scherman A.. Influences on Job Expectations among Chilean Journalism Students [J]. International Journal of Communication, 2017, 11: 2136-2153.

第二节 研究设计

一、测量指标及操作化定义

近年来，在外部劳动力市场激增的就业压力冲击下，以及高等教育机构内部人才培养模式滞后的背景下，学生实习呈现越来越早的趋势。① 为检验新闻学子是否也存在实习"低龄化"，我们关注学生首次媒体实习发生时间（共六个选项，分别为大一及以前、大二上、大二下、大三上、大三下、大四）。已有研究表明，不同类型高校的人才培养目标不同，实习目的及功能可能存在差异，② 实习与学业参与、学业成绩之间存在着密切联系、③ 实习可以让学生感受到真实的职场环境及更好地进行职业探索和职业决策，④ 我们从报考情况、学习状况、求职意愿三方面考察首次媒体实习行为发生的影响因素。

本章也关注学生对媒体实习的评价，从增加对传媒业现状了解、提升个人专业技能、提升个人专业信心、增强媒体从业意愿、总体满意度五个方面，通过五点李克特量表打分。有学者将影响实习满意度的因素分为工作性质、工作特征和情境因素，⑤ 但也有学者认为实习生自身的情况更为重要。⑥ 结合上述观点，我们从校内学习、实习时间、实习内容三方面考察影响实习评价的因素。其中校内学习反映了学生自身情况，实习时间和内容反映了工作性质和工作特征。

具体到操作化定义，报考情况包括学校类型（综合性、专业性、理工

---

① 鲍威.未完成的转型：普及化阶段首都高等教育的人才培养与学生发展［J］.北京大学教育评论，2010，8（1）：27—44.

② 卢迎.国外人才培养对我国大学生实习教育的启示［J］.中国人才，2011（14）：174—175.

③ 王嘉颖.学生发展理论下的大学生实习研究［J］.中原工学院学报，2015，26（5）：118—122.

④ 王志梅，龚青，李骏婷等.大学生实习：概念、测量、影响因素及作用效果［J］.中国人力资源开发，2017（1）：134—143.

⑤ D'abate C. P.，Youndt M. A.，Wenzel K. E.. Making the Most of an Internship：An Empirical Study of Internship Satisfaction ［J］. Academy of Management Learning & Education，2009，8（4）：527-539.

⑥ Liu Y.，Xu J.，Weitz B. A.. The Role of Emotional Expression and Mentoring in Internship Learning ［J］. Academy of Management Learning & Education，2011，10（1）：94-110.

类）和专业意愿（是否调剂）；学习状况包括专业承诺水平（情感承诺、理想承诺、继续承诺、规范承诺）和有无校园媒体经历；求职意愿包括首份工作、长期工作是否选择媒体；校内学习包括年级和新闻教育满意度（五点量表）；实习时间包括实习开始时间和实习总时长；实习内容包括实习岗位类型（新闻部门、公关广告部门）、实习岗位多样性（纸媒、广电、网络新媒体、广告公关公司、其他相关岗位，每种岗位计 1 分，累计 1—5 分）、实习最大收获（业务能力、其他能力）。此外，性别、原籍地（城市、县城及以下）、家庭影响（是否有亲属在传媒业工作）等人口因素，作为重要的控制变量，也一并纳入分析范围。

二、统计模型

首次媒体实习行为发生，是一个随时间改变的变量（time-varying variable）。这类变量的特点是，不仅存在发生（实习）或者未发生（未实习）的情况，而且发生的时间有早晚，如有些大一就去实习了，有些到大四才开始实习。另外，还存在着右删失（right censored）情况，即截止时间之后仍可持续，但不继续观测了。例如到问卷调查时为止，尚有部分学生未开始媒体实习，但并不等于整个大学期间都不实习，只是在问卷调查之后才去，但我们无法观测到具体时间。对于这样的变量，事件史分析法（event history analysis）有较大优势。

事件史分析的基础是生存函数 S(t)，生存函数代表的是在第 T≧t 期时仍然存活的概率。以本研究为例，如果一个学生在第 T 学期仍未出现首次媒体实习，表明该学生是一个“存活”（survivor）样本。与生存函数相比，学者更关注风险概率函数 h(t)，即给定某一时点以内未发生某事件的前提下，在该时点发生此事件的概率。具体到本研究我们关心的是，前 n 学期还未进行首次媒体实习的情况下，第 n+1 学期发生实习的概率有多大。根据时间单位的不同，事件史分析可以分为离散型和连续型两类，每一类又可以分为参数和非参数法。参数法是生存时间（结果）假定服从已知的分布，如 weibull 分布、Gompertz 分布等，否则为非参数法。参数法的优势在于，较之于非参数法，由参数生存模型获得的生存估计与理论的生存曲线更一致。但实际中，极少有如此理想状况。Cox

比例风险模型提供了一种联系参数与非参数法的思路。① 该模型的优势是风险函数无须服从任何分布，既可以考虑时变变量对事件发生的影响，又不受参数化对模型的限制，在事件史分析中具有最广泛的应用性。② Cox模型的基本思想为：如果用 $h_0(t_j)$ 表示基准风险函数，第 i 个观测个体的风险是：

$$h(t_{ij})=h_0(t_j)e^{[\beta_1 X_{1ij}+\beta_2 X_{2ij}+\cdots+\beta_{pij}]}$$

两边取对数后，上式可以写成如下的形式：

$$\ln[h(t_{ij})]=\ln[h_0(t_j)]+\beta_1 X_{1ij}+\beta_2 X_{2ij}+\cdots+\beta_{pij}$$

其中，X 是解释变量的集合，在本例中即指报考情况、学习状况、求职意愿等变量，β 为要估计的参数，$h_0(t_j)$ 为所有解释变量取值为 0 时的基准风险函数。Cox 比例风险模型的优点在于不需要估计基准风险函数 $h_0(t_j)$。从这个意义上说，它是一种半参数模型，即个体在任何时刻的风险率都正比于基准风险率，风险率的大小只取决于解释变量 x 而与时间 t 无关。学生首次媒体实习发生是一个时变变量，我们用 Cox 模型对其进行分析。

此外，通过五点量表测量的媒体实习评价，用有序 logistic 回归（ordered logistic regression，ologit）模型进行影响因素分析。该模型可以表达为：

$$asses_i=\beta_0+\sum_m \beta_m pers_{im}+\sum_n \beta_n study_{in}+\sum_p \beta_p pract_{ip}+\sum_q \beta_q pracc_{iq}+v$$

$asses_i$ 为第 i 个受访者对媒体实习的评价，$pers_{im}$ 为第 i 个受访者的人口特征，$pers_1$ 为性别，$pers_2$ 为原籍地，$pers_3$ 为家庭影响。$study_{in}$ 为第 i 个受访者的校内学习情况，$study_1$ 为年级，$study_2$ 为新闻教育满意度。$pract_{ip}$ 为第 i 个受访者的实习时间，$pract_1$ 为实习开始时间，$pract_2$ 为实习时长。$pracc_{ip}$ 为第 i 个受访者的实习内容，$pracc_1$ 为实习岗位，$pracc_2$ 为实习岗位多样性，$pracc_3$ 为实习最大收获。

---

① 米红，曾昭磐．事件史分析方法介绍［J］.人口与经济，1997（3）：47—52.
② 杜本峰．事件史分析及其应用［M］.北京：经济科学出版社，2008：128.

β_0、β_m、β_n、β_p、β_q为待估参数，v为残差。

三、样本描述

课题组以专业课堂为主并结合学生寝室发放问卷的方式，对上海8所高校的新闻传播类本科专业（新闻学、广播电视学、传播学等）学生进行问卷调查。共发放问卷1 693份，回收有效问卷1 430份，占发放问卷的84.5%。1 430个有效样本中，具有媒体实习经历的有557人（大一到大四），各指标的描述性统计见表7-1。基于这557人分析新闻学子对实习的评价及影响因素。另外，以高年级（大三、大四）学生743人为研究样本，分析首次媒体实习的时间及影响因素，各指标的描述性统计见表7-2，其中综合性、专业性、理工类大学分别占50.2%、27.9%和21.9%，而到调查时尚无媒体实习经历的有259人。

表7-1　变量名称、指标解释及描述统计（全体有媒体实习经历的学生）

变量名称	指标描述	测量维度	均值	标准差
性　别	0=男生；1=女生		0.828	0.378
原籍地	0=县城及以下；1=城市		0.756	0.430
家庭影响	有无亲属在传媒业工作	0=有；1=无	0.851	0.356
年　级	低年级：大一、大二 高年级：大三、大四	0=低年级； 1=高年级	0.856	0.351
新闻教育满意度	1=很不满意；2=较不满意；3=一般；4=较满意；5=很满意		2.973	0.766
实习开始时间	1=大一及以前；2=大二上；3=大二下；4=大三上；5=大三下；6=大四		2.858	1.358
实习时长	1=半年以下；2=半年至一年；3=一年以上		2.418	0.656
实习岗位	0=新闻部门；1=公关广告部门		0.255	0.463

续 表

变量名称	指标描述	测量维度	均值	标准差
岗位多样性	纸媒、广电、网络新媒体、公关广告、其他相关岗位	每种岗位得 1 分，累计 1—5 分	1.397	0.616
实习最大收获	0＝其他能力；1＝业务能力		0.375	0.485

表 7－2 变量名称、指标解释及描述统计（全体高年级学生）

变量名称	指标描述	测量维度	均值	标准差
性　别	0＝男生；1＝女生		0.806	0.396
原籍地	0＝县城及以下；1＝城市		0.734	0.442
家庭影响	有无亲属在传媒业工作	0＝有；1＝无	0.884	0.320
专业意愿	0＝非调剂；1＝调剂		0.222	0.416
情感承诺	5 点量表，1＝极低，5＝极高		3.286	0.797
理想承诺	5 点量表，1＝极低，5＝极高		2.930	0.798
继续承诺	5 点量表，1＝极低，5＝极高		2.786	0.796
规范承诺	5 点量表，1＝极低，5＝极高		3.226	0.834
校媒经历	0＝无；1＝有		0.653	0.476
首份工作意愿	0＝非媒体；1＝媒体		0.693	0.462
长期工作意愿	0＝非媒体；1＝媒体		0.555	0.497

第三节　新闻学子首次媒体实习发生时间及影响因素

针对高年级（大三、大四）学生 743 例样本的统计显示，8.34％的学生首次媒体实习发生在大一及之前，38.90％的学生发生在大二，两项合计 47.24％。这意味着，近半数的学生在低年级就已开始媒体实习。此外，还有多达 33.24％的高年级学生尚无媒体实习经历，尤其是大四学生中，此比例竟然高达 21.40%。这表明新闻学子媒体实习时间“两极化”明显：一部分学生确实是“低龄化”，而另一部分学生干脆放弃实习。

进一步比较后发现：(1) 不同家庭影响的学生，首次媒体实习时间有显著差异（$Chi^2=12.27$，$P=0.015$），有亲属在传媒业工作的人，会更早开始媒体实习。不仅如此，有家庭影响的学生，实习意愿也较高，仅剩 18.60%的学生无实习经历，而参照项（无家庭影响）学生的比例高达 35.06%。(2) 不同学校类型的学生，首次媒体实习时间也有显著差异（$Chi^2=52.15$，$P=0.000$）。综合性和专业性大学，均有一半的学生从低年级就开始实习，但理工类大学类似的学生仅有三分之一。同时，理工类高校新闻学子无媒体实习的比例，也远高于综合性和专业性大学的学生。他们在媒体实习意愿和行为方面，都存在着“滞后性”。(3) 男女生、不同原籍地的学生，首次媒体实习发生的时间没有显著差异。具体见表7-3。

表 7-3　新闻学子首次实习行为发生时间及群体比较（%）

		N	大一及以前	大二	大三	大四	无实习经历	卡方检验
全体样本		743	8.34	38.90	16.55	2.96	33.24	—
性别	男　生	144	4.17	36.11	15.97	4.17	39.59	Ns
	女　生	599	9.35	39.57	16.69	2.67	31.72	
原籍	县城及以下	197	7.11	35.53	18.27	3.05	36.04	Ns
	城　市	544	8.82	40.26	15.99	2.76	32.17	
家庭影响	有	86	10.47	53.49	15.12	2.33	18.60	*
	无	656	8.08	37.04	16.77	3.05	35.06	
年级	大　三	444	10.36	41.89	6.53	—	41.22	—
	大　四	299	5.35	34.45	31.44	7.36	21.40	
学校类型	综合性	373	5.90	45.31	18.77	4.29	25.74	***
	专业性	207	14.98	36.23	12.08	5.31	31.40	
	理工类	163	5.52	27.61	17.18	3.68	46.01	

注：* $p<0.05$，　*** $p<0.001$，Ns 不显著。

新闻学子首次媒体实习风险率的Cox模型回归结果见表7-4。模型拟合优度检验达到了0.000的显著水平。我们发现，理工类大学新闻学子进行首次媒体实习的风险率比综合性大学显著要低；情感承诺较高、规范承诺较低的学生，更倾向于较早实习；较之于无校媒经历的人，有校媒经历的学生更倾向于较早实习。此外，有亲属在传媒业工作的学生也倾向于较早实习。

表7-4　新闻学子首次媒体实习的Cox比例风险模型估计结果

解释变量		回归系数	标准误	风险比
人口特征	女生[1]	0.117	0.122	1.125
	原籍城市[2]	0.111	0.107	1.117
	无家庭影响[3]	−0.367**	0.134	0.693
报考情况	专业性大学[4]	−0.011	0.118	0.989
	理工类大学[4]	−0.417**	0.127	0.659
	专业调剂[5]	−0.220	0.133	0.803
学习状况	情感承诺	0.245*	0.111	1.278
	理想承诺	0.023	0.101	1.023
	继续承诺	0.051	0.090	1.052
	规范承诺	−0.184*	0.087	0.832
	有校媒经历[6]	0.467***	0.099	1.595
求职意愿	首份工作想去媒体[7]	0.064	0.125	1.066
	长期工作想去媒体[8]	−0.039	0.114	0.962
N		743		
Chi^2		75.32***		
Df		13		

注：* $p<0.05$，** $p<0.01$，*** $p<0.001$。1参考类别为“男生”；2参考类别为“原籍县城及以下”；3参考类别为“有家庭影响”；4参考类别为“综合性大学”；5参考类别为“专业非调剂”；6参考类别为“无校媒经历”；7参考类别为“首份工作不想去媒体”；8参考类别为“长期工作不想去媒体”。

第四节　新闻学子对媒体实习评价及影响因素

表7-5给出了新闻学子对媒体实习评价及群体比较结果。学生对媒体实习评价各项均超过了中值3。评价最高的是“实习增加了对传媒业现状了解”（4.03），评价最低的是“实习增加对传媒业从业意愿”（3.08）。如果把“增进了解”和“提升技能”概括为“业务能力”，把“提升信心”和“从业促进”概括为“心理能力”的话，学生对媒体实习提升“业务能力”的评价较高。实习后哪种能力得到了最多锻炼的回答中，28.78%的人选择“认知社会”，26.85%的人选择“新媒体业务”，24.18%的人选择“处理人际关系”，仅有10.09%的人选择“分析问题或批判性思维”。

表7-5　新闻学子对媒体实习的评价及群体比较

		增进了解	提升技能	提升信心	从业促进	总体满意度
全体样本		4.03	3.82	3.37	3.08	3.36
性别	男生	3.88	3.74	3.31	2.91	3.38
	女生	4.05	3.83	3.38	3.12	3.36
	T检验	Ns	Ns	Ns	Ns	Ns
年级	低年级	3.90	3.91	3.56	3.32	3.38
	高年级	4.05	3.80	3.34	3.04	3.36
	T检验	Ns	Ns	Ns	*	Ns
家庭影响	有	3.98	3.62	3.36	3.04	3.32
	无	4.03	3.85	3.37	3.09	3.37
	T检验	Ns	*	Ns	Ns	Ns
原籍	县城及以下	3.88	3.67	3.18	2.95	3.12
	城市	4.07	3.87	3.43	3.12	3.44
	T检验	*	*	*	Ns	***

续 表

		增进了解	提升技能	提升信心	从业促进	总体满意度
高校类型	综合性	4.14	3.83	3.34	3.09	3.36
	专业性	3.92	3.78	3.33	2.93	3.32
	理工类	3.86	3.85	3.51	3.32	3.44
	F 检验	1—3*	Ns	Ns	2—3*	Ns

注：*** $p<0.001$，** $p<0.01$，* $p<0.05$，Ns 为不显著。1 为综合性大学，2 为专业性大学，3 为理工类大学。

比较不同学生群体的情况后发现：(1) 不同性别、年级、家庭影响的学生，对媒体实习的评价较为接近，仅在个别项目上有显著差异；(2) 原籍城市的学生，媒体实习评价及满意度，要显著高于原籍县城及以下的学生；(3) 理工类高校的新闻学子，对“增进了解”的评价最低；但“从业促进”评价最高。

新闻学子对实习评价的有序 logistic 回归结果表明（见表 7 - 6）：(1) 校内学习因素，新闻教育满意度越高的学生，对实习各方面的评价越积极。较之于低年级学生，高年级学生认为实习在“从业促进”方面的作用显著要低。(2) 实习时间因素，实习开始越晚的学生，对实习总体满意度越高。实习时间越长的学生，对实习各方面的评价越积极。(3) 实习内容因素，认为通过实习得到锻炼最多的是“业务能力”的学生，比认为锻炼最多的是“其他能力”的学生，对实习在“提升技能”“提升信心”“总体满意度”方面的评价也显著要高。不同实习岗位、不同岗位多样性的学生，对实习评价没有显著区别。(4) 作为控制变量的人口特征因素，原籍城市的学生，较之于原籍县城及以下的学生，实习总体满意度也较高。

表 7 - 6　新闻学子对媒体实习评价的有序 Logistic 回归结果（非标准化系数）

变　　量		增进了解	提升技能	提升信心	从业促进	总体满意度
人口特征	女生[1]	0.337	0.198	0.075	0.362	−0.002
		(0.215)	(0.210)	(0.216)	(0.215)	(0.221)

续　表

变　量		增进了解	提升技能	提升信心	从业促进	总体满意度
人口特征	原籍城市[2]	0.344	0.238	0.250	0.128	0.666***
		(0.188)	(0.186)	(0.184)	(0.184)	(0.196)
	无家庭影响[3]	0.072	0.360	0.014	0.055	0.154
		(0.222)	(0.229)	(0.227)	(0.224)	(0.231)
校内学习	高年级[4]	0.012	−0.488	−0.486	−0.558*	−0.340
		(0.269)	(0.271)	(0.262)	(0.262)	(0.273)
	新闻教育满意度	0.062	0.460***	0.595***	0.822***	0.670***
		(0.106)	(0.105)	(0.108)	(0.113)	(0.116)
实习时间	实习开始时间	0.083	0.096	0.050	0.068	0.220**
		(0.069)	(0.069)	(0.068)	(0.069)	(0.072)
	实习时长	0.571***	0.626***	0.528***	0.602***	0.522***
		(0.135)	(0.131)	(0.130)	(0.132)	(0.135)
实习内容	公关广告岗位[5]	−0.246	0.053	−0.097	0.083	−0.305
		(0.176)	(0.175)	(0.172)	(0.170)	(0.181)
	岗位多样性	0.216	0.010	0.207	0.078	0.175
		(0.152)	(0.145)	(0.147)	(0.149)	(0.151)
	最多锻炼—业务能力[6]	0.151	0.424*	0.374*	0.302	0.495**
		(0.165)	(0.165)	(0.164)	(0.165)	(0.173)
N		557	557	557	557	557
pseudo R^2		0.025	0.042	0.042	0.056	0.065

注：* $p<0.05$，** $p<0.01$，*** $p<0.001$。表中数字为非标准化系数，括号中数字为标准误。1 参考类别为“男生”；2 参考类别为“原籍县城及以下”；3 参考类别为“有家庭影响”；4 参考类别为“低年级”；5 参考类别为“新闻岗位”；6 参考类别为“最多锻炼—非业务能力”。

本章小结

本章通过实证研究聚焦新闻学子的媒体实习，重点关注“首次实习行为发生时间”和“实习评价”，并对其影响因素进行了探讨，研究的主要发现有：

1. 新闻学子首次媒体实习“低龄化”与“拒绝型”的两极现象并存

相比于其他学者①②③在安徽、四川、湖南等中西部地区的研究发现，上海地区的新闻学子首次媒体实习“低龄化”更为明显。这与上海地区媒体资源丰富、实习机会众多不无关系，也是人才竞争激烈、就业压力大的体现。目前大多数高校的新闻传播人才培养方案，低年级侧重于校内基础理论知识，高年级侧重于校外实践能力，以课程形式规定的集中实习，一般都安排在大三下学期或者大四上学期——这是经过多年实践探索沉淀下来较为理想的模式。无论是“低龄化”还是“拒绝型”，都不符合这一模式，背离了教育规律。“低龄化”背后的原因，一是就业压力大。相关统计表明，仅2013—2015年，我国新闻传播本科专业点增加了164个，在校生增加了3万人。④ 与此同时，主流媒体就业率偏低、用人单位对毕业学校层次要求高、对复合型人才需求提高等，⑤ 进一步压缩了新闻传播专业学生的就业空间。二是新闻传播教育滞后于媒体实际。进入新媒体时代，学生对新闻教育的评价普遍不高，对“课程设置”和“从业促进”的评价尤低。⑥ 校内教育“吃不饱”，加剧了学生心理焦虑。于是，通过社会媒体实习学点“真本领”，成为很多学生的实习动机和成长策略。三是越来越多的学校进行大类招生培养，但在课程设置方面还存在着较多问题。⑦ 一些学校，由于通识课总量不足，部分低年级学生因为“太闲”而出去实

① 韩建华，周华，蔡小华．广播电视新闻学专业实习现状调查与对策［J］.安庆师范学院学报（社会科学版），2010，29（3）：59—63.

② 岳改玲．新闻专业学生媒体实习的问题与对策［J］.东南传播，2012（12）：120—121.

③ 潘思名．湖南地区新闻专业学生媒体实习状况研究报告［D］.长沙：湖南大学，2015.

④ 蔡雯．新闻教育亟待探索的主要问题［J］.国际新闻界，2017，39（3）：6—18.

⑤ 胡正荣，冷爽．新闻传播学类学生就业现状及难点［J］.新闻战线，2016（6）：27—30.

⑥ 陶建杰，李晓彤．新媒体时代新闻学子对新闻教育的评价及影响因素：基于上海高校的实证研究［J］.贵州师范大学学报（社会科学版），2018（1）：72—79.

⑦ 黄晓波．高校“大类招生培养”改革反思［J］.华南师范大学学报（社会科学版），2013（6）：43—48.

习。另外，访谈发现“拒绝型”主要有两类：要么是专注于“考研”的；要么是专业承诺较低的，想着今后转行的。（没有媒体实习经历的高年级学生，69.1%的人表示“有机会想换专业”，59.1%的人首份工作不会选传媒业，68.3%的人长期工作不会选传媒业。）

基于“低龄化”和“拒绝型”并存的现象，高校的人才培养方案应该进行调整。可根据学生的实际情况将实习划分为进阶性模块，如低年级暑假进行短期的“认识实习”，高年级以必修课形式长达3—4个月的“综合实习”。此外，要重视校园媒体在学生实习中的作用，按照“全真环境下办校园媒体”的理念，让校园媒体这种特殊的媒体实习贯穿人才培养全过程，也符合建构主义学习理论主张的情境性学习模式。[①] 对于“拒绝型”学生，如果瞄准考研的，要强调实践对基础理论知识掌握的重要性，纠正其错误认知；如果是专业承诺较低的，增加转专业机会满足其内在学习兴趣。

2.“惯性积累”是影响新闻学子首次媒体实习行为发生的最主要因素

从Cox模型的回归结果看，有亲属在传媒业工作、有校媒经历的学生，媒体实习的风险率显著增加；理工类高校学生媒体实习的风险率显著降低。我们将这些风险率的影响因素，概括为“惯性积累”——周遭环境影响了学生的学习习惯和思维习惯，使其容易沿着一定规律按部就班制定学习进度，也就是“心理定势”。定势理论认为，心理定势是某人对某一对象心理活动的倾向，是接受者接受前的精神和心理准备状态，决定了后继心理活动的方向和进程，普遍存在于认识过程、个性乃至人际关系中。[②] 从定势理论解释，有亲属在传媒业工作的学生，对媒体情况相对了解，耳濡目染下有较强的实习冲动，也具备更多社会资本去找到实习岗位，相关实证研究已经支持了这一点。[③] 目前绝大多数校园媒体，在选题确定、报道操作、队伍管理、经营绩效等方面，更多是“仿真”而非“全真”，校媒精英们更希望能去全真的媒体环境中锻炼。理工类高校的新闻传播人才培养偏重技术，强调基础扎实。一般认为，基础与技术，主要通过校内教育习得。因此理工类高校的新闻学子，更愿意先在学校里认真学习。认识

---

① 陈威.建构主义学习理论综述 [J].学术交流，2007 (3)：175—177.
② 乐国安，李绍洪.心理定势发生机制的模型建构 [J].心理学探新，2006 (2)：3—8.
③ 何志武，吕惠.新闻专业实习的效果调查及模式探讨 [J].新闻知识，2007 (2)：66—67.

到“惯性积累”，对“低龄化”或“放弃型”学生进行干预时，要重视改变其学习和思维习惯。

3. 媒体实习的作用主要在于“技能促进”而非“心理认同”

实证结果显示，新闻学子评价较高的是媒体实习“有助于对传媒业现状的了解”和“提升专业技能”，对“提升专业信心”和“增加传媒业从业意愿”的评价较低，与其他学者先前在武汉地区、[①] 安庆地区[②]的实证研究发现较为一致。这表明，实习作用主要体现在丰富专业知识、提高专业能力等“第一层次”，而对增加专业情感，提高专业承诺等心理方面的“高层次”作用尚未充分发挥。根据发展心理学关于职业选择的相关理论，正式就业前的学生处于职业“现实选择期”，他们会通过专业实习等方式判断自己是否适合该职业。[③] 那么，为什么专业实习在促进学生继续承诺（未来在传媒行业工作）的效果有限呢？学生通过实习更能感受到，媒体人的身份已经从“无冕之王”变为“新闻民工”；大批优秀媒体人频频离职；高强度的职业压力（61.35%的受访者认为“媒体实习辛苦”）……这些实习体会不断降低了新闻学子对媒体工作的憧憬和从业冲动。职业志向在影响职业选择的因素中占主导地位，[④] 但新闻实习生职业志向与新闻业现实存在差距，[⑤] 挫败感油然而生。从这个意义上说，新闻学子提前感受职业现状的媒体实习，与其是“点燃理想”，不如是“幻灭激情”。

4. 校内新闻教育满意度、实习时间，在影响新闻学子媒体实习满意度方面都发挥着显著作用

研究发现，新闻教育（学业参与）满意度越高的学生，实习满意度也越高。这也呼应了其他学者的研究发现，即实习并非对学业参与有挤占效应。相反，学业参与和实习不是孤立存在，它们共同构成了新闻传播人才培养的有机体系。实习开始时间越晚的学生对实习满意度越高，无疑给遏

① 何志武，吕惠．新闻专业实习的效果调查及模式探讨［J］.新闻知识，2007（2）：66—67.

② 韩建华，周华，蔡小华．广播电视新闻学专业实习现状调查与对策［J］.安庆师范学院学报（社会科学版），2010，29（3）：59—63.

③ 劳拉·E·伯克．伯克毕生发展心理学：从青年到老年（第4版）［M］.陈会昌等译，北京：中国人民大学出版社，2014：30.

④ 库恩．心理学导：思想与行为的认识之路（第11版）［M］．郑钢等译，北京：中国轻工业出版社：2004：164.

⑤ 韩晓宁，王军．从业体验与职业志向：新闻实习生的职业认同研究［J］.现代传播（中国传媒大学学报），2018，40（5）：151—155.

制目前流行的实习“低龄化”提供了强有力的理由。实习“低龄化”违背了人才培养规律，影响了学生的基础知识掌握，对学生专业情感建立、实践能力强化、行业认知和就业促进等也并没有真正帮助。另外，长达3—4个月的“集中实习”确有必要。“如果没有扎实的新闻功底与实践经历，1至2个月甚至2至3个月的实习时间里，实习生很难完全上手新闻业务。”[①] 实证结果也支持了这一点，实习时间越长的学生，实习满意度越高，在各方面的实习收获越大。目前根据教育部的规定，新闻院系本科生的实习时长一般安排30周。[②] 从人才培养的效果与学生反馈看，这一制度安排确有其合理性。但事实上，能完全保证30周实习时间的学生仍为少数。[③]

研究还发现，认为通过实习能使自己业务能力得到最多锻炼的学生，实习满意度显著要高。事实上，绝大部分学生对实习的定位，都希望能提升实践能力。根据期望理论（expectancy theory），只有当人们预期到某一行为将实现自身的某一目标时，工作积极性和满意度才会得到保证。[④] 因此，既然实习的主要作用在于“技能促进”，那么如何使学生在业务能力方面有“脱胎换骨”的长进，不仅是学生的强烈愿望，也应该是学校、实习单位今后共同努力的方向。

---

① 岳改玲，许智豪.新闻学专业集中实习的现实困境与对策［J］.青年记者，2015(20)：86—87.

② 胡忠青.新闻实习：新闻教育实践的重要环节［J］.中国成人教育，2005（2）：66—67.

③ 潘思名.湖南地区新闻专业学生媒体实习状况研究报告［D］.长沙：湖南大学，2015.

④ Vroom V. H.. Work and Motivation［M］. New York：John Wiley & Sons，1964：119.

第八章

新闻教育、媒体实习与新闻学子的马克思主义新闻观

作为实践性较强的学科，除了校内教育外，媒体实习也同样对新闻学子包括马新观在内的专业理念、专业能力产生深刻影响。互联网技术下的信息大爆炸，“注意力经济”、“10 万＋”绑架下的商业逻辑泛滥，各种猎奇、片面、丧失职业道德的新闻层出不穷，“后真相”挑战着经典马新观对新闻工作党性、真实性等最核心的要求。作为未来新闻舆论工作的后备军，新闻学子的马克思主义新闻观教育既极端重要又挑战重重。本章集中探讨以下问题：新闻学子马克思主义新闻观的认知现状如何？校内新闻教育、校外媒体实习对新闻学子马新观的树立分别发挥着怎样的作用？媒体实习能否与新闻教育形成合力，产生“同频共振”效应从而强化校内的马新观学习效果？

第一节　研究缘起

马克思主义新闻观（简称“马新观”）是马克思主义经典作家关于新闻、宣传工作的认识，中国共产党对所领导的新闻、宣传、舆论等传播领域工作性质和作用，以及关于传播政策、宣传纪律等认识的总体称谓。[①] 从“延安整风”及 1942 年的《解放日报》改版，到 1947 年的

① 陈力丹.马克思主义新闻观名词［J].编辑之友，2017（5）：78—89.

“反客里空运动”、1956 年的新闻工作改革，再到 20 世纪 90 年代正式提出“马克思主义新闻观”概念、[①] 2001 年全国记协发出《关于推动马克思主义新闻观学习教育活动的意见》、2003 年中宣部等四部委联合下发《关于在新闻战线深入开展“三个代表”重要思想、马克思主义新闻观、职业精神职业道德学习教育活动的通知》，马克思主义新闻观历来是我党领导下新闻事业的指导思想和实践指南。党的十八大以来，以习近平同志为核心的党中央，进一步强调马克思主义新闻观对新闻舆论工作的极端重要性，从党的新闻舆论工作性质地位新定位、工作职责新使命、工作方针新原则、工作队伍新要求等方面，[②] 继承并创新发展了当代马克思主义新闻观。

习近平总书记 2016 年在党的新闻舆论工作座谈会上的讲话指出：“新闻院系教学方向和教学质量如何，在很大程度上决定着新闻舆论工作队伍素质。要把马克思主义贯穿到新闻理论研究、新闻教学中去，使新闻学真正成为一门以马克思主义为指导的学科，使学新闻的学生真正成为牢固树立马克思主义新闻观的优秀人才。”[③] 在新闻界大力开展马克思主义新闻观学习教育活动的同时，国家也越来越重视对新闻传播学子（简称“新闻学子”）的马克思主义新闻观教育。2014 年教育部颁布的《新闻传播学类本科教学质量国家标准》明确提出“要求学生坚持马克思主义新闻观和正确的政治立场”，要求在“专业基础类课程”中开设“马克思主义新闻思想”（或“马克思主义新闻论著选读”）课程。2018 年 10 月教育部联合中宣部下发的《关于提高院校新闻传播人才培养能力实施卓越新闻传播人才教育培养计划 2.0 的意见》中，提出“全面落实立德树人根本任务，坚持马克思主义新闻观，用中国特色社会主义新闻理论教书育人，培养造就一大批具有家国情怀、国际视野的高素质全媒化复合型专家型新闻传播后备人才”。然而，有研究发现，马克思主义新闻观教育在师资、教材、教学模式、培训指导等方面存在诸多问题，在学生中

① 林枫.讲政治要坚持马克思主义新闻观 [J].新闻战线，1997（7）：3—4.

② 《习近平新闻思想讲义（2018 年版）》编写组.习近平新闻思想讲义（2018 年版）[M].北京：人民出版社，学习出版社，2018：25—31.

③ 中共中央文献研究室.习近平总书记重要讲话文章选编 [M].北京：中央文献出版社，党建读物出版社，2016：438.

的认知度较低，[①] 教学流于形式、效果堪忧，学生对马克思主义新闻观认知模糊，鲜有学习兴趣。[②]

第二节 文献综述

迄今为止，官方并没有给出“马克思主义新闻观”的权威定义。学界对其内涵阐述的代表性观点有：马克思主义新闻观是“马克思主义新闻学的核心理念部分，包括马克思主义创始人和其他经典作家关于人类新闻传播现象，新闻传媒生产、流通、消费行为，无产阶级政党同实际工作、同人民群众、同大众传媒关系的主要观点”；[③] 马克思主义新闻观是“马克思主义对新闻现象和新闻传播活动的总的看法，涉及新闻本质、新闻的本源以及新闻传播的规律等许多根本性的问题，也包括新闻传播、宣传、新闻、文化、传播政策，以及组织内部交流的思想”；[④] 马克思主义新闻观“由自马克思和恩格斯创立马克思主义以来的经典作家的著作，以及一系列国际共产主义运动中的政党组织的文献中的有关论述构成；中国共产党几代主要领导人、老一代党的新闻工作主要领导人的著作，以及党的文献中的有关论述都是马克思主义新闻观的组成部分”，[⑤] 其内涵和要求必然是一个动态发展的过程。

20 世纪 80 年代末 90 年代初，为了强化新闻工作者的政治意识，巩固意识形态在新闻工作中的指导地位，“马克思主义新闻观”作为正式概念被提出，“党性原则”是其最突出的内涵，被称为新闻工作的“支柱”“灵魂”“根本规律”“基石”。[⑥] 李良荣更是把党性原则的具体制度总结为“所

---

① 张涛甫，王智丽.政治社会化视域下大学生对马新观的认知与态度的实证分析［J］.兰州大学学报（社会科学版），2017，45（4）：142—147.

② 郭小良.高校新闻专业学生马克思主义新闻观教育现状调查：以西部四所高校为例［J］.新闻知识，2016（4）：62—65.

③ 童兵.马克思主义新闻观形成的时代条件和在今天的发展［J］.当代传播，2014（1）：37—40.

④ 郑保卫.马克思主义新闻观的形成与特点［J］.中国记者，2001（5）：27—29.

⑤ 陈力丹.“遵循新闻从业基本准则”：马克思主义新闻观立论的基础［J］.新闻大学，2010（1）：20—28.

⑥ 叶俊.“马克思主义新闻观”的概念起源及其话语变迁［J］.现代传播（中国传媒大学学报），2018，40（4）：56—60.

有新闻媒体都是党和政府的耳目喉舌”“党管媒体”“国有资本拥有对所有新闻媒体绝对的控股权”“采用行政手段来扶植主流媒体，尤其是党委机关报”四条，认为首先是一种制度安排，也是组织原则和纪律。①

除党性原则外，不同学者也对马新观的其他丰富内涵提出了各自理解。有学者认为马新观主要包括喉舌观、党性观、真实观、效益观、自由观五个方面；② 也有学者认为在新的时代条件下，马新观具有使命观、政治观、人民观、真实观、创新观等新内涵。③ 综合来看，学界对马新观的讨论，大多围绕着党性、真实性、人民性以及新闻自由观，结合基本国情分析其舆论导向性、实践创新观等展开。以郑保卫、童兵、陈力丹等为代表的一批学者从思想发展史的角度对马克思主义新闻观的内涵进行梳理和解读，丁柏铨等对几十年来马克思主义新闻思想的相关研究进行评析，指出马新观的未来研究取向。④ 叶俊认为，“‘马克思主义新闻观’经历了从单一政治话语向职业培训再到职业教育的话语转向，其属性也从政治属性为主发展到‘政治—职业’双重属性的具有中国特色的新闻学概念”。⑤ 近年来，习近平总书记关于新闻舆论工作发表了一系列重要论述，提出“把马克思主义新闻观作为党的新闻舆论工作的‘定盘星’”。学界从习近平关于新闻舆论工作论述的时代特征、理论内涵和指导意义、⑥ 习近平新闻舆论观中坚持党性和尊重规律的两个要点及以人民为中心作为落脚点⑦等方面，探讨了马新观的当代创新与发展。

与理论探讨同步，马新观的教育实践也如火如荼。在业界，2001 年前后，南方报业集团和上海新闻界先后开展马克思主义新闻观教育，2003 年全国开展“三项学习教育活动”，强调马克思主义新闻观教育是“国家新闻事业发展的战略需要，也是在国际形势发生重大变化之后新闻界所遇到

---

① 李良荣.新闻学概论（第五版）[M].上海：复旦大学出版社，2013：329—330.

② 盛沛林.关于马克思主义新闻观的若干思考 [J].南京政治学院学报，2002（5）：93—97.

③ 胡钰.论马克思主义新闻观的时代内涵 [J].思想教育研究，2016（3）：26—30.

④ 丁柏铨，彭婷.60 年来马克思主义新闻思想研究评析 [J].西南民族大学学报（人文社科版），2010，31（1）：112—116.

⑤ 叶俊.“马克思主义新闻观”的概念起源及其话语变迁 [J].现代传播（中国传媒大学学报），2018，40（4）：56—60.

⑥ 季为民，叶俊.论习近平新闻思想 [J].新闻与传播研究，2018，25（04）：5—16.

⑦ 陈力丹.坚持党性，尊重规律，以人民为中心：习近平新闻舆论观的两个要点和一个落脚点 [J].新闻记者，2018（7）：8—10.

的严峻挑战的需要”，[①]“坚持马克思主义新闻观绝不是强调和坚持一两个观点，而是坚持完整的理论体系，贯彻理论体系的经典性和实践性”。[②]

新闻教育界，2013 年“部校共建”新闻学院培养模式在全国高校实施，标志着马新观教育在新闻教育中的新高度。此后，一系列马克思主义新闻观教育论坛、研讨会相继召开。但实践中也发现不少问题，“已过时”“不办事”“枯燥”等观念误区，导致教学效果不理想；[③]教学流于形式、效果堪忧，学生对马克思主义新闻观认知模糊，鲜有学习兴趣；[④]大学生对马克思主义新闻观认知存在较大片面性，情感上有一定疏离感，行为上往往忽视马克思主义新闻观的实际应用。[⑤]针对湖北 29 所高校新闻院系学生的调查发现，马新观教育在课程体系建设、教师能力培养、配套教材编写、课外实践活动以及调动学生热情等方面均存在不足；[⑥]广西高校马新观课程开课率低、师资稀缺且不均、教师群体本身认识模糊、学生缺乏明显认知、相关课程不受欢迎等问题突出；[⑦]上海高校马新观教学中师生交流缺少共鸣，学生学习积极性不高，甚至部分学生略有抗拒，对马新观教育的认同度还有较大提升空间。[⑧]总体上，当下马克思主义新闻观教育在教育者、教育内容、受众、教育方法与过程等方面都存在问题：教育者层面，师资力量薄弱，专业性欠缺，对马克思主义新闻观的强势定义和规制使高校自缚手脚；在内容上，无系统专业的教材，对基础理论重视不够，学科基础薄弱；受众层面，学生积极性和认同感低，效果差；教育方法与过程方面，模式落后，不重视与实践结合的现象突出。[⑨]

---

① 马胜荣.必须加强马克思主义新闻观的教育 [J].中国记者，2001 (3)：21—22.

② 刘建明.马克思主义新闻观的经典性与实践性 [J].国际新闻界，2006 (1)：5—10.

③ 董小玉，秦红雨.全球传播背景下“马克思主义新闻观”课程改革的思考 [J].新闻大学，2012 (3)：122—125.

④ 郭小良.高校新闻专业学生马克思主义新闻观教育现状调查：以西部四所高校为例 [J].新闻知识，2016 (4)：62—65.

⑤ 胡沈明，朱贝.大学生马克思主义新闻观教育的实践效果 [J].青年记者，2018 (17)：115—116.

⑥ 周茂君，沈君菡.高校马克思主义新闻观教育现状、问题与对策：基于湖北省 29 所高校新闻专业院系的调查 [J].中南民族大学学报（人文社会科学版），2019，39 (5)：167—174.

⑦ 黄仲.广西高校马克思主义新闻观教育情况调查研究 [D].南宁：广西大学，2016.

⑧ 董苏椰.基于上海市高校马克思主义新闻观教育的受众研究 [D].上海：上海师范大学，2019.

⑨ 张美玉，王张雅.马克思主义新闻观教育问题研究综述：基于 2010 年以来 CNKI 的相关文献 [J].教育文化论，2019，11 (3)：95—98.

与此同时，新闻教育界也尝试提出各种改进马克思主义新闻观教育的策略。新时期需“从进头脑、进教材、进课堂三方面推进马克思主义新闻观与高校专业教育的融合实践”；[①] 通过“业界、学界、政界互动互挂”锻炼老师，通过在媒体广建实训基地、高校联合、组织基层调查，引导学生在实践中深入理解马克思主义新闻观；[②] 同时要防止马克思主义新闻观教育的口号化、简单化、片面化、教条化、空洞化。[③] 但比较遗憾的是，这些对策建议往往缺少进一步的聚焦与细化，实践操作性不够。

总体上，无论数量还是质量，马克思主义新闻观教育的相关研究都有长足进步，但多数研究仍跟不上教育实践的需要，停留在理论阐释和经验层面，缺少一手数据支持。尽管有部分学者开始尝试问卷调查法、访谈法等进行实证研究，但大多也仅是对资料的描述性统计，没有进一步探讨马新观学习效果与新闻教育、媒体实习等的关系。2012 年，教育部启动了“大学生校外实践教育基地建设工程”，实践教学对新闻学子的重要性被广泛认同，却未有实证研究来检验效果。

第三节　研究假设与设计

一、对马克思主义新闻观的测量

文献综述发现，尽管学界对马克思主义新闻观的内涵有不同理解，但核心观点早有共识：党性原则、以人民为中心、真实性、坚持正确舆论导向、责任先于自由等。[④] 随着互联网、自媒体的勃兴，过度追求经济利益、假新闻层出不穷，极易造成新闻学子对上述核心观点认知的多元混杂。因此，回归经典，了解新闻学子马克思主义新闻观认知现状，极有意义和价值。

---

① 李楠.新时期高校马克思主义新闻观教育的路径探析 [J].新闻战线，2015 (9)：107—108.

② 陈子君，刘宝珍.高校马克思主义新闻观教育之策略研究 [J].湖北师范学院学报（哲学社会科学版），2016，36 (3)：109—113.

③ 董天策，梁辰曦，戴瑞凯.深入推进马克思主义新闻观的学术研究：“红色传承：马克思主义与中国新闻传播学”研讨会综述 [J].新闻界，2018 (7)：93—96.

④ 陈建云.马克思主义新闻观的核心理念 [J].当代传播，2016 (6)：7—9.

本章通过八个题目来测量新闻学子的马克思主义新闻观：① 我认为媒体在政治上应该与党中央保持一致；② 我认为媒体应该自觉接受党的领导；③ 我认为新闻报道的每件事、每个细节都必须真实；④ 我认为总体上新闻报道要反映整个社会的真实画面；⑤ 我认为新闻就是一种商品；⑥ 我认为读者就是上帝；⑦ 我认为新闻自由是相对的；⑧ 我认为西方的新闻自由观同样适用于中国。其中，①和②测量党性原则；③和④测量真实性原则；⑤和⑥通过读者上帝观反映舆论导向观。读者上帝观是完全以市场经济为导向的一种新闻观念，将新闻视为纯粹的商品，读者就是消费新闻的上帝。尽管"新闻产品的商品性，几乎贯穿在近现代新闻事业发展的全过程中"，[①] 但马克思主义新闻观的功能视角，"新闻毕竟是一种精神产品，是一种特殊的商品，属于意识形态、上层建筑的范畴"，[②] 它虽以受众作为市场晴雨表，但更重要的功能在于引导群众，马新观反对绝对的读者上帝观。⑦和⑧测量责任/自由观。"马克思主义新闻观并不否认新闻自由的价值，但为了无产阶级革命和社会主义建设、改革事业，马克思主义新闻观强调社会责任优先于新闻自由"，[③] 强调"相对新闻自由"。需要说明的是，由于"党性和人民性从来都是一致的、统一的"，[④] 我们不再对人民性进行单独测量。每题都采用五点李克特量表，1 表示"很不同意"，5 表示"很同意"。

二、研究假设

深入学习马克思主义思想，拥有坚定的马克思主义信仰是成为一名党员的必然要求。马克思主义新闻观作为"马克思主义对于新闻现象和新闻传播活动的总的看法，是马克思主义的世界观、人生观、价值观和方法论在新闻传播领域的反映与体现"。[⑤] "大学正统的新闻教育是开启新闻专业

---

① 张允若.关于新闻商品性及其认识误区 [J].复旦学报（社会科学版），1993 (6)：56—59.

② 盛沛林.马克思主义新闻观的基本观点 [J].报刊之友，2003 (6)：5—7.

③ 陈建云.马克思主义新闻观的核心理念 [J].当代传播，2016 (6)：7—9.

④ 中共中央文献研究室.习近平总书记重要讲话文章选编 [M].北京：中央文献出版社，党建读物出版社，2016：420.

⑤ 郑保卫.马克思主义新闻观中国化的历史进程及其理论贡献 [J].新闻与传播研究，2018，25 (2)：5—19.

学生对马克思主义新闻观认知的第一步。”[①] 近年来，为了加强学生的马克思主义新闻观，新闻教育界进行了不懈努力，“从组织专家编写‘马工程’教材到开设马克思主义新闻观的专门课程，从部校共建新闻传播学院到培育卓越新闻人才，都取得了一定成效”。[②] 新闻学子马克思主义新闻观的培养很大程度上取决于校内课堂教育和专业教师引导。在进入媒体实习前，校内教育就已经奠定了新闻学子马克思主义新闻观的基础。本章提出的第一个研究假设是：

H_1：**新闻教育对新闻学子马克思主义新闻观有正向效应。**

H_{1-1}：**新闻教育对学生的党性原则确立有正向效应。**

H_{1-2}：**新闻教育对学生的真实性原则确立有正向效应。**

H_{1-3}：**新闻教育对学生的读者上帝观有负向效应。**

H_{1-4}：**新闻教育对学生的相对新闻自由观有正向效应。**

我国的传统媒体一直以来都是“党和政府的喉舌”，始终以马克思主义新闻观为根本指导。新媒体时代，我国的媒体也不是西方新闻和政治理论中的“第四权力”，依然是党、政府和人民群众的“耳目喉舌”，要在党和政府领导下，传播党和政府的政策，维护人民群众的利益。[③] 在传统媒体向新媒体转型、媒介融合不断深入的时代，新闻界不断加强着马克思主义新闻观的学习和贯彻落实。媒体实习，是新闻学子专业学习的又一个重要环节，能强化并巩固校内知识的掌握，进一步领会马新观的内涵和要求。基于此，本章提出第二、第三个研究假设是：

H_2：**传统媒体实习会强化新闻教育对马克思主义新闻观的效应。**

H_{2-1}：**传统媒体实习会强化新闻教育对党性原则的效应。**

H_{2-2}：**传统媒体实习会强化新闻教育对真实性原则的效应。**

H_{2-3}：**传统媒体实习会强化新闻教育对读者上帝观的效应。**

H_{2-4}：**传统媒体实习会强化新闻教育对相对新闻自由观的效应。**

H_3：**新媒体实习会强化新闻教育对马克思主义新闻观的效应。**

---

① 张洪忠，王袁欣.社交媒体使用对新闻专业大学生马克思主义新闻观认知的影响［J］.全球传媒学刊，2015，2（4）：41—59.

② 蔡雯.将马克思主义新闻观教育落实到新闻人才培养中［J］.新闻战线，2017（15）：38—40.

③ 魏猛.在新媒体时代坚持马克思主义新闻观［J］.新闻爱好者，2017（11）：14—16.

H_{3-1}：**新媒体实习会强化新闻教育对党性原则的效应。**

H_{3-2}：**新媒体实习会强化新闻教育对真实性原则的效应。**

H_{3-3}：**新媒体实习会强化新闻教育对读者上帝观的效应。**

H_{3-4}：**新媒体实习会强化新闻教育对相对新闻自由观的效应。**

三、分析策略

因变量为上述八个题目构成的马新观四个测量维度，每个维度得分取两项均值。其中，“（8）我认为西方的新闻自由观同样适用于中国”为反向测量，分析时将该题逆向赋值。为检验新闻教育、媒体实习对马新观的影响，采用OLS多元回归模型。在回归模型中，自变量为新闻教育评价、媒体实习情况。其中，媒体实习又分为传统媒体实习、新媒体实习。操作化定义中，“新闻教育评价”采用五点李克特量表测学生对新闻教育满意度；媒体实习采用是否有传统媒体或新媒体实习经历的两分变量；性别、年级、具体专业（新闻或传播类）、政治身份（是否党员）、学校类型，受访者呈现一定差异，作为控制变量也一并纳入分析模型，具体见表8-1。

表8-1　变量名称、指标解释及描述统计

变量名称	指标描述	测量维度	均值	标准差
性别	0＝男生；1＝女生		0.817	0.387
年级	低年级：大一、大二 高年级：大三、大四	0＝低年级； 1＝高年级	0.519	0.499
具体专业	是否为新闻类专业	0＝传播类专业； 1＝新闻类专业	0.448	0.497
政治面貌	是否中共党员	0＝非党员； 1＝党员（含预备、积极分子）	0.162	0.369
学校类型	1＝综合类，占39.23%；2＝专业性，占31.68%；3＝理工类，占29.09%		—	—

续　表

变量名称	指标描述	测量维度	均值	标准差
新闻教育评价	1＝很不满意；2＝较不满意；3＝一般；4＝较满意；5＝很满意		3.064	0.774
传统媒体实习	有无相关经历	0＝无；1＝有	0.227	0.419
新媒体实习	有无相关经历	0＝无；1＝有	0.150	0.358

第四节　研究发现

一、新闻学子马克思主义新闻观认知

表 8－2 呈现了新闻学子的马克思主义新闻观认知情况。由于“读者上帝观”为马新观所否定，属反向计分，分值越小越好。总体上，四项得分均超过中值 3（“读者上帝观”按反向计算，得分为 6—2.71＝3.29），说明马新观在新闻学子脑海中已经基本确立。由高到低分别为“真实性原则”（4.23）、“相对新闻自由观”（3.65）、通过“读者上帝观”反映的“舆论导向观”（3.29）、“党性原则”（3.08）。超过 4 的只有“真实性”一项；作为马新观最重要内涵的“党性原则”，得分却最低。方差分析达到显著水平，说明新闻学子对马新观各维度的认知存在显著差异。

表 8－2　新闻学子马克思主义新闻观各维度均值及群体比较

变量（N）		党性原则	真实性原则	读者上帝观	相对新闻自由观	组间比较	方差分析
总体（1 388）		3.08	4.23	2.71	3.65	—	***
性别	男生（256）	3.02	4.14	2.87	3.62	2^{*}，3^{***}	***
	女生（1 132）	3.09	4.25	2.67	3.66		***
年级	低年级（686）	3.08	4.25	2.67	3.65	Ns	***
	高年级（702）	3.07	4.21	2.74	3.65		***

续 表

变量（N）		党性原则	真实性原则	读者上帝观	相对新闻自由观	组间比较	方差分析
具体专业	新闻类专业（599）	3.13	4.27	2.68	3.73	1*，4***	***
	传播类专业（789）	3.00	4.20	2.72	3.59		***
政治面貌	党员（221）	3.29	4.21	2.70	3.75	1**，4*	***
	非党员（1 158）	3.04	4.24	2.70	3.64		***
学校类型	综合性（520）	3.14	4.15	2.70	3.66	1***，2**	***
	专业性（452）	2.76	4.33	2.72	3.66		***
	理工类（416）	3.35	4.22	2.71	3.63		***

注：*** $p<0.001$，** $p<0.01$，* $p<0.05$，Ns为不显著。“组间比较”栏中，只列出了有显著差异的项目，1指“党性原则”，2指“真实性原则”，3指“读者上帝观”，4指“相对新闻自由观”。

进一步比较不同学生的情况后发现，男女生在“真实性原则”和“读者上帝观”方面有显著差异，女生的掌握情况都要好于男生；新闻类学生对“党性原则”和“相对新闻自由观”的认知，都要显著高于传播类学生；学生党员在“党性原则”和“相对新闻自由观”方面的认知，要显著优于一般学生；就读于专业性大学的新闻学子“党性原则”得分最低（2.76），“真实性原则”得分最高（4.33），理工类大学新闻学子在这两个维度的得分均高于综合性大学学生。此外，不同年级的新闻学子，在马新观的认知方面，没有显著差异。

二、新闻教育、媒体实习对马克思主义新闻观的影响

1. 党性原则

表8-3展现了通过最小二乘法（OLS）估计出来的党性原则影响因素的6个模型。模型1是基准模型，进入该模型的变量仅为性别、年级、具体专业、政治身份、学校类型五个控制变量。控制了其他变量后，对于党性原则的认同度，新闻类专业比传播类专业学生高15.2%，党员比非党员

高 31.2%，专业性大学的学生比综合性大学的学生低 41.6%，理工类大学的学生比综合性大学的学生高 31.4%。

表 8-3　新闻学子对“党性原则”认知的 OLS 回归系数（非标准化）

变　量	基准模型	新闻教育	传统媒体实习		新媒体实习	
	模型 1	模型 1a	模型 1b-1	模型 1c-1	模型 1b-2	模型 1c-2
女　生[1]	0.100	0.100	0.087	0.087	0.100	0.101
高年级[2]	−0.020	0.051	0.007	0.007	0.055	0.054
新闻类专业[3]	0.152*	0.153*	0.152*	0.149*	0.153*	0.151*
党　员[4]	0.312***	0.287***	0.281***	0.281***	0.289***	0.282***
专业性[5]	−0.416***	−0.338***	−0.345***	−0.345***	−0.339***	−0.341***
理工类[5]	0.314***	0.320***	0.319***	0.319***	0.318***	0.319***
新闻教育		0.311***	0.313***	0.309***	0.311***	0.287***
有实习[6]			0.143*	0.099		
有实习*教育				0.015		
有实习[7]					−0.024	−0.575*
有实习*教育						0.183*
常数项	3.397***	2.359***	2.344***	2.354***	2.362***	2.430***
N	1 379	1 364	1 364	1 364	1 364	1 364
Adj R^2	0.057	0.102	0.104	0.104	0.102	0.108

注：* $p<0.05$，** $p<0.01$，*** $p<0.001$。1 参考类别为“男生”，2 参考类别为“低年级”，3 参考类别为“传播类专业”，4 参考类别为“非党员”，5 参考类别为“综合性大学”，6 参考类别为“无传统媒体实习”，7 参考类别为“无新媒体实习”。

模型 1a 在基准模型基础上增加了“新闻教育”变量。结果显示新闻教育满意度每增加 1 个单位，党性原则认同度提高 31.1%，假设 1-1 得到支持。模型1b-1继续增加了“传统媒体实习”变量，有实习经历的同学，党性原则提高了14.3%。模型1c-1加入了实习与新闻教育的交互项，交互项系数未到0.05的统计显著水平，而新闻教育的系数为正且仍显著，表明在有无传统媒体实习经历的两类新闻学子中，新闻教育对其马新观的正向作用并没有显著差异，假设2-1未验证。我们用同样的方法检验了“新媒体实习”的效应。当引入实习与新闻教育的交互项后，该交互项有正向的回归系数且达统计显著，这表明新闻教育对马新观的促进作用，在有新媒体实习经历的学生中更高，假设3-1得到验证。控制了其他因素，新闻教育满意度多增加1个单位，党性原则的认同度，有新媒体实习经历的学生可以提升47.0%，无媒体实习经历的学生只提升28.7%。

2. 真实性原则

我们用同样的方法检验真实性原则的影响因素，见表8-4。基准模型显示，党员不显著。控制了其他变量，女生对真实性原则认同度比男生高12.2%，专业性大学比综合性大学的学生高15.3%。增加了“新闻教育”变量后的模型显示，新闻教育满意度每增加1个单位，真实性认同度相应提高6.6%。因此，假设1-2通过验证。模型2c-1和2c-2中，无论是传统媒体实习还是新媒体实习与新闻教育的交互项，均没有达到显著水平。这表明新闻教育对真实性认同度的正向作用，在不同实习经历的学生中并无显著差异，假设2-2、假设3-2未通过验证。

表8-4 新闻学子对“真实性原则”认知的OLS回归系数（非标准化）

变量	基准模型	新闻教育	传统媒体实习		新媒体实习	
	模型2	模型2a	模型2b-1	模型2c-1	模型2b-2	模型2c-2
女生[1]	0.122*	0.122*	0.127*	0.127*	0.122*	0.122*
高年级[2]	−0.016	0.001 3	0.017	0.017	−0.003	−0.003
新闻类专业[3]	0.088	0.077	0.082	0.082	0.077	0.077
党员[4]	−0.043	−0.055	−0.053	−0.053	−0.057	−0.055

续　表

变　量	基准模型	新闻教育	传统媒体实习		新媒体实习	
	模型 2	模型 2a	模型 2b-1	模型 2c-1	模型 2b-2	模型 2c-2
专业性[5]	0.153**	0.181***	0.183***	0.183***	0.181***	0.182***
理工类[5]	0.101	0.089	0.090	0.090	0.091	0.091
新闻教育		0.066*	0.065*	0.066*	0.066*	0.071*
有实习[6]			−0.053	−0.048		
有实习*教育				−0.002		
有实习[7]					0.023	0.142
有实习*教育						−0.040
常数项	4.076***	3.848***	3.854***	3.853***	3.846***	3.831***
N	1 379	1 364	1 364	1 364	1 364	1 364
Adj R^2	0.009	0.012	0.012	0.012	0.012	0.011

注：* $p<0.05$，** $p<0.01$，*** $p<0.001$。1 参考类别为“男生”，2 参考类别为“低年级”，3 参考类别为“传播类专业”，4 参考类别为“非党员”，5 参考类别为“综合性大学”，6 参考类别为“无传统媒体实习”，7 参考类别为“无新媒体实习”。

3. 读者上帝观

在对“读者上帝观”的检验中发现，控制变量仅有“性别”达到显著。女生对“读者上帝观”的认同度比男生要低 20%左右。新闻教育对学生的读者上帝观有显著正向作用，是促进而非消解。如表 8-5 所示，模型 3c-1 和 3c-2 增加了媒体实习与新闻教育的交互项，交互项均未达显著，说明实习经历并不会影响新闻教育对学生读者上帝观的认知效应。综上，假设 1-3、假设 2-3、假设 3-3 均未得到支持。

4. 相对新闻自由观

表 8-6 显示了相对新闻自由观影响因素的回归结果。控制变量中，“新闻类专业”和“党员”达到了显著，党员比非党员的认知度高 9.7%。此外，较之于传播类专业，新闻类专业学生“相对新闻自由观”的认同度

表 8-5 新闻学子对“读者上帝观”评价的 OLS 回归系数（非标准化）

变量	基准模型	新闻教育	传统媒体实习		新媒体实习	
	模型 3	模型 3a	模型 3b-1	模型 3c-1	模型 3b-2	模型 3c-2
女生[1]	−0.201**	−0.192**	−0.204**	−0.204**	−0.193**	−0.193**
高年级[2]	0.069	0.088	0.050	0.051	0.101	0.102
新闻类专业[3]	−0.070	−0.073	−0.086	−0.084	−0.074	−0.074
党员[4]	−0.011	−0.011	−0.016	−0.012	−0.007	−0.004
专业性[5]	0.040	0.055	0.049	0.047	0.054	0.055
理工类[5]	−0.017	−0.018	−0.019	−0.019	−0.023	−0.023
新闻教育		0.084**	0.086**	0.106**	0.084**	0.094**
有实习[6]			0.128*	0.390		
有实习*教育				−0.088		
有实习[7]					−0.068	0.164
有实习*教育						−0.077
常数项	2.774***	2.490***	2.476***	2.416***	2.498***	2.469***
N	1 379	1 364	1 364	1 364	1 364	1 364
$Adj\ R^2$	0.006	0.010	0.012	0.012	0.010	0.009

注：* $p<0.05$，** $p<0.01$，*** $p<0.001$。1 参考类别为“男生”，2 参考类别为“低年级”，3 参考类别为“传播类专业”，4 参考类别为“非党员”，5 参考类别为“综合性大学”，6 参考类别为“无传统媒体实习”，7 参考类别为“无新媒体实习”。

也显著要高。新闻教育对“相对新闻自由观”的系数未达显著，假设 1-4 得不到支持。引入交互项的模型 4c-1 和模型 4c-2 中，交互项均达到显著。有传统媒体实习的学生，新闻教育对相对自由新闻观的效应为

0.102（0.166＋（－0.064））；无实习经历的学生，新闻教育的效应为－0.064。有新媒体实习的学生，新闻教育对相对新闻自由观的效应为0.127，；对于没有新媒体实习经历的学生，新闻教育对相对新闻自由观认知度没有影响。因此，假设2-4、假设3-4得到了支持。

表8-6 新闻学子对“相对新闻自由观”评价的OLS回归系数（非标准化）

变　量	基准模型	新闻教育	传统媒体实习		新媒体实习	
	模型4	模型4a	模型4b-1	模型4c-1	模型4b-2	模型4c-2
女　生[1]	0.048	0.046	0.044	0.043	0.046	0.047
高年级[2]	0.004	－0.012	－0.018	－0.021	－0.014	－0.015
新闻类专业[3]	0.177***	0.167***	0.165***	0.162***	0.168***	0.166***
党　员[4]	0.097*	0.098*	0.097*	0.096*	0.097*	0.096*
专业性[5]	－0.028	－0.028	－0.029 2	－0.026	－0.028	－0.030
理工类[5]	0.070	0.059	0.0587	0.058	0.060	0.061
新闻教育		－0.025	－0.025	－0.064*	－0.025	－0.042
有实习[6]			0.022 3	－0.471**		
有实习*教育				0.166**		
有实习[7]					0.013	－0.368*
有实习*教育						0.127*
常数项	3.784***	3.873***	3.871***	3.984***	3.871***	3.919***
N	1 379	1 364	1 364	1 364	1 364	1 364
$Adj\ R^2$	0.012	0.012	0.010	0.018	0.010	0.017

注：* $p<0.05$，** $p<0.01$，*** $p<0.001$。1参考类别为“男生”，2参考类别为“低年级”，3参考类别为“传播类专业”，4参考类别为“非党员”，5参考类别为“综合性大学”，6参考类别为“无传统媒体实习”，7参考类别为“无新媒体实习”。

本章小结

本章通过实证数据，呈现了新闻学子马克思主义新闻观的认知现状，所提出三项假设（包含12项子假设）的检验情况汇总见表8－7。总体上，近一半的子假设得到了支持，但也有一半的子假设未通过验证。这充分说明，新闻学子的马新观认知现状、马新观水平与新闻教育及媒体实习之间存在着比较复杂的关系。研究的主要结论有：

表8－7　研究假设验证情况汇总表

研　究　假　设	检验结果
H_1：新闻教育对新闻学子马克思主义新闻观有正向效应。	**部分支持**
H_{1-1}：新闻教育对学生的党性原则确立有正向效应。	支持
H_{1-2}：新闻教育对学生的真实性原则确立有正向效应。	支持
H_{1-3}：新闻教育对学生的读者上帝观有负向效应。	未支持
H_{1-4}：新闻教育对学生的相对新闻自由观有正向效应。	未支持
H_2：传统媒体实习会强化新闻教育对马克思主义新闻观的效应。	**大部分未支持**
H_{2-1}：传统媒体实习会强化新闻教育对党性原则的效应。	未支持
H_{2-2}：传统媒体实习会强化新闻教育对真实性原则的效应。	未支持
H_{2-3}：传统媒体实习会强化新闻教育对读者上帝观的效应。	未支持
H_{2-4}：传统媒体实习会强化新闻教育对相对新闻自由观的效应。	支持
H_3：新媒体实习会强化新闻教育对马克思主义新闻观的效应。	**部分支持**
H_{3-1}：新媒体实习会强化新闻教育对党性原则的效应。	支持
H_{3-2}：新媒体实习会强化新闻教育对真实性原则的效应。	未支持
H_{3-3}：新媒体实习会强化新闻教育对读者上帝观的效应。	未支持
H_{3-4}：新媒体实习会强化新闻教育对相对新闻自由观的效应。	支持

1. 新闻学子的马克思主义新闻观认知现状，总体乐观又多元混杂

马克思主义新闻观的四个维度，均超过中值 3，表明学生对马新观的主要内涵和要求比较认可。但不同维度的评价也相差较大。“真实”作为新闻的生命被反复强调，而新媒体时代各种假新闻、反转新闻频发更凸显了新闻真实的重要性，这些都强化了学生对真实性的高度认同，得分最高。得分最低的“党性原则”刚过 3，这与其处于马克思主义新闻观中最重要地位严重不符。结合访谈发现，“90 后”“00 后”大学生思想活跃，对说教式的传统教育方式心存排斥，而“党性原则”等内容相对抽象，在教学中恰恰容易采用说教式灌输。此外，无论业界还是社会公众，长期以来都认为新闻学主要是技能训练，并不重视理论教育甚至否定新闻理论的存在。作为“舶来品”的“传播学理论”，各校都作为一门独立的课程讲授，但其中并不包含“党性原则”等马新观核心内容。这些都造成了学生对党性原则的认知偏低。

本研究关于马新观的四个维度，可以细分为两个方面：真实性和新闻自由属于“专业价值”，党性和舆论导向属于“政治价值”。实证研究表明，学生对马克思主义新闻观的专业价值认知高于政治价值认知，这与张洪忠等学者在北京地区的研究结果一致。[①] 因此，如何改进教育理念，结合丰富的教学手段，使马新观的“政治价值”内涵跳出简单机械的教条变成生动鲜活的案例，“理论教育接地气”，使学生易于理解和接受，是今后新闻教育值得重视的议题。此外，在“思政课程”到“课程思政”的要求下，新闻采写编评摄等核心业务课，一项项业务技能的背后，往往都蕴含着“政治价值”的指导。业务课不应该只讲技能讲操作，更需要讲操作技能背后的理念，重视“术”的同时强化“道”。

2. 不同新闻学子的马克思主义新闻观认知水平有显著差异

其中，党性原则的群体差异最大，新闻类学生要明显高于传播类；学生党员要显著高于非党员；理工类大学的学生要显著高于综合性、专业性大学的学生。我们查阅了第四轮学科评估在 B+及以上的国内主要新闻院系的人才培养方案，发现大多数院系当时尚未把“马克思主义新闻

---

① 张洪忠，王袁欣.社交媒体使用对新闻专业大学生马克思主义新闻观认知的影响 [J].全球传媒学刊，2015，2 (4)：41—59.

观”（或“马克思主义新闻论著选读”）课程作为传播类专业（传播学、广告学、网络与新媒体等）的必修课纳入培养方案，而新闻类专业都已全部作为必修课。学生党员比非党员更认可党性原则和相对新闻自由观，说明他们的确比一般同学有更高的思想觉悟，有着更为牢固的马克思主义信仰。相对于其他院校，理工类大学的氛围较严谨，学生更加遵从规则，这或许能解释他们对党性原则的认同度高于其他学校。

不同新闻学子对读者上帝观的认知差异最小。读者上帝观背后，既包含了“读者意识”的内在要求，也体现了商业逻辑下效益观念、经营压力对媒体从业者的影响。面向市场、追求效益、保持盈利，不同新闻学子的评价较为一致，一定程度上反映了社会现实对学生专业理念的强大作用。另一个例证是，高年级比低年级学生更加“入世”和“社会化”，相应的也更认同读者上帝观（尽管未达显著）。因此，新闻教育如何面对社会现实的冲击，形成一套既有严密结构、又能解释现实的逻辑自洽体系，的确值得认真考虑。

3. 新闻教育对学生马克思主义新闻观认知具有重要的正向作用

从实证研究结果看，新闻教育有效地促进了新闻学子党性原则、真实性原则的认知，无论在“专业价值”还是“政治价值”提升中都发挥了显著作用。事实上，近年来无论学界业界，对新闻教育的批评颇多，如在理念上“整体意识以及价值取向模糊”，对技术盲目崇拜；[①] 实践上趋向功利与世俗、师资水平不足、人才培养不合理，教学规模盲目扩大化等。[②] 本章的发现应该会给新闻教育工作者带来鼓励，佐证了校内正规系统教育的重要性。尽管当下新闻教育尚存种种不足，但对学生包括马克思主义新闻观在内的专业理念、专业素养的发育形成，的确发挥着不可替代的独特价值。因此，要在坚信“新闻教育有用、管用”的前提下，不断完善与改进新闻教育，不人云亦云，更不必自我否定。另外，与研究假设相反，实证研究发现新闻教育“强化”而不是“削弱”了学生的读者上帝观。面对社会现实的严峻挑战，新闻教育本身也变得比较复杂。互联网时代，点击量、经济效益等市场因素下，需要新闻教育进一步思考如何对学生进行正

---

① 郑宇丹.人文与技术的紧张对新闻教育的影响［J］.编辑之友，2016（4）：52—56.

② 蔡雯.将马克思主义新闻观教育落实到新闻人才培养中［J］.新闻战线，2017（15）：38—40.

确有效的引导。

4. 传统媒体实习并不会强化新闻教育对马克思主义新闻观的效应，尚未实现“同频共振”

一般认为，传统媒体作为主流媒体的大多数，长期强调“喉舌”属性，“血统纯正”，马克思主义新闻观渗透在其工作氛围、工作理念中，无论在学习还是实践方面，都强于新媒体。按此逻辑，新闻学子在传统媒体实习，会与校内新闻教育“同频共振”，强化马新观认知。但这一点仅在“相对新闻自由观”方面得到验证。这意味着，无论学生是否有传统媒体实习，新闻教育对其党性原则、真实性原则、读者上帝观认知的作用并无明显差异，着实令人意外。结合学生访谈发现，今天即使在传统媒体实习，与编辑部的关系也比较疏远——大多数学生，要么“每周只去编辑部参加几次选题会”，要么“根本连选题会都不用去，由记者单线联系，直接派活”。至于初稿完成后，“在后续环节中怎么修改、为什么修改，更是不清楚，也不关心。只要发出来的稿子有名字就行”。与早前学生去传统媒体实习，作为一个“准新闻人”全面参与媒体日常新闻生产的全流程，提前感受并形塑自身的职业意识和职业操守不同，互联网所带来的通讯便捷使学生不必亲临编辑部这个“场域”就能完成各种任务。学生也基本感受不到“场域”对人的熏陶和影响。此外，“传统的职业传媒人似乎已被搅得心神不宁，表现出渠道崇拜之下的慌乱，缺乏职业传媒人的淡定和对传播内容的精细打磨和把关，因而屡屡表现出有失真实、有失准确的业余水准”，[①] 带教老师和实习生之间更多只是“任务合作”，少了以往那种“教育者”的责任感、使命感。这些原因或许都能解释研究所发现的“意外”。传统媒体实习唯一产生“调节效应”的是新闻教育对相对新闻自由观的影响。有实习经历的学生，新闻教育对相对新闻自由观认知的促进作用更大。无论与编辑部关系是否密切，学生在实习中往往都会遇到“选题不通过”或“被毙稿”经历，其对新闻自由的尺度理解，必然更加深刻。

5. 新闻教育对学生马克思主义新闻观的作用，会随着新媒体实习经历的不同有所差异

研究发现，相比其他学生，有新媒体实习经历的学生，新闻教育对党

---

① 何志武.新闻传播教育，转型还是坚守？[J].青年记者，2016（7）：73—74.

性原则的认知促进效用提升了60%多；新闻教育对相对新闻自由观的认知促进效用，仅存在于有新媒体实习经历的学生中。概括说，新媒体实习促进了校内教育对马新观中党性原则和相对新闻自由观的理解与认知。

那么，问题来了，同样是媒体实习，在影响新闻教育与党性原则关系方面，为什么传统媒体没有作用，新媒体却有显著作用呢？最大的可能性在于，党性原则重视媒体的政治属性，传统媒体长期以来都是比较高要求，但以往对新媒体的强调程度不如传统党媒。近年来，新媒体也采用同样的标准，尤其是党性原则所要求的正确导向。新媒体的人才储备、经验积累、处置能力等，与传统媒体相比都尚存不小差距，但其面临的受众环境和舆论环境，比传统媒体更复杂。新媒体机构/部门面临的压力极大，党性原则的强调、学习和提升更为迫切。在这样的氛围中，包括实习生在内的每个人，感受都是明显和深刻的。相对新闻自由观方面的解释亦然，随着国家对新媒体高度重视，方方面面的要求也不断提高，身处其中的实习生，也更能直观理解课堂教育所讲述的“新闻自由”的内涵、尺度与空间。

总的来看，作为一个多维度系统，马克思主义新闻观具有丰富内涵，它的某些方面，尤其是最重要的党性原则，新闻学子的理解和认知尚待提高。马克思主义新闻观本身就是一个动态发展的概念，而当今青年学生的思想又活跃多元，这都会给马克思主义新闻观教育带来不小的难度与挑战，也给研究者提出了更高要求，期望后续有长期数据进一步探讨新闻教育、媒体实习与新闻学子马克思主义新闻观之间的关系。从本研究看，新闻教育对马克思主义新闻观的正向效用显著，新媒体实习也在一定程度上强化了新闻教育的作用。因此，如何从校内教育和校外实习两方面入手，形成合力，强化新闻学子马克思主义新闻观的学习效果，是当下新闻教育所需要重点思考和努力的。

第九章
新闻学子的角色模范

今天的大部分新闻人，“工分”压力下的生活毫无规律，随时待命、拼命写稿；[①] 不断有新闻人英年早逝，职业神圣感逐渐消失，转而成为一种“高危行业”；还有部分记者屈从利益，各种假新闻有偿新闻频现；近年来，更是有越来越多的优秀媒体人转行……这些变化，也使新闻学子感到迷茫与困惑：学新闻传播到底有没有前途？

职业社会学认为，角色模范（role model）的存在对个体职业发展和专业理念产生重要影响。黄远生、邵飘萍、范长江、穆青、萧乾等名记者树立起来的角色模范，激励着上一代新闻工作者。今天的新闻学子还存在角色模范吗？有无角色模范的新闻学子在专业学习、职业选择方面是否有差异？影响新闻学子建立角色模范的主要因素有哪些？厘清这些问题，对在新闻教育中采取有针对性的措施，提升新闻学子的专业忠诚度、为未来媒体竞争储备优秀人才，促进新闻传播队伍的长期建设，具有非常重要的意义。

第一节 概念与文献

什么是“角色模范”？目前主要有两种定义视角：人的视角和素质视角。

---

① 夏倩芳.“挣工分”的政治：绩效制度下的产品、劳动与新闻人[J].现代传播（中国传媒大学学报），2013，35（9）：28—36.

前一种观点认为，角色模范是那些展示恰当行为的人，其行为和价值观能影响其他观察者，使他们产生相似的观念。① 后一种观点认为，角色模范是个体在某种程度上感知到与自身实际相匹配的素质，并希望通过模仿来提高自我能力。② 两种观点的理论支持，分别是角色识别理论和社会学习理论。最简单的理解，角色模范就是那些在具体行业中表现优异的模范、榜样。

角色模范的意义在于能强化观察者的学习动力并激发他们进入某个领域的信念。通过角色模范，个体能感受到成功的可实现性，主动提升自我；③ 形塑个人的职业兴趣和自我认知，最终作用于职业成就。④ 此外，角色模范还能通过在可接受和不可接受的行为间设定界限，让个体不做某事，角色模范缺失可能导致少数群体在某些领域的失败。⑤

正因为如此，角色模范得到了职业社会学的长期关注，尤其是针对在校学生。从文献看，研究对象主要集中在师范生、医学生群体；角色模范的作用主要是促进专业学习和影响职业规划。在专业学习方面，角色模范会影响学生的专业选择、提升学生专业学习积极性，⑥ 也是教师在教学中传递知识、技能和价值观的强大工具。⑦ 从职业规划看，角色模范会影响学生的实习意愿和职业选择。⑧ 总体上，研究发现，角色模范对学生的专业学习、职业规划均有正向的促进作用。

既然角色模范如此重要，那么有哪些因素会影响角色模范的形成呢？

---

① Jung J.. How Useful is the Concept of " Role Model?" A Critical Analysis [J]. Journal of Social Behavior and Personality, 1986, 1 (4): 525 - 536.

② Gibson D. E.. Role Models in Career Development: New Directions for Theory and Research [J]. Journal of Vocational Behavior, 2004, 65 (1): 134 - 156.

③ Lockwood P., Kunda Z.. Superstars and Me: Predicting the Impact of Role Models on the Self [J]. Journal of Personality and Social Psychology, 1997, 73 (1): 91 - 103.

④ Lent R. W., Brown, S. D., Hacktett G.. Contextual Supports and Barriers to Career Choice: a Social Cognitive Analysis. Journal of Counseling Psychology [J]. Journal of Counseling Psychology, 2000, 47 (1), 36 - 49.

⑤ Emery O. B., Csikszentmihalyi M.. The Socialization Effects of Cultural Role Models in Ontogenetic Development and Upward Mobility [J]. Child Psychiatry and Human Development, 1981, 12 (1): 3 - 18.

⑥ Ferry T. R., Fouad N. A., Smith P. L.. The role of family context in a social cognitive model for career-related choice behavior: A math and science perspective [J]. Journal of Vocational Behavior, 2000, 57 (3): 348 - 364.

⑦ 杨婷.榜样教育研究 [D].武汉：武汉大学，2010：2—4.

⑧ Henderson M. C., Hunt D. K., Williams Jr. J. W.. General Internists Influence Students to Choose Primary Care Careers: The Power of Role Modeling [J]. The American Journal of Medicine, 1996, 101 (6): 648 - 653.

首先是个体因素，比如性别，个体往往倾向于选择与自己同性别的角色模范。有研究发现，女教师在学校的比例对女生的学习成绩有显著正向影响，[①] 把女教授当作角色模范的女研究生自认为更有事业心和自信。[②] 年龄也是重要的个体因素，例如较年轻的初中生更容易选择电视里的人物作为自己的角色模范并受他们影响。[③] 其次是教育因素。专业学习时长对学生角色模范选择的影响是显著的；[④] 教师的作用性也不言而喻：当教师和医学生进行互动时，学生会重视和模仿教师所展现的个人品质；[⑤] 实习指导医生的人格魅力和学识魅力能激发医学生的潜能，促使其提升对患者的人文关怀。[⑥] 此外，家庭等环境因素的重要性也不可忽视。很多青少年会将父母视为角色模范，父母的教育水平和工作类型会影响他们的学业和职业规划，[⑦] 尤其是父亲作为专业人士更能起到角色模范的作用，鼓励女儿进入非女性主导的领域学习或工作。[⑧]

从已有文献看，国内外记者行业的角色模范研究较少。在每年的记者节，媒体会通过提及历史角色模范从而将他们所推崇的理想价值体系和行为方式人格化，也借机修补过去一年内受损的新闻理念和准则，不仅能满足其他记者对“好记者”的想象，也能通过角色模范影响记者的职业理念和实践。[⑨] 一项针对香港新闻工作者的研究发现，有角色模范的香港记者比例较低（不足25%），他们倾向于选择符合香港新闻专业理念的非本地记

---

① Nixon L. A., Robinson M. D.. The Educational Attainment of Young Women: Role Model Effects of Female High School Faculty [J]. Demography, 1999, 36 (2): 185 - 194.

② Gilbert L. A., Gallessich J. M., Evans S. L.. Sex of Faculty Role Model and Students' Self-Perceptions of Competency [J]. Sex Roles, 1983, 9 (5): 597 - 607.

③ King M. M., Multon K. D.. The Effects of Television Role Models on the Career Aspirations of African American Junior High School Students [J]. Journal of Career Development, 1996, 23 (2): 111 - 125.

④ Basco Jr, W.T. & Reigart J.R.. When Do Medical Students Identify Career Influencing Physician Role Models? Academic Medicine [J], Academic Medicine Journal of the Association of American Medical Colleges 2001, 76 (4): 380 - 382.

⑤ Byszewski A., Hendelman W., McGuinty C., et al.. Wanted: Role Models-Medical Students' Perceptions of Professionalism [J]. BMC medical education, 2012, 12 (1): 115 - 124.

⑥ 巩莹，张瑞丽，李惠娟.临床护理教师的角色模范对学生人文关怀能力的影响 [J].中华护理教育，2011，8 (8)：358—360.

⑦ Dryler H.. Parental Role Models, Gender and Educational Choice [J]. British Journal of Sociology, 1998: 375 - 398.

⑧ Lunneborg P. W.. Role Model Influencers of Nontraditional Professional Women [J]. Journal of Vocational Behavior, 1982, 20 (3): 276 - 281.

⑨ 李红涛，黄顺铭.传统再造与模范重塑：记者节话语中的历史书写与集体记忆 [J].国际新闻界，2015，37 (12)：6—25.

者为角色模范，更认同新闻的社会影响力和专业功能、政治观念更自由。[①]

近年来，一些学者专门针对新闻学子进行了不同层面的研究。在职业理念上，新闻学子选择新闻专业的意愿对其职业满意度、新闻教育满意度等方面有显著影响。[②] 职业伦理观方面，新闻学子对新闻工作者的职业道德状况不太满意，认为“有偿新闻”严重，不同性别、有无实习经历的学生，职业伦理观存在差异。[③] 由于主流媒体提供的岗位较少，导致新闻传播专业学生的主流媒体就业率较低，他们只能进入和专业相关的单位而不是专业对口的媒体单位，这也导致新闻学子的就业满意度不高。[④]

但是，专门研究新闻学子角色模范的成果鲜见。其中，曹艳辉等人对621名大学生进行问卷调查后发现，“专业、公正、客观”等成为受访者评价角色模范的高频词汇。有角色模范的大学生更注重新闻媒介“对抗权威”的社会功能，相对更难接受新闻从业者违反职业伦理规范的行为，对秉承新闻专业主义的媒体综合评价更高，更认同采编技能和通识教育对培养模范新闻工作者的重要性。此外，新闻专业学生较其他专业学生更熟悉和崇拜优秀新闻从业者，更认同新闻专业主义。[⑤] 非常遗憾的是，这项研究的受访者，新闻传播专业学生仅占45%，其他55%为非新闻传播专业学生。事实上，无论是“角色模范”还是“专业主义信念”的讨论，都只有针对专业领域的学生才更有意义和价值。因此，这项研究并未能让我们深入观察到当下新闻学子的角色模范现状，也无法进一步考察角色模范对新闻学子职业规划的影响。

综上，角色模范对于大学生在专业承诺、学习投入与成效、职业规划等方面的重要性毋庸置疑，但专门针对新闻学子的相关研究极少。清晰了解当代新闻学子的角色模范现状，发现角色模范对新闻学子学习成长的作用，找出影响新闻学子角色模范形成的主要因素，把职业社会学的相关理论运用于

---

① 王悦，李立峰.记者心中的角色模范及其影响初探：香港个案研究 [J].新闻学研究，2014，119：1—43.

② 高晓瑜，姚婧.新闻教育如何影响和塑造记者：新闻专业学生和新闻从业者记者角色认知的实证研究 [J].新媒体与社会，2018 (2)：259—272.

③ 萧思健，廖圣清.未来新闻工作者如何评价新闻职业道德：复旦大学新闻学院对新闻专业学生的调查报告 [J].新闻记者，1999 (6)：33—35.

④ 胡正荣，冷爽.新闻传播学类学生就业现状及难点 [J].新闻战线，2016 (6)：27—30.

⑤ 曹艳辉，林功成，张志安.角色模范对大学生新闻专业主义信念的影响研究 [J].国际新闻界，2015，37 (7)：36—52.

新闻传播学科，培养优秀的新闻传播后备人才，兼具理论意义和实践价值。

第二节　研究问题与假设

斯塔克（Stark）认为，标准化的知识体系是专业区别于一般职业的重要特征，专业人士试图通过“认知垄断”增加自己的不可替代性，以此控制专业准入门槛。[①] 教师、医生、工程师等，都属于这样的“专业”范畴。文献综述发现，专业领域的学生中，角色模范普遍存在。在新闻界，同样有一套完整的制度和理念约束、规范新闻从业者的新闻实践。所以，本研究的第一个问题是：

问题一：新闻学子心中的角色模范有哪些？

本研究关心有无角色模范的新闻学子在专业学习、新闻业务观念、职业选择方面的差异。相关研究表明，一个人心中有无角色模范，影响其对职业的兴趣、自我效能感和事业期望，这些因素最终会影响职业成就。[②] 医学生普遍认为角色模范是影响培养专业道德和伦理的重要因素。[③] 于是，我们提出问题二及三个研究假设：

问题二：心中有角色模范的新闻学子与心中没有角色模范的新闻学子在专业学习、新闻业务观念、职业选择方面有何不同？

H_1：心中有角色模范的新闻学子，具有更强的专业承诺。

H_2：心中有角色模范的新闻学子，具有更严格的业务操守与自我伦理约束。

H_3：心中有角色模范的新闻学子，更倾向于去媒体实习和工作。

根据文献综述，教育主体（教育者知识水平、人格魅力、情感态度等）、教育客体（学生自身的状况、认知能力和情感等）、教育介体（角色模范教育的内容与形式）、教育环体因素（受教育者的家庭、学校、社会

---

① Stark，R.. Sociology [M]. Belmont，CA：Wadsworth，1985：48.

② Lent R. W.，Brown，S. D.，Hacktett G.. Contextual Supports and Barriers to Career Choice：A Social Cognitive Analysis. Journal of Counseling Psychology [J]. Journal of Counseling Psychology，2000，47 (1)：36－49.

③ Basco Jr，W. T. & Reigart J. R.. When Do Medical Students Identify Career Influencing Physician Role Models? [J]. Academic Medicine，2001，76 (4)：380－382.

环境等）等都是影响学生心中角色模范形成的重要因素。那么，对于新闻学子而言，是否也存在同样的情况呢？由于前人关于新闻学子角色模范的研究较少，我们无法提出针对新闻学子角色模范影响因素的具体假设，只是探索性地提出第三个研究问题：

问题三：教育主体、教育客体、教育介体、教育环体哪些是影响新闻学子角色模范的显著因素？什么是最重要的因素？

第三节　研究设计与测量

1. 角色模范测量

以两个填空题“哪一位是您心中典范的新闻工作者”“哪一家是您理想中最佳的新闻机构”分别测量学生心中关于新闻从业者、新闻媒体的角色模范。

2. 专业承诺测量

采用国内最主流的“连榕版”量表，从情感承诺、理想承诺、继续承诺、规范承诺四个维度，测量新闻学子的专业承诺。[①] 操作中，对量表适当精简，选择 16 个题项，每个维度 4 题。精简版量表各维度和总量表的 α 系数分别为 0.85、0.82、0.84、0.88、0.92，信度较高。

3. 职业伦理观测量

在参考了韦弗（Weaver）等前人研究成果基础上并结合中国国情，设计了新闻学子职业伦理量表，涉及“违诺透露消息来源”“任意编造消息源”“擅用私人文件资料”“为获消息纠缠对方”“擅用单位机密文件”“摆拍新闻事件/人物”“假扮他人获取资料”“隐瞒身份卧底采访”“使用偷拍偷录设备”和“向消息源付费采访”十项，采用五点李克特量表。因子分析后，前六项归纳为“狗仔队手法”，后四项归纳为“暗访”。

4. 新闻价值取向测量

通过多选题“你认为哪些是影响记者对新闻价值大小判断的主要因素”测量，设计“事件时效性”“事件影响范围”“是否提供了新信息”

① 连榕，杨丽娴，吴兰花. 大学生的专业承诺、学习倦怠的关系与量表编制 [J].心理学报，2005，37（5）：632—636.

“事件主角的显著性”“上级部门的意见”“是否为独家报道”“新闻同行的观点”和“受众反馈”八个选项。前四项指征“内在价值”，后四项指征“外界评价”，每选 1 项计 1 分，加总后分别计算两项得分。

5. 好记者标准测量

多选题“以下哪些方面应该成为好记者的标准”，并设计“全面而准确”“强烈的好奇心”“良好的沟通技巧”“客观中立”“公平正义”“了解社会”“行动力和效率”和“不畏权势”八个选项。前四项为“业务水平”，后四项为“价值观念”，每选 1 项计 1 分，加总后分别计算两项得分。

6. 实习经历和职业意愿测量

询问新闻学子“是否有校园媒体实习经历”“是否有社会媒体实习经历”“首份工作的优先岗位选择”以及“长期工作的优先岗位选择”，均为选择题。

7. 角色模范影响因素的测量

通过教师业务水平、教师对职业引导作用评价来测量教育主体因素；专业承诺、学习时长来测量教育客体因素；新闻教育的知识覆盖、技能提升评价来测量教育介体因素；有无社会媒体实习、有无家庭影响来测量教育环体因素。另外，性别、是否为党员作为控制变量，也一并纳入统计模型分析。

第四节　研 究 发 现

一、新闻学子心中的模范新闻工作者和模范新闻机构

1 430 名受访者中，有 825 人提名了心中的模范新闻工作者，提及率较高的有白岩松、法拉奇、范长江、杨澜等。

模范新闻机构方面，有 950 名新闻学子填写，提及率较多的有新华社、澎湃新闻、中央电视台、南方周末、人民日报等。

二、有无角色模范的新闻学子比较

1. 专业承诺

T 检验显示，有角色模范（新闻工作者/新闻机构）的新闻学子，在

专业承诺的四个维度和总承诺水平上，都要显著高于没有角色模范的人，见表 9-1。可见，有角色模范的学生，更认同自己的专业、更愿意在专业学习上付出努力，假设一得到支持。

表 9-1　有无角色模范的新闻学子专业承诺比较

变　量		情感承诺	理想承诺	继续承诺	规范承诺	总承诺	组间比较
模范新闻工作者	有	3.46	3.07	2.89	3.43	3.21	1^{***}，2^{***}，3^{**}，4^{***}，5^{***}
	无	3.25	2.86	2.76	3.21	3.02	
模范新闻机构	有	3.43	3.04	2.88	3.40	3.19	1^{***}，2^{***}，3^{**}，4^{***} 5^{***}
	无	3.25	2.86	2.76	3.22	3.02	

注：组间比较中，1—5 分别代表了情感承诺、理想承诺、继续承诺、规范承诺、总承诺。$^{*}p<0.05$，$^{**}p<0.01$，$^{***}p<0.001$。

2. 职业伦理观、新闻业务观

在职业伦理观方面，如表 9-2 所示，有模范新闻工作者的新闻学子对“狗仔队手法”的容忍度显著低于其他学生，但他们对“暗访”的容忍度却显著高于没有模范新闻工作者的新闻学子；有模范新闻机构的新闻学子对“暗访”的容忍度也显著高于没有模范新闻机构的新闻学子。

表 9-2　有无角色模范的新闻学子职业伦理观、新闻业务观比较

变　量		职业伦理		新闻价值取向		好记者标准		组间比较
		狗仔队手法	暗访	内在价值	外界评价	业务水平	价值观念	
模范新闻工作者	有	1.91	3.32	2.68	1.13	2.15	1.87	1^{*}，2^{**}，3^{***}，4^{*}
	无	1.98	3.19	2.47	1.21	2.09	1.86	
模范新闻机构	有	1.92	3.30	2.66	1.16	2.16	1.86	2^{*}，3^{***}，5^{*}
	无	1.97	3.21	2.49	1.17	2.04	1.87	

注：组间比较中，1—6 分别代表了狗仔队手法、暗访、内在价值、外界评价、业务水平、价值观念，仅列出了有显著差异的项目。$^{*}p<0.05$，$^{**}p<0.01$，$^{***}p<0.001$。

新闻价值取向方面，有角色模范（新闻工作者/新闻机构）的新闻学子，对新闻内在价值的重视程度显著高于无角色模范的人。此外，有模范新闻工作者的新闻学子对新闻价值的外界评价重视程度显著要低。

在判断好记者的标准上，无论有没有模范新闻工作者，新闻学子对好记者业务水平和价值观念的看法并无显著差异。而有模范新闻机构的新闻学子比没有模范新闻机构的新闻学子对好记者的业务水平有更高的要求。

综上，研究假设二“心中有角色模范的新闻学子，具有更严格的业务操守与自我伦理约束”基本得到支持。

3. 职业选择

表 9－3 列出了有无角色模范的新闻学子的媒体实习情况。从统计看，有角色模范（新闻工作者/新闻机构）的学生，无论是校园媒体实习还是社会媒体实习的积极性均高于没有角色模范的学生。卡方检验显示，有无模范新闻工作者/新闻机构与校园媒体实习、有无模范新闻机构与社会媒体实习，卡方值都达到了显著。

表 9－3 有无角色模范的新闻学子媒体实习比较

变量		校园媒体实习			社会媒体实习		
		有	无	卡方值	有	无	卡方值
模范新闻工作者	有	54.94%	45.06%	4.374*	41.54%	58.46%	2.042
	无	49.29%	50.71%		37.75%	62.25%	
模范新闻机构	有	56.60%	43.40%	17.279***	42.96%	57.04%	10.046**
	无	44.96%	55.04%		34.24%	65.76%	

注：* $p<0.05$，** $p<0.01$，*** $p<0.001$。

表 9－4 呈现了有无角色模范的新闻学子求职意愿情况。与实习情况相似，有角色模范的学生，无论首份工作还是长期工作，去媒体岗位的意愿都高于没有角色模范的学生。经卡方检验，有无模范新闻工作者/新闻机构与首份工作意愿、有无模范新闻机构与长期工作意愿，卡方值都达到了显著。

表 9－4 有无角色模范的新闻学子求职意愿比较

变量		首份工作			长期工作		
		媒体岗位	其他	卡方值	媒体岗位	其他	卡方值
模范新闻工作者	有	55.81%	44.19%	13.196***	42.36%	57.64%	2.516
	无	45.96%	54.04%		38.11%	61.89%	
模范新闻机构	有	55.51%	44.49%	14.468***	43.31%	56.69%	8.083**
	无	44.82%	55.18%		35.41%	64.59%	

注：** $p<0.01$，*** $p<0.001$。

这些都说明，心中有角色模范的新闻学子，的确更倾向于去媒体实习和工作。因此，研究假设三得到支持。

三、影响新闻学子角色模范的因素分析

为了便于分析，我们新生成了“角色模范”变量：只要提名了“模范新闻工作者”或“模范新闻机构”中的一项，就记为 1，两者都没有提名的记为 0。这是一个两分变量，采用 logistic 回归进行分析，结果见表 9－5。

表 9－5 角色模范的 logistic 回归结果

变量		模型 1		模型 2		模型 3		模型 4	
		系数	OR	系数	OR	系数	OR	系数	OR
控制变量	女生[1]	−0.231	0.794	−0.278	0.757	−0.281	0.755	−0.312	0.732
	党员[2]	0.422*	1.525	0.444*	1.559	0.449*	1.567	0.420*	1.522
主体因素	教师水平	−0.089	0.914	−0.097	0.908	−0.134	0.874	−0.130	0.877
	职业引导	0.163*	1.177	−0.014	0.986	0.050	1.051	0.055	1.057
客体因素	专业承诺			0.422***	1.525	0.418***	1.519	0.405***	1.499
	学习时长			−0.049	0.952	−0.043	0.958	−0.162*	0.850

续 表

变 量		模型 1		模型 2		模型 3		模型 4	
		系数	OR	系数	OR	系数	OR	系数	OR
介体因素	知识覆盖					0.252*	1.286	0.265*	1.304
	技能提升					−0.297**	0.743	−0.294**	0.745
环体因素	有媒体实习[3]							0.471**	1.602
	有家庭影响[4]							−0.177	0.838
常数项		1.336***	3.804	0.787	2.196	0.804	2.234	0.718	2.051
N		1 414		1 407		1 407		1 404	
pseudo R^2		0.009		0.019 ($\Delta R^2=0.010$)		0.026 ($\Delta R^2=0.007$)		0.033 ($\Delta R^2=0.007$)	

注：* $p<0.05$，** $p<0.01$，*** $p<0.001$。因变量为有无角色模范，0=无，1=有。1 的参考类别为“男生”；2 的参考类别为“非党员”；3 的参考类别为“无社会媒体实习”；4 的参考类别为“无家庭影响”。

模型 1 只包含了控制变量和教育主体因素。结果显示，政治身份、职业引导是显著因素。控制了其他变量，较之于非党员，学生党员存在角色模范的几率比（odds ratio；OR）是非党员的 1.525 倍，对教师职业引导评价每增加 1 个单位，新闻学子存在角色模范的几率比相应上升 117.7%。

模型 2 在模型 1 的基础上，增加了教育客体因素。结果显示，专业承诺是显著变量。专业承诺水平越高的学生，存在角色模范的几率比也越高。回归模型的整体解释力，也从之前的 0.9%上升到 1.9%。

模型 3 继续增加介体因素。结果显示，介体因素的两个变量均达到显著。对新闻教育知识覆盖方面评价越高的学生，存在角色模范的几率越高；但对新闻教育体能提升评价越高的学生，存在角色模范的几率却越低。整体模型的解释力，在模型 2 的基础上提升 0.7%，为 2.6%。

模型 4 中，环体因素被纳入后，整个模型的解释力进一步上升为 3.3%。有社会媒体实习的学生，存在角色模范的几率是没有实习经历学生的 1.602 倍。同时，客体因素中的学习时长也变得显著，年级越高的学生，存在角色模范的几率越低。此外，政治身份（是否党员）、专业承诺、对新闻教育的知识覆盖和技能提升评价，仍然是显著因素。

本章小结

本章考察了新闻学子心中的角色模范现状，有无角色模范的学生在专业学习、求职意愿等方面的差异，并进一步探讨了影响新闻学子角色模范的因素，研究的主要发现如下：

1. 超四分之一的新闻学子心中没有角色模范，外部原因不容忽视

研究显示，57.7%的新闻学生提名了“典范新闻工作者”，66.4%的新闻学子提名了“最佳新闻机构”，两者合计后，72.45%的新闻学子心中存在角色模范，另有27.5%的学生角色模范缺失。相比于曹艳辉等研究发现大学生心中佩服的新闻工作者56%的提及率，以及王悦等研究发现香港新闻工作者心中有理想记者的两次提名率均不足25%，新闻学子的角色模范情况要相对乐观。尽管如此，仍然有超过25%的学生心中缺失角色模范。

结合学生访谈发现，角色模范缺失首先有着深刻的外部原因：大量优秀新闻人才流失，媒体发展遇到各种瓶颈，可以被称为职业典范的人或者机构少之又少。受访者上海理工大学三年级刘同学的说法很有代表性：“从高中时，就想当一名像白岩松那样的名记者，他也一直是我的榜样；那个时候坚持做新闻的信念感很强；可是大学三年，我亲眼见证了媒体环境的纷繁复杂，真正做新闻的越来越少，真正值得学习的新闻人才越来越少；大家似乎都是为了挣口饭吃；就连张泉灵都离开央视，自己创业，我开始怀疑，真的要走媒体这条路吗?”对于这一点，新闻教育本身或许是无奈的，只能有赖于国家层面进一步加强对新闻工作者的权益保障、完善相应的人事制度。与此同时，希冀媒体机构有更执着的坚守和自律，重视品牌和人才建设。幸好，国家已经充分意识到这一点：“要深化新闻单位人事管理制度改革，既充分发挥事业体制凝聚人才的重要作用，又善于运用灵活用人机制激发新闻队伍活力，解决两套用人体

制、两种人员身份带来的突出问题，增强大家的事业心、归属感、忠诚度。”[①] 各媒体机构也在不断推动融合转型，寻求新的发展机会。

2. 角色模范呈本土化、集中化趋势，自媒体鲜见

新闻学子心中的模范，大多是中国的新闻工作者和媒体机构，还有不少学生提名上海本地的新闻机构和新闻人。这些都表明，角色模范一定程度上存在“接近性”——越是在学生身边并能被了解和感知的对象，越可能成为学习的模范。这些“模范”，也较多集中在某些机构和人身上。对于今后的职业模范教育来说，“集中”是把双刃剑：一方面，可以把少数关键人物/机构作为突破口，教育的组织更有方向和重点，相对容易产生效果；另一方面，如果这些人物/机构的同质性较高，过分专注于他们，也会影响新闻学子的视野，更无法满足国家社会对新闻传播人才需求的多样性。因此，需要对这些角色模范进一步分析，从精神内核、代表类型、媒体形态、时代契合度等方面逐一梳理，选出一批既有高尚人格、精湛业务水平，又有行业代表性、符合今天时代精神的人/机构作为教育重点。必须把中国的媒体人/机构，作为角色模范教育的重点。只有本土化，才符合中国国情，才满足国家对新闻传媒行业的职责使命要求，因此将他们作为角色模范的意义和价值更大。另外，需要指出的是，尽管自媒体在今天风头正劲，但被学生作为“角色模范”提及的几乎没有。这很可能因为，自媒体作为一种新事物时间不长且迭代频繁，但凡能称得上“角色模范”的，必然是那些已经积累起长期品牌和口碑的媒体，传统媒体恰有这些优势。而自媒体数量众多，要想杀出重围，在短时间内建立起识别度和影响力都相对困难；更有相当部分自媒体人，本就出身于传统媒体，主要还是靠传统媒体时期所建立的光环和影响力“吸粉”。

3. 角色模范对学生的专业学习和职业选择具有重要作用，必须加强职业模范教育

研究发现，有角色模范的新闻学子，专业承诺水平更高，更能接受一些优秀新闻栏目所常用的“暗访”进行采访，他们更倾向于从“时效性”“重要性”“显著性”等核心要素去判断新闻的价值，媒体机构实习和就业

---

① 中共中央文献研究室.习近平总书记重要讲话文章选编［M］. 北京：中央文献出版社，党建读物出版社，2016：438.

的意愿也更强烈。这些都充分说明，角色模范对学生的专业学习效果、职业价值观乃至今后的求职意愿和行为达成，都会产生重要的影响。也正因为如此，在重视现有以技能、知识、素养为主的新闻传播教育的同时，必须充分重视职业模范教育。模范教育既是大学生职业教育的重要组成部分，也是思想政治教育的重要措施和“课程思政”的具体体现。通过对一个个鲜活的职业模范人物和媒体机构介绍，逐步树立起学生心中的角色模范，增加专业忠诚度、提升专业荣誉感，有助于激励他们今后投身新闻传播事业，服务于国家和社会。

作为新闻院系，加强职业模范教育需要特别注意：一是将相关教育贯穿人才培养和专业课程的始终，而不仅仅是简单增加一门课、多几个学分。新闻传播教育中，有大量的业务类课程，安排丰富的采写实践和优秀作品评析内容，更有长达 8—12 周不等的专业实习，这些都是进行职业模范教育的好机会。二是丰富教育内容。不仅是对优秀媒体人/机构的基本情况介绍，更要重视对优秀媒体人职业精神、职业价值观、专业素养、成才因素等方面的探讨，对优秀媒体机构的组织架构、制度安排、企业文化等方面的深入分析。与此同时，也要避免职业模范的过度神化，模范教育不是要树立完美的新闻从业者/机构形象，而是要通过介绍和剖析，引起新闻学子的共鸣，引导他们正确认识新闻工作，培养专业理念和职业精神。三是创新教育形式。杜绝“满堂灌”，可以采用“课堂教学＋专题讲座＋情景模拟”等多种形式进行，有助于新闻学子对教学内容的理解、吸收与沉淀，达到事半功倍的效果。

4. 教育客体和介体是影响学生心中角色模范形成的主要因素，同时也必须重视教育主体和环体因素的作用

从统计模型的回归结果看，教育客体因素对新闻学子角色模范的影响力最大（$\Delta R^2=0.01$），这与其他学者关于初中生榜样认同度的研究发现一致。[1] 这表明，角色模范教育能否取得效果的关键还是学生自身，只有学生从内心真正认同角色模范所代表的价值内核、人格品质，真心愿意把他们作为榜样进行学习，教育才是成功的。要重视学生的专业承诺，专业承诺与角色模范互为促进，爱一行做一行、做一行爱一行，可以通过增加一

① 刘慧芳，周婷.初中生榜样认同度及其影响因素研究 [J].教育评论，2017 (2)：89—93.

志愿满足率、促进学习自我效能、提高新闻教育满意度等手段，提升专业承诺水平。研究显示，高年级学生的角色模范缺失率更高，可能与高年级正处于即将毕业的迷茫期，加之职业教育的相关课程匮乏有关。因此，对高年级学生进行适当的角色模范教育显得尤为重要。

教育介体，即教育的具体内容与形式，也是影响学生角色模范确立的重要因素。如果学生越能感受到课堂内容具有较宽广的知识面，尤其是新媒体方面的知识覆盖，他们对新闻教育评价越满意，越能安心学习，从而确立心中的角色模范。但为什么对课堂教育技能提升方面越满意的学生，越不容易产生角色模范呢？结合访谈，我们发现可能的解释是：掌握技能越多的学生，就业机会和选择面也越多，他们“心思更活”，未必要在新闻传播行业发展。于是，这些人的角色模范缺失也就可以理解。环体因素中，媒体实习对学生角色模范确立也有显著正效应。因此，在重视校园媒体建设，发展校园媒体“日常化实习”的同时，认真规划积极引导社会媒体“集中化实习”，是培养学生角色模范的有效途径。各校需要结合实际和人才培养定位，对现有媒体实习机构进一步梳理，优中选优，瞄准那些“典范机构”建立实习基地，争取让更多的“典范从业者”成为实习带教老师。同时，安排专门的校内教师跟进，定期定时听取学生、实习单位、带教老师的反馈，保证实习效果的充分发挥。此外，根据表 9－3 和表 9－4，有无模范新闻工作者与社会媒体实习、长期工作意愿的卡方值都不显著，而有无模范新闻机构与两者的卡方值都显著。这也一定程度上说明，相较于优秀的新闻工作者，优秀的新闻机构和栏目更能激发学生的职业兴趣。新闻学子在选择工作时，更看重平台对个人发展的提升和推动作用，优秀的机构比优秀的从业者个体更能吸引新闻学子毕业后投身新闻工作。

令人稍感意外的是，本研究显示，教育主体对新闻学子角色模范的影响不显著。结合相关文献阅读和访谈，我们认为，这一结果并不说明教师水平、人格魅力、情感投入等教育者因素对学生角色模范的确立不重要，恰恰是因为目前这些方面都普遍做得不够，不同学校、不同专业课程间基本没有差异。因此，在下阶段，如何加强专业教师（很多也是原先的媒体人）的榜样示范作用，提升教育质量，帮助学生做好职业生涯规划，是教育者必须认真思考的问题。

第十章
新闻学子的职业伦理观

职业伦理是一个行业从业人员的行为标准和道德规范，不仅反映了从业者个人的职业操守，也关系到行业的社会声誉。随着自媒体兴起，新闻业逐步“去专业化”；当微博、微信的“阅读量”一览无余暴露在公众面前时，流量成为很多媒体的主要追求，由此产生了更多的职业伦理风险。新闻学子在今后相当长一段时间内，依然会成为媒体从业者新生力量的重要来源。他们处于受教育阶段和正式从业阶段之间，媒介伦理观既受到专业教育的影响，也受到实习从业环境的影响。[①] 作为后备军，具有较强可塑性的新闻学子职业伦理观现状如何？其职业伦理观主要受哪些因素的影响？个人内在的新闻认知观念、校内外环境、学生职业取向等，究竟对他们的职业伦理水平有无显著影响？本章将围绕上述问题进行探讨。

第一节 文献综述

挖掘事实、追求真相是新闻从业者最主要的工作内容。但在现实中，并非所有的消息源都愿意毫无保留地提供事实和真相。在追求事实的过程中，诸如付费采访、暗访、偷拍偷录等“争议性”手法会被经常使用。长期以来，这些采编手法的合法性，一直是新闻业内探讨的焦点，也是各国

① Conway M., Groshek J.. Forgive Me Now, Fire Me Later: Mass Communication Students' Ethics Gap Concerning School and Journalism [J]. Communication Education, 2009, 58 (4): 461 - 482.

学者针对新闻从业人员调查的必备内容。

近年来大陆学者也有多项实证研究讨论新闻从业者职业伦理。一项针对互联网时代中国新闻从业者的大型调查发现，从业者感到最无法容忍的采访手法依次是“改变或编造消息来源说话的内容”“接受来自消息来源的金钱”和“发表含有未核实内容的新闻”，他们认为虚假新闻、有偿新闻是违背新闻伦理的，但对暗访调查、向匿名线人付费等行为表示理解。[①]稍早的另一项研究发现，网络新闻从业者对“兼职”较宽容，对“免费馈赠”相对保守；对新闻伦理的态度和认知有较大的差距。[②]

除了上述研究外，陆晔[③]、陈力丹[④]、周葆华[⑤]等学者均有过关于新闻从业者职业伦理的实证研究。总体上，新闻从业人员对“隐性采访”有较高的认同度，对其他新闻伦理问题，大多呈现含混模糊的态度。此外，“态度—认知”差距明显——大部分从业者认为自身能遵循较好的职业道德，但却普遍感知“企业公关”“免费旅游”“礼品礼券”与“现金馈赠”等现象在行业内很常见。上述结论表明，新闻职业伦理规范的共识远未形成。

与此同时，专门针对新闻学子职业伦理的研究则不多。邵云红提出应该从学生的品德、职业道德方面加强教育，把学生培养成思想道德水平过硬的合格新闻工作者。[⑥]萧思健等发现，新闻学子对新闻工作者职业道德状况的不满主要集中在“有偿新闻”方面；男生与女生、未实习与实习过的同学，对新闻工作者职业道德状况的评价与对“有偿新闻”的理解与做法，存在差异。[⑦]韩晓宁等针对国内 9 所高校 490 名传媒实习生的问卷调

---

① 张志安，张京京，林功成.新媒体环境下中国新闻从业者调查［J］.当代传播，2014（3）：4—8.

② 陶建杰，张志安.网络新闻从业者职业伦理研究：以利益冲突为例［J］.国际新闻界，2013（9）：113—122.

③ 陆晔，俞卫东.社会转型过程中传媒人职业状况：2002 上海新闻从业者调查报告之一［J］.新闻记者，2003（1）：42—44.

④ 陈力丹，王辰瑶，季为民.艰难的新闻自律：我国新闻职业规范的田野观察/深度访谈/理论分析［M］.北京：人民日报出版社，2010.

⑤ 周葆华，龚萌菡，寇志红.网络新闻从业者的职业意识：“中国网络新闻从业者生存状况调查报告”之二［J］.新闻记者，2014（2）：56—62.

⑥ 邵云红.浅谈新闻学专业学生的职业道德素养的培养［J］.渤海大学学报（哲学社会科学版），2014，36（1）：115—117.

⑦ 萧思健，廖圣清.未来新闻工作者如何评价新闻职业道德：复旦大学新闻学院对新闻专业学生的调查报告［J］.新闻记者，1999（6）：33—35.

查发现，职业伦理素养整体中等偏上，对付费报道、介入式报道等“媒介争议行为”容忍度较高，对“接受现金馈赠”“接受免费旅游”“透露性侵事件受害者名字或过程细节”等行为较为反对。在影响媒介伦理争议行为接受度的因素中，新闻教育时长呈负效应，实习工作满意度呈正效应；实习从业环境中的正式员工榜样群体和实习生同侪群体的行为表现，对实习生媒介伦理态度产生显著的示范作用和同侪效应。[①]

在国外，正因为新闻从业者的职业伦理观在校期间就开始形成，新闻学子的职业伦理获得了更多重视。纽约大学新闻系专门制定了学生新闻手册，从信源、调查材料和版权、隐私权和公众知情权、潜在的利益冲突、引用等方面，对学生的职业道德规范进行了详细说明。[②③④] 一项针对英国和西班牙新闻学子的比较研究发现，英国学生比本国从业者更认可付费采访、使用偷拍偷录设备等手段。相比英国学生，西班牙学生对冒用身份采访则有更大的宽容度，但在使用偷拍偷录设备方面较为谨慎。在擅用单位机密文件、不断纠缠受访者等方面，两国学生的认可度都远低于英国从业者。[⑤] 一项美国的研究发现，对新闻领域感兴趣的学生，比对公关/广告领域感兴趣的学生更关注剽窃、捏造等伦理问题，并希望有更严厉的惩罚措施；但无论哪种学生，大学教育和媒体实习对他们的职业伦理水平都有显著促进作用。[⑥] 同样在美国，刚入学的新闻学子比临近毕业的学生具有较高的职业伦理水平，实习经历使学生的职业伦理观念变得多元而复杂。[⑦]

---

① 韩晓宁，王军，王雅婧.传媒实习生群体对媒介伦理争议行为的态度及影响因素研究 [J].国际新闻界，2017 (10)：29—44.

② 杨晓白.纽约大学新闻系学生新闻手册（上）：职业道德规范、法律和实践 [J].青年记者，2012 (4)：78—79.

③ 杨晓白.纽约大学新闻系学生新闻手册（中）：职业道德规范、法律和实践 [J].青年记者，2012 (7)：70—72.

④ 杨晓白.纽约大学新闻系学生新闻手册（下）：职业道德规范、法律和实践 [J].青年记者，2012 (13)：77—80.

⑤ Sanders K.，Hanna M.，Berganza M. R.，et al.. Becoming Journalists：A Comparison of the Professional Attitudes and Values of British and Spanish Journalism Students [J]. European Journal of Communication，2008，23 (2)：133-152.

⑥ Conway M.，Groshek J.. Ethics Gaps and Ethics Gains：Differences and Similarities in Mass Communication Students' Perceptions of Plagiarism and Fabrication [J]. Journalism & Mass Communication Educator，2008，63 (2)：127-145.

⑦ Reinardy S.，Moore J.. When Do Journalists Learn about Ethics? An Examination of Introductory and Graduating Students' Ethical Perceptions [J]. Journalism & Mass Communication Educator，2007，62 (2)：161-175.

在亚洲，新加坡学者的研究发现，有媒体实习经历或者高年级的学生，比其他同学更认同各种争议性采编手法的合理性。①

综上所述，由于新闻学子职业伦理观具有较强的可塑性，并能一定程度上预测未来媒体从业者的职业伦理水平，这一研究领域值得重视。但目前国内相关研究不多，实证研究更是缺乏。韩晓宁等的近期研究尽管有相当价值，但主要针对有传媒实习经历的学生，无法揭示实习本身对新闻学子职业伦理观的影响。国外研究尽管数量不少，但大多集中在对职业伦理现状描述与比较，对相关影响因素较少涉及。

第二节 研究设计

一、职业伦理的测量

我们以较为常见的“争议性采编手法”作为对职业伦理的测量。本章参考了韦弗（Weaver）和威尔霍伊特（Wilhoit）在全美媒体从业者调查问卷中相关测量题项，并结合中国的情况进行适当调整，最终量表由“向消息源付费采访”“假扮他人获取资料”“隐瞒身份卧底采访”“使用偷拍偷录设备”等十个题项构成，通过五点量表测量接受程度，1 为“绝不接受”，5 为“完全接受”，具体见表 10 - 1。

表 10 - 1 新闻学子对“争议性采编手法”的态度及与新闻从业者比较

争议性手法	均值	标准差	新闻学子	大陆从业者[1]
向消息源付费采访	3.61	0.98	59.6%	14.1%
假扮他人获取资料	3.30	1.14	48.8%	16.6%
隐瞒身份卧底采访	3.18	1.11	42.0%	47.5%

① Detenber B. H., Cenite M., Malik S., et al.. Examining Education and Newsroom Work Experience as Predictors of Communication Students' Perceptions of Journalism Ethics [J]. Journalism & Mass Communication Educator, 2012, 67 (1): 45 - 69.

续 表

争议性手法	均值	标准差	新闻学子	大陆从业者[1]
使用偷拍偷录设备	2.99	1.12	33.8%	39.0%
摆拍新闻事件/人物	2.37	1.07	14.9%	—
擅用单位机密文件	2.31	1.08	15.4%	7.5%
为获消息纠缠对方	2.30	1.07	13.5%	45.5%
违诺透露消息来源	1.66	0.88	4.9%	10.3%
擅用私人文件资料	1.63	0.87	4.3%	7.7%
任意编造消息源	1.31	0.70	2.4%	—

注：1 大陆从业者数据来源：罗文辉等：《变迁中的大陆、香港、台湾新闻人员》，台北巨流图书公司，2004 年，第 217 页。

此外，参考国外同类研究，我们还设计了一个题目测量受访者对“写作失范”的处理态度。具体有“剽窃他人稿子”“引用他人素材未注明出处”“虚构故事情节”“任意编造消息源”四种情况，从严厉到宽容的程度，分为“开除”“停职/降级”“批评教育”“不处理”四档。

二、职业伦理影响因素的测量

以往针对媒体从业者的研究发现，个体因素和周围环境是影响职业伦理的主要因素。陆晔等认为，新闻职业道德和伦理的形成主要来自两个方面：一是作为个体的新闻从业者自身基于对新闻业角色和社会功能认知的道德和伦理准则；二是包括新闻教育和行业典范在内的其他外部社会因素，他们的实证研究发现，“交往过的老新闻工作者”“家庭成长环境”“专业领导如编辑/制片人”等是形成新闻从业者职业伦理观的主要因素。①陶建杰等的研究发现，对市场化态度、工作满意度是影响网络新闻从业者新闻伦理观的主要因素，专业背景、传统媒体经历也一定范围内影响其伦

① 陆晔，俞卫东.新闻教育与新闻专业化——2002 上海新闻从业者调查报告之五 [J].新闻记者，2003 (5)：38—40.

理水平。[①] 具体到新闻实习生，韩晓宁的研究发现，新闻传播教育和从业环境同时对实习生群体对媒介伦理争议行为态度有显著影响。[②] 参考上述成果，本章从个体因素（新闻认知）、周边环境、职业取向三个方面考察如何影响新闻学子职业伦理观的形成。

具体而言，个体因素主要指学生对于新闻报道视野/格局、新闻价值取向的认知。用包含 10 个选项的多选题询问“哪些是记者在新闻报道中的主要追求”，其中“客观报道”“不带有偏见”“深入挖掘”“全面报道”“平衡报道”五项作为“宏观追求”，“保持事实准确”“抢时效”“报道有新意”“独家报道”“写得引人入胜”五项作为“微观追求”，“宏观追求”减去“微观追求”的得分，新生成“报道视野/格局”变量，得分越高越代表追求宏观价值，视野开阔。用包含八个选项的多选题询问“哪些方面是影响记者对新闻价值判断的主要因素”，其中“事件的时效性”“事件的影响范围”“是否提供了新信息”“事件主角的显著性”四项指征“内在标准”，“是否为独家报道”“上级部门的意见”“受众反馈”“新闻同行的观点”四项指征“外在标准”，“内在标准”减去“外在标准”的得分，新生成“新闻价值取向”变量，得分越高表明越追求内在标准。

周边环境包括家庭影响、校内教育和校外实习。如果学生有亲属在传媒业工作，则为有家庭影响。校内教育采用两个变量：是否新闻类专业、新闻教育满意度（五点量表）；校外实习采用“有无传统媒体实习经历”“有无新媒体实习经历”和“媒体实习满意度”（五点量表）测量。

职业价值观是人们对待职业的一种信念和态度，或是人们在职业生活中表现出来的价值取向，一般可以分为名望、利他、满意、个人发展等方面。[③] 本章通过测量学生对媒体工作十个方面的评价，反映学生的职业价值观。通过因子分析，提取出三个因子，KMO 值为 0.800 且 sig 值小于 0.001，分别命名为“保健因素”（收入高福利好、工作稳定压力小、同

---

① 陶建杰，张志安.网络新闻从业者职业伦理研究：以利益冲突为例 [J].国际新闻界，2013 (9)：113—122.

② 韩晓宁，王军，王雅婧.传媒实习生群体对媒介伦理争议行为的态度及影响因素研究 [J].国际新闻界，2017 (10)：29—44.

③ 凌文辁，方俐洛，白利刚.我国大学生的职业价值观研究 [J].心理学报，1999，31 (3)：342—348.

事关系简单)、“发展因素”（专业对口、符合个人兴趣、证明自身价值、工作自主性大)、“声望因素”(行业前景好、社会地位高、国家重视)，三个因子的 α 系数分别为 0.81、0.75、0.83。除了职业价值观外，还采用首份工作是否想去媒体，与职业价值观共同测量学生的职业取向。

另外，把人口统计学中的性别、年龄、原籍是否城市作为控制变量，一起纳入回归模型。

第三节　新闻学子职业伦理观现状

以中值 3 为标准，在测量的十项争议性采编手法中，有六项均值远低于 3，表明新闻学子对上述行为持否定态度，其中得分最低的三项分别为“任意编造消息源”（M=1.31，SD=0.70)、“擅用私人文件资料”(M=1.63，SD=0.87)、“违诺透露消息来源”(M=1.66，SD=0.88)。均值高于 3 的有“向消息源付费采访”(M=3.61，SD=0.98)、“假扮他人获取资料”（M=3.30，SD=1.14)、“隐瞒身份卧底采访”（M=3.18，SD=1.11）三项；“使用偷拍偷录设备”(M=2.99，SD=1.12）的均值接近 3，表明受访者持中立态度。从标准差看，“假扮他人获取资料”“使用偷拍偷录设备”“隐瞒身份卧底采访”等六项大于 1，说明新闻学子内部对大部分争议性采编手法的接受程度并不一致，有较大差异。“任意编造消息源”一项，无论是均值还是标准差都最小，这一行为的容忍度最低且评价较为统一，具体见表 10-1。

尽管媒体从业者不是最新数据，但一定程度还是有比较价值。我们统计了对争议性采编手法“比较接受”和“完全接受”的比例之和后发现，对于“向消息来源付费采访”（D=45.5%)、“假扮他人获取资料”(D=32.2%)、“擅用单位机密文件”（D=7.9%）三种手法，新闻学子的接受度远高于媒体从业者，但对于“为获取消息纠缠对方”，学生又远比从业者保守（D=−32%)。其他争议性手法，两者之间的评价差距不大，均在 5 个百分点左右，从业者的宽容度略高。

比较新闻学子不同群体的情况后发现：① 男女生对“摆拍新闻”“擅用密件”“擅用私件”“编造信源”的态度有差异，男生对上述手法的包容度显著高于女生；② 高年级学生在“假扮他人”“偷拍偷录”“擅用密件”“擅用私件”“编造信源”方面的包容度显著高于他们的学弟学妹；③ 有媒体实习经历的学生，对“偷拍偷录”“摆拍新闻”“擅用密件”“出卖信源”“编造信源”的包容度更高，见表 10－2。

表 10－2　不同新闻学子对“争议性采编手法”的态度及比较

变量		信源付费	假扮他人	卧底采访	偷拍偷录	摆拍新闻	擅用密件	纠缠信源	出卖信源	擅用私件	编造信源
性别	男生	3.70	3.26	3.12	3.02	2.51	2.49	2.32	1.72	1.80	1.40
	女生	3.59	3.30	3.20	2.99	2.34	2.27	2.30	1.64	1.63	1.29
	T 检验	Ns	Ns	Ns	Ns	*	**	Ns	Ns	**	*
年级	低	3.62	3.12	3.31	2.91	2.31	2.20	2.26	1.62	1.60	1.26
	高	3.59	3.25	3.29	3.07	2.42	2.41	2.34	1.70	1.72	1.36
	T 检验	Ns	*	Ns	**	Ns	***	Ns	Ns	**	**
实习经历	无	3.63	3.26	3.14	2.92	2.31	2.22	2.26	1.61	1.63	1.27
	有	3.58	3.35	3.25	3.11	2.45	2.46	2.36	1.73	1.71	1.37
	T 检验	Ns	Ns	Ns	**	*	***	Ns	**	Ns	**

注：* $p<0.05$，** $p<0.01$，*** $p<0.001$，Ns为不显著。

新闻写作中常见的四种违反职业伦理的情况，新闻学子包容度最高的是“未注明引用”，79.24%的受访者认为“批评教育”即可，认为应“停职/降级”或“开除”的受访者分别占 16.20%、3.72%，也有 0.84%受访者认为“不处理”；包容度最低的是“任意编造信源”，分别有 37.89%和 50.95%的学生认为应该“停职/降级”和“开除”。对于“剽窃”和“虚构情节”的包容情况差不多：大约有 45%的学生认为要“停职/降级”，35%左右的学生认为“开除”，仅有不到 1%认为可以“不处理”。此外，男女生对“未注明引用”（$Chi^2=8.36$，P＝0.039）、“虚构故事情节”（$Chi^2=11.86$，P＝0.008）、“任意编造信源”（$Chi^2=15.45$，P＝0.001）的包容度均有显著差异；不同年级学生在“剽窃”（$Chi^2=8.21$，

P=0.042)、“任意编造信源”（Chi^2=9.58，P=0.023）两项的包容度有显著差异；有无实习经历的学生，仅对“任意编造信源”（Chi^2=9.97，P=0.019）的包容度有显著差异。

第四节 新闻学子职业伦理观的影响因素分析

通过主成分因子法，按照特征值大于1的标准，“争议性采编手法”可以提取两个因子，共解释方差变异的52.60%，KMO值为0.820且sig值小于0.001，两个因子的α系数分别为0.81、0.78。因子1包含“违诺透露消息来源”“任意编造消息源”“擅用私人文件资料”“为获消息纠缠对方”“擅用单位机密文件”“摆拍新闻事件/人物”六项，因子2包含“假扮他人获取资料”“隐瞒身份卧底采访”“使用偷拍偷录设备”“向消息源付费采访”四项，分别命名为“狗仔队手法”和“暗访”。“写作失范”可以提取一个因子，解释方差变异的49.42%，KMO值为0.763且sig值小于0.001，α系数为0.74。由于样本中女生（1 168人）人数远多于男生（262人），为避免由于性别数量分布不均衡导致的回归误差，我们将男女生进行分组回归。在具体过程中，采用层次回归策略（hierarchical regression），以新闻认知、周边环境、职业取向作为自变量，以年龄、原籍是否城市作为控制变量，以上述三个因子得分作为因变量进行多元线性回归分析，结果见表10-3和表10-4。

表10-3 男生对争议性采编手法态度影响因素的多元回归系数（非标准化）

	狗仔队手法	暗　访	写作失范
人口变量			
年龄	0.010	0.239*	0.182**
原籍城市	−0.065	0.372	0.001
R^2	0.001	0.013	0.034

续 表

	狗仔队手法	暗　访	写作失范
新闻认知			
报道视野/格局	−0.063	−0.182**	−0.035
新闻价值取向	−0.140**	0.152*	−0.100*
ΔR^2	0.022	0.036	0.012
周边环境			
有家庭影响	0.142*	0.289	0.094
新闻类专业	−0.261**	−0.288**	−0.047
新闻教育满意度	0.058	−0.175**	0.113
有传统媒体实习	0.104	0.389***	0.500**
有新媒体实习	0.088	0.091	0.578***
媒体实习满意度	0.214**	0.055	0.160
ΔR^2	0.047	0.042	0.034
职业取向			
保健因素	−0.269**	−0.146**	−0.069
发展因素	−0.370**	−0.077*	−0.135**
声望因素	0.145*	0.120**	−0.197**
首份工作想去媒体	−0.169*	0.084*	−0.379***
ΔR^2	0.112	0.126	0.116
最终的 R^2	0.182	0.217	0.196
F	5.89	7.54	6.38
Sig	0.000	0.000	0.000

注：* $p<0.05$，** $p<0.01$，*** $p<0.001$。

表 10-4 女生对争议性采编手法态度影响因素的多元回归系数（非标准化）

	狗仔队手法	暗　　访	写作失范
人口变量			
年龄	0.077**	0.017	−0.012
原籍城市	−0.051	0.076	−0.018
R^2	0.008	0.002	0.001
新闻认知			
报道视野/格局	−0.069***	−0.009	−0.039*
新闻价值取向	−0.103***	0.042*	−0.060**
ΔR^2	0.037	0.005	0.011
周边环境			
有家庭影响	0.124**	0.117	0.158
新闻类专业	−0.183***	−0.476***	−0.024
新闻教育满意度	0.076*	−0.201**	−0.147**
有传统媒体实习	0.101	0.174**	0.213***
有新媒体实习	0.020	0.075	0.102*
媒体实习满意度	0.170**	0.152**	0.067
ΔR^2	0.054	0.086	0.053
职业取向			
保健因素	−0.205***	−0.213**	−0.218***
发展因素	−0.198***	0.380***	−0.158*
声望因素	0.067	0.162*	−0.152**
首份工作想去媒体	−0.109**	0.037*	−0.174**

续　表

	狗仔队手法	暗　　访	写作失范
ΔR^2	0.136	0.125	0.132
最终的 R^2	0.235	0.218	0.197
F	9.58	7.57	6.45
Sig	0.000	0.000	0.000

注：$^{*}p<0.05$，$^{**}p<0.01$，$^{***}p<0.001$。

一、“狗仔队手法”态度的影响因素

从回归结果看，无论男生还是女生，新闻认知、周边环境和职业取向均为影响新闻学子对“狗仔队手法”态度的显著因素。新闻认知中，越注重客观、中立、平衡、全面等“宏观报道视野/格局”，在新闻价值方面越关注时效性、新鲜性、显著性、重要性等“内在价值”的学生，越不赞成采用“狗仔队手法”。周边环境中，有家庭影响的学生，越支持“狗仔队手法”。较之于公关/广告等传播类专业学生，新闻类专业学生对“狗仔队手法”的接受度较低。对新闻教育和媒体实习越满意的学生，对“狗仔队手法”的接受度也越高。职业取向方面，越认为媒体工作保健因素和发展因素低的学生，越接受“狗仔队手法”。首份工作想去媒体的学生，对“狗仔队手法”的接受度显著较低。

二、“暗访”态度的影响因素

周边环境和职业取向是影响新闻学子对“暗访”态度的主要显著因素。周边环境中，新闻教育满意度对学生“暗访”接受度有显著的负效应；实习满意度对女生有显著的正效应。有传统媒体实习经历的学生，更能接受“暗访”手法。职业取向中，越认为媒体工作保健因素低、声望因素高的学生，越接受“暗访”手法。男生中，越认可媒体工作发展因素的人，越不支持“暗访”，女生在这方面的情况正好相反。无论男生还是女生，首份工作想去媒体的，对“暗访”的接受度显著较高。此外，新闻认知对“暗访”态度的影响，在男生中体现得更加明显。

三、“写作失范”态度的影响因素

新闻认知中，两个变量对女生“写作失范”态度都有显著负效应，而男生仅有新闻价值取向呈显著负效应。周边环境方面，媒体实习经历对男女生的“写作失范”包容度均有正向作用。新闻教育满意度越高的女生，对“写作失范”的包容度越低。职业取向方面，越认可媒体工作保健因素和声望因素，以及首份工作想去媒体的学生，对“写作失范”的包容度显著要低。

本章小结

本章呈现了当下新闻学子的职业伦理观水平及影响因素，主要发现是：

1. 新闻学子职业伦理是非观念相对清晰，对“狗仔队手法”和“写作失范”容忍度低，但能接受“暗访”

在研究列举的十项争议性采编手法中，“任意编造信息源”“擅用私人文件资料”“违诺透露消息来源”“为获消息纠缠对方”等属于“狗仔队手法”的六项，得分均在中值3以下，表明绝大多数学生对此都持否定态度。属于“暗访”的“假扮他人获取资料”“隐瞒身份卧底采访”等项，得分都在3以上，大部分学生对这些行为表示认可与接受。事实上，这也较为契合中国新闻业的实践现状。对于“暗访”的具体称谓，从早年的“偷拍”到如今更为中性的“隐性采访”，本身反映了行业内部对此行为看法的变化：“偷拍”带有贬义，是对别人隐私的窥探，但“隐性采访”则相对中性，是发挥新闻舆论监督的重要手段。[①] 在这样的认知下，“隐性采

① 陈力丹，王辰瑶，季为民.艰难的新闻自律：我国新闻职业规范的田野观察/深度访谈/理论分析 [M].北京：人民日报出版社，2010：188.

访”变得合理且逐渐被业内和公众所接受，央视《焦点访谈》《每周质量报告》等栏目中，更是经常使用。新闻学子日常学习中，也能接触大量采用“暗访”的新闻实践作品，耳濡目染下，他们对此采编手法的态度相对宽容。较之于“暗访”，“狗仔队手法”多属于新闻生产的“后台”操作，多数学生没有可以直接参照感知的现实案例，受学校正规教育的影响就比较大。

除了争议性采编手法外，学生对“写作失范”的容忍度也是较低的。较之于“未注明引用”，大部分学生认为“剽窃”“虚构情节”“任意编造消息源”等行为更加恶劣，要求“停职/降级”甚至“开除”。这些“失范”，主要违反了新闻真实性原则，可见新闻学子对于新闻真实性，有高度的自觉意识。

2. 新闻学子在“争议性手法”的某些方面比新闻从业者更为宽容

研究发现，对于“付费采访”“假扮角色”等行为，新闻学子的包容度远大于正式从业人员。我们认为，大部分学生缺乏实战经验，对有些方面停留在理想化的想象阶段。以“假扮角色”为例，学生们或许只看到有大量采用此手法的新闻报道出现，殊不知“隐性采访”必须遵循“以公共利益为前提、公开采访无法获得、法律许可范围内进行”等若干限制条件。此外，中国新闻业除了“提供信息、舆论监督”等功能外，非常强调“进行宣传、整合社会”的主流价值观塑造，部分争议性手法在日常的媒体实践中并不常见。尤其以各级党报、党刊为代表的“机关媒体”地位较高。这种地位，决定了在记者编辑的日常工作中，常会有来自各方面的配合，不太需要、也不允许使用“付费采访”“假扮角色”等采访手段。但学生缺乏这样的实践经历，往往对上述行为尺度存在过于宽松的想象。

3. 职业伦理的影响因素中，新闻认知和周边环境发挥着显著作用

从结果看，越追求客观、公正、全面、平衡等宏观报道视野/格局、越注重从事实本身来衡量新闻价值的学生，对“狗仔队手法”和“写作失范”越排斥。但是，越注重新闻价值内在取向的学生，对“暗访”却相对包容。其中可能的原因有，首先学生对于暗访的整体包容度就高；其次需要暗访才能突破地报道，显著性、重要性等新闻内在价值也较大。为了追求这些价值，暗访就变得可以接受。

对于“暗访”和“写作失范”，新闻教育起到显著“抑制”作用，专业教育的满意度越高，上述伦理失范行为的接受度越低，说明了新闻教育对学生媒介伦理素养形成的有效性，这与其他学者的研究发现一致。但为什么同样是新闻教育，对“狗仔队手法”的态度，却是正向影响呢？经过访谈，学生们给出了两个解释：第一，较之于“暗访”，“为获得消息纠缠对方”“擅用私人文件资料”“摆拍新闻事件/人物”等“狗仔队手法”，在日常的采写教学和记者讲座中，更会被当作常规“经验”而提及，学生在校园媒体也有相关手法的实践机会，时间一长，容忍度就会相应提高；第二，如今的“泛娱乐化”的时代，公众能普遍接受狗仔偷拍、泄密等行为，强烈的窥私欲导致大家很喜欢听八卦消息，“点击量至上”，使学生对这些手法相对宽容。

4. 职业取向所代表的个体信念是影响学生职业伦理水平的最主要因素，首份工作想去媒体的意愿提高了学生的自我伦理约束

总体上，有媒体实习经历的学生，对“暗访”和“写作失范”更为宽容。已有研究表明，在传媒实习生的感知中，正式员工群体更常出现媒介伦理争议行为。[①] 指导教师的“言传身教”再加上有机会“亲身实践”，经过媒体实习的“洗礼”，学生对这些行为的宽容度也就自然而然变高了。尽管如此，他们内心对争议性手法依然保有相对清晰的认知——多数时候不值得提倡，也应该尽量少使用。尤其是首份工作想去媒体的学生，对自身采用“狗仔队手法”和“写作失范”等争议性手法的约束更为严格。越认同媒体工作保健因素（福利待遇、稳定性）和发展因素（专业对口、自身价值发挥）好的学生，越反对使用争议性手法，他们或许认为日常工作还远未达到需要通过“狗仔队”“暗访”及“写作失范”的手段去完成任务的程度，或者不值得为了完成一篇稿件而以牺牲自己职业前途为代价。看重“声望因素”的学生，成名的想象相对强烈，为了能写出有影响力的报道，更愿意冒险采用各种争议性手法，但他们也有底线——不会放弃新闻真实性而贸然接受“写作失范”。这些都表明，决定职业取向背后的是个体信念。其实，新闻认知也属于个体信念的一部分。实证研究说明了较

① 韩晓宁，王军，王雅婧.传媒实习生群体对媒介伦理争议行为的态度及影响因素研究［J］.国际新闻界，2017（10）：29—44.

之于周围环境，学生内心的想法是更为重要的职业伦理影响因素。对媒体工作怀有较高理想与期待的学生，往往具有相对坚定的职业信念与正确的价值追求。因此，对新闻学子深入开展马克思主义新闻观教育，不断强调“坚持正确政治方向，同党中央保持一致；坚持正确舆论导向，宣传党的理论和路线方针政策；坚持正确新闻志向，做业务精湛的新闻工作者；坚持正确工作方向，以人民为中心”的新闻工作者要求，坚定学生的个体信念，在人才培养中显得尤为重要。

第十一章 新闻学子的职业认同

近年来，身处社会转型期的国内媒体从业者工作压力大、风险高、上升空间有限，引发了较高的流动性和离职率。[①] 新闻从业者自身的职业认同也随着新闻与娱乐的日益合流、市场对媒体的渗透、电视媒体的霸主地位以及网络媒体的扩张等因素变得复杂。[②] 业界人员的这种职业动态，一定程度上也影响到新闻学子对于未来新闻工作的选择。作为“准新闻人”的新闻学子，他们对新闻工作的职业认同现状究竟是如何的？有哪些因素会影响新闻学子的职业认同度？新闻教育在其间又起到怎样的作用？职业认同的现状及影响因素，在不同类型高校的新闻学子之间是否有差异？本章将重点关注新闻学子的职业认同问题。

第一节 文献综述

职业认同（Professional Identity）是一个心理学概念，最早由埃里克森（Erikson）提出的自我同一性（Ego Identity）发展而来。[③] 他认为在青少年建立自我同一性的过程中，逐渐认识到自己的基本特征和在社会

① 苏林森.中国新闻从业者职业流动性及其影响因素的分析［J］.中国出版，2012（1）：63—65.

② 陆晔，潘忠党.成名的想象：中国社会转型过程中新闻从业者的专业主义话语建构［J］.新闻学研究，2002，71：17—59.

③ 埃里克·H·埃里克森.同一性：青少年与危机［M］.孙名之译，杭州：浙江教育出版社：1998：198—199.

上的角色位置，而对自身在职业世界中将要扮演的角色进行定位是青少年同一性发展的重要部分。后继学者在此基础上发展出职业认同的概念，主要可以分为“结果说”和“过程说”两种。以霍兰德（Holland）为代表的“结果说”认为，职业认同是指个体对自己的职业兴趣、天赋和目标等方面认识的稳定和清晰程度，强调了职业认同是一个相对稳定的状态。[①] 而“过程说”则认为，职业认同是心理发展过程中逐渐构建和成熟的概念，个体使用这个概念将自己的兴趣、能力和价值观与可接受的职业目标联系在一起，这个概念也会随着不断的社会学习而发生改变。[②] 虽然职业认同概念中上述两种不同倾向并存，但学者们对其核心的认识都较为一致：个体逐渐从成长经验中确认的自己在职业世界中的自我概念，是个体在职业世界中的定位。从这个意义上说，职业认同既是一个过程，也是一种状态。作为过程，职业认同会随着个体与职业环境不断作用而变化；作为状态，是指个体对所从事的职业目标、社会价值及其他因素的总的看法。[③]

到目前为止，对于新闻从业者或新闻学子的职业认同，学界并没有明确的界定。樊亚平认为新闻从业者的“职业认同是一个反映从业者对其职业的自我确证和价值体认的概念和范畴，它一方面与从业者的自我发展相联系，涉及其真实自我、现实自我和理想自我之间的一致性建构等问题；另一方面又和其与社会文化环境之间的适应性问题相关联，涉及对从业者的职业存在感、意义感与方向感的关照”。[④] 遗憾的是，樊亚平没有运用定量研究方法，也不是一般意义上的实证研究。借鉴以往研究成果，我们将新闻学子的职业认同定义为：新闻学子对即将从事的新闻职业在情感、社会价值、自我价值、从业意愿等方面总的感知和评价。从过程的角度看，新闻学子的职业认同，会随着年龄、新闻教育与实习、个人社会经历等变化而变化；从状态的角度看，新闻学子的职业认同，是某个静态时点上个

---

① Holland J. J., Gottfredson D. C., Power P. G.. Some Diagnostic Scales for Research in Decision Making and Personality: Identity, Information, and Barriers [J]. Journal of Personality and Social Psychology, 1980, 39 (6): 1191.

② Meijers F.. The Development of a Career identity [J]. International Journal for the Advancement of Counselling, 1998, 20 (3): 191-207.

③ 魏淑华.教师职业认同研究 [D].重庆：西南大学，2008：16.

④ 樊亚平.中国新闻从业者职业认同研究：(1815—1927) [M].北京：人民出版社，2011：4.

体所呈现的内心对新闻职业的看法。

时至今日，国内外对新闻从业者的研究都比较丰富。国外从20世纪60年代起就有新闻从业人员的调查并持续至今，国内的调查主要是从20世纪90年代开始的。① 这些调查，大多涉及与职业认同密切相关的媒介角色与功能认知、工作满意度等方面。代表性成果主要有：

陆晔针对上海地区新闻从业者的调查发现，从业者比较看重的媒体社会功能是“提供新信息”“报道新事实”和“实行舆论监督”。② 罗文辉等针对台湾、香港和大陆新闻从业者的研究发现，最重要的三个媒介角色分别为“迅速为大众提供新的信息”“依据事实报道新近发生的事情”“帮助人民实行舆论监督”，“质疑和批评”角色最不重要。③ 张志安和沈菲针对全国调查记者的研究表明：调查记者具有相似的价值观和职业意识，强调媒体的监督、启蒙作用；具有较强的判断能力和职业水平，不轻易受名利诱惑，不愿意被行政权力和商业利益制约，更加具有自主性。不过，他们的生存状态并不理想，有40%的调查记者“不打算继续”从事调查性报道。④ 吴飞发现杭州地区新闻从业者对同事关系、领导能力、工作弹性、社会影响、创新机会、工作成就感等方面比较满意；而对工作自主程度、学习机会、报酬收入、福利待遇、升职机会等方面的满意度较低。⑤ 杨阳对兰州地区的新闻从业者调查显示，新闻从业者对同事关系、工作自主性较为满意，对福利、学习机会和收入报酬的满意度最低。⑥

上述研究，一定程度上说明了新闻从业者的职业认同现状和职业期待，但均较少涉及新闻教育与职业认同之间的关系。国外学者一直关注新闻教育对职业认同的影响。大部分研究发现，新闻教育对新闻学子的职业

---

① 喻国明.中国新闻工作者的职业意识与职业道德［J］.新闻记者，1998（3）：10—17.

② 陆晔.动机、认知、职业选择：中国新闻教育现状与问题调查报告［J］.新闻大学，2004（4）：3—8.

③ 罗文辉，陈韬文等.变迁中的大陆、香港、台湾新闻人员［M］.台北：巨流图书公司，2004：159—208.

④ 张志安，沈菲.中国调查记者行业生态报告［J］.现代传播（中国传媒大学学报），2011（10）：51—55.

⑤ 吴飞.新闻从业人员的职业满意度［J］.新闻与传播研究，2005（3）：49—56.

⑥ 杨阳.兰州市新闻从业人员生存状况研究［D］.兰州：兰州大学，2009：29—31.

价值观和职业态度形成极其重要。[1][2][3] 也有一些学者发现，新闻教育与职业认同形成的相关性不高；[4][5] 还有研究表明，新闻教育仅仅是一个可能影响今后从业表现的因素，经济、政治、文化等社会因素对从业者的影响更大，且在不同国家间有差异。[6] 其中与中国有关的代表性成果是新加坡学者 1996 年年底对中国大陆 1 052 名新闻学子的调查，发现新闻学子的职业想象较为积极，新闻教育在职业化过程中扮演着重要的角色，学生的职业价值观也受到入学前各种观念的影响。[7]

目前，国内对新闻学子的研究很少。为数不多的研究，也主要涉及对新闻职业道德评价或新闻教育现状认知，且与新加坡学者的研究时间差不多，均实施于 2000 年前后。萧思健等发现，新闻学子对新闻工作者职业道德状况的不满主要集中在“有偿新闻”方面；男生与女生、未实习与实习过的同学，对新闻工作者职业道德状况的评价与对“有偿新闻”的理解与做法，存在差异。[8] 陆晔的研究表明，中国新闻教育比较突出的问题是，在人文基础训练和实务技能训练两个方面，新闻专业学生的期望值和满意度之间的心理落差非常大。最近的十多年间，新闻业发生着翻天覆地的变化，新闻学子的职业认知与看法也会随之改变，但后续相关研究却极少。[9] 从可以检索的文献看，夏焱对江苏地区 500 名新闻学子调查发现，新闻学

---

① Becker L. B., Fruit J. W., Caudill S. L.. The Training and Hiring of Journalists [M]. Praeger Pub Text, 1987.

② Mensing D. Realigning Journalism Education [M] //Journalism Education, Training and Employment. Routledge, 2010: 27 - 44.

③ Plaisance P. L.. An Assessment of Media Ethics Education: Course Content and the Values and Ethical Ideologies of Media Ethics Students [J]. Journalism & Mass Communication Educator, 2006, 61 (4): 378 - 396.

④ Hanna M., Sanders K.. Journalism Education in Britain: Who Are the Students and What Do They Want? [J]. Journalism Practice, 2007, 1 (3): 404 - 420.

⑤ Bjørnsen G., Hovden J. F., Ottosen R.. Journalists in the Making: Findings from A Longitudinal Study of Norwegian Journalism Students [J]. Journalism Practice, 2007, 1 (3): 383 - 403.

⑥ S Sanders K., Hanna M., Berganza M. R., et al.. Becoming Journalists: A Comparison of the Professional Attitudes and Values of British and Spanish Journalism Students [J]. European Journal of Communication, 2008, 23 (2): 133 - 152.

⑦ Wu W., Weaver D. H.. Making Chinese Journalists for the Next Millennium: The Professionalization of Chinese Journalism Students [J]. Gazette, 1998, 60 (6): 513 - 529.

⑧ 萧思健，廖圣清.未来新闻工作者如何评价新闻职业道德：复旦大学新闻学院对新闻专业学生的调查报告 [J].新闻记者，1999 (6)：33—35.

⑨ 陆晔.动机、认知、职业选择：中国新闻教育现状与问题调查报告 [J].新闻大学，2004 (4)：3—8.

子职业认同总体处于中等偏上的水平，既怀有理想和期待，又因为现实因素存在一定的疑虑，并试图从个人因素、媒介环境和新闻教育、制度环境等方面，分析影响新闻学子职业认同的因素。遗憾的是，该文对实证材料的分析与解释，均停留于较浅层面。[①]

总体上，到目前为止，国内对新闻学子的研究仍非常缺乏，尤其是实证研究极少。本章以新闻学子的职业认同为研究视角，考察新闻专业本科生在校期间职业认同现状及影响因素，尤其是新闻教育（包括校内课堂教育和校外实习）对职业认同的作用，旨在为了解和提升新闻学子的职业认同提供实证依据和最新的一手资料，一定程度上可以预测未来新入行的新闻从业者在职业价值、职业理想、职业取向等方面的水平。

第二节 研究设计

如文献综述部分所述，目前关于新闻学子的职业认同及影响因素，尤其是针对国内新闻学子这方面的相关研究较少，因此本章在一定程度上属于探索性研究。本研究紧紧围绕三个问题展开：新闻学子的职业认同现状如何？哪些因素会影响新闻学子的职业认同？职业认同的现状和影响因素，在不同类型高校的新闻学子之间，是否存在显著的差异？在影响因素分析中，我们将重点关注校内课堂教育和专业实习对学生职业认同的作用。

一、问卷设计

我们采用问卷调查法了解新闻学子的职业认同。由于不同的研究者对职业认同的定义差异，使得对职业认同的测量方法也不尽相同。总结前人研究，大致可以分为两类。一类是基于霍兰德理论，从单一维度测量个人与职业有关的特点的清晰度和稳定性，另一类是通过区分职业认同的不同状态和发展阶段来进行测量。单一维度测量的代表就是霍兰德等编制的职

① 夏焱.准新闻人职业认同研究［D].南京：南京师范大学，2013.

业情境量表（MVS），其中包含了职业认同分量表（VIS）。该分量表由18个题目组成，采用0和1记分的方式，总分越高越表明个体的职业认同越清晰稳定。[①] 和霍兰德的测量方法不同，玛西亚（Marcia）将自我同一性划分为同一性扩散、同一性早闭、同一性延缓、同一性获得四种状态，[②] 据此梅国沙（Melgosa）编制了由28个题目四个维度组成的职业同一性量表（OIS），按照获得、延缓、早闭、扩散四种状态对职业认同进行测量。[③] 除了从水平或状态的角度来测量职业认同，也有学者展开了对职业认同内在结构的研究。巴雷特和廷斯利（Barrett & Tinsley）根据个体对自己职业相关的态度、价值观、需要和能力等特征认识的清晰程度，编制了职业评定量表（VRS）。[④] 国内研究职业认同的代表性学者魏淑华把教师的职业认同划分为六个维度：职业认识、职业情感、职业技能、职业价值、职业意志、职业期望。[⑤] 借鉴这些研究成果，我们设计了由十句陈述句构成的新闻学子职业认同量表。这个量表充分考虑了职业价值、职业自信、职业兴趣、职业预期等方面。此外，问卷还包括个人信息部分，涉及受访者的性别、年级、所在学校、是否有亲属在新闻行业工作、专业意愿、实习经历、对新闻教育评价等方面。

二、数据来源

与其他章节的数据来源不同，本章数据来自2015年3月30日至4月30日期间课题组在上海高校的问卷调查。我们对复旦大学、上海大学、上海外国语大学、上海财经大学、上海交通大学、同济大学的新闻类专业在读本科生，以学生宿舍为单位进行整群抽样，共发放问卷541份，回收有效问卷483份，有效回收率为89.28%。有效样本的分布情况

---

① Holland J. L., Johnston J. A., Asama N. F.. The Vocational Identity Scale: A diagnostic and treatment tool [J]. Journal of Career Assessment, 1993, 1 (1): 1-12.

② Marcia J. E.. Development and Validation of Ego-Identity Status [J]. Journal of Personality and Social Psychology, 1966, 3 (5): 551.

③ Melgosa J.. Development and Validation of the Occupational Identity Scale [J]. Journal of Adolescence, 1987, 10 (4): 385-397.

④ Barrett T. C., Tinsley H. E. A.. Measuring Vocational Self-Concept Crystallization [J]. Journal of Vocational Behavior, 1977, 11 (3): 305-313.

⑤ 魏淑华.教师职业认同研究 [D].重庆：西南大学，2008：7.

是：综合性大学（复旦大学 84 人，上海大学 77 人）占 33.33%，专业性大学（上海外国语大学 91 人，上海财经大学 83 人）占 36.02%，理工类大学（上海交通大学 88 人，同济大学 60 人）占 30.65%。受访者的基本情况见表 11－1。

表 11－1 样本基本情况（%）

变量		全体样本	综合性大学	专业性大学	理工类大学	卡方检验
性别	男	20.89	21.74	20.69	18.75	Ns
	女	79.11	78.26	79.31	81.25	
年级	大一	16.45	0[1]	26.44	33.33	***
	大二	35.51	42.23	29.31	37.50	
	大三	26.37	22.98	30.46	22.92	
	大四	21.67	34.78	13.79	6.25	
专业意愿（专业决定时间）	高中及以前	18.02	19.88	13.79	27.08	***
	填写志愿时	59.53	65.22	53.45	62.50	
	调剂	22.45	14.91	32.76	10.42	
有无亲属在新闻行业工作	有	9.14	11.18	8.62	4.17	Ns
	无	90.86	88.82	91.38	95.83	
媒体实习经历	无	49.09	40.99	52.87	62.50	Ns
	半年以下	32.64	36.65	31.61	22.92	
	半年至一年	13.84	16.77	12.07	10.42	
	一年以上	4.44	5.59	3.45	4.17	

注：复旦大学、上海大学目前均实行书院制或大类招生制，本科生到二年级才确定专业，故在“综合性大学”类的新闻学子中，没有大一的学生样本。* $p<0.05$，** $p<0.01$，*** $p<0.001$，Ns 为不显著。

第三节　新闻学子的职业认同现状

我们设计了10个陈述句来测量新闻学子的职业认同现状，分别用从“很不同意”到“很同意”的五点量表测量。

总体上，仅“上大学之前我对新闻专业很感兴趣”“新闻职业非常崇高”和“我有较好的新闻敏感”三项的均值超过3.0，呈较为积极的评价。评价最低的项目是“新闻行业现状符合我的期待”，均值仅为2.40。

入学前，三类新闻学子对新闻专业都较感兴趣，理工类大学的兴趣程度最高且意见更为集中（3.69），综合性大学次之（3.48），专业性大学最后（3.26）。入学后，在兴趣和专业满意度方面，除了理工类大学新闻学子有所增强外，综合性和专业性大学学生对新闻专业的兴趣均有不同程度的下降。专业性大学的新闻学子对新闻专业满意度最低（2.78）。同时，综合性大学（2.68）和专业性大学（2.66）的学生并不认为自己有扎实的专业技能，理科类大学的学生对此相对自信（3.10）。

新闻敏感方面，三类新闻学子都认为自己有一定的新闻敏感，得分从高到低依次为：理工类大学（3.35）、综合性大学（3.08）、专业性大学（3.01）。

新闻学子对于新闻工作者的职业地位较为矛盾，一方面，所有类型的学生都认为新闻职业是崇高的（3.43）；与此同时，除了理工性大学的学生认为“说不清”（3.00）外，综合性大学和专业性大学的学生都不认为新闻工作者有很高的社会地位。所有类型的大学生都不赞同“记者依然是‘无冕之王’”（2.54）。

对于未来的职业规划，新闻学子也持消极态度。愿意毕业后从事新闻工作的得分均值为2.89，其中仅有理工类大学的新闻学子相对积极（3.13）。所有类型的新闻学子，都不认同“新闻行业现状符合我的期待”（2.40），其中专业性大学在这一点上的认同度最低（2.29）。

方差分析后发现，三类新闻学子除对“新闻职业非常崇高”“记者依然是‘无冕之王’”和“我有较好的新闻敏感”三项的评价较为一致外，其余七项，理工类较之综合性、专业性大学的新闻学子大多有显著差异，理工类高校新闻学子的评价相对较为积极，详见表11-2。

表 11-2 新闻学子的职业认同及比较

条目	全体样本 N=483	综合性 N=161	专业性 N=174	理工类 N=148	F 检验	多重比较检验
上大学之前我对新闻专业很感兴趣	3.40 (1.06)	3.48 (1.02)	3.26 (1.15)	3.69 (0.72)	*	2—3
专业学习使我兴趣提高	2.91 (0.97)	2.81 (1.01)	2.90 (0.94)	3.29 (0.90)	*	1—3，2—3
我对新闻专业非常满意	2.88 (0.81)	2.89 (0.84)	2.78 (0.78)	3.25 (0.76)	**	1—3，2—3
新闻职业非常崇高	3.43 (0.89)	3.39 (0.87)	3.44 (0.90)	3.56 (0.94)	Ns	—
新闻工作者的社会地位高	2.63 (0.91)	2.63 (0.91)	2.54 (0.88)	3.00 (0.92)	**	1—3，2—3
记者依然是“无冕之王”	2.54 (0.86)	2.53 (0.88)	2.54 (0.87)	2.54 (0.74)	Ns	—
我有扎实的专业技能	2.72 (0.78)	2.68 (0.82)	2.66 (0.82)	3.10 (0.78)	**	1—3，2—3
我有较好的新闻敏感	3.08 (0.90)	3.08 (0.89)	3.01 (0.91)	3.35 (0.84)	Ns	—
我愿意毕业后从事新闻工作	2.89 (0.98)	2.96 (0.98)	2.76 (0.98)	3.13 (0.96)	*	2—3
新闻行业现状符合我的期待	2.40 (0.85)	2.42 (0.88)	2.29 (0.80)	2.77 (0.86)	**	1—3，2—3

注：括号外为均值，括号内为标准差。* $p<0.05$，** $p<0.01$，*** $p<0.001$，Ns 为不显著。“多重比较检验”栏中，1、2、3 分别代表综合性大学、专业性大学、理工类大学。

为了对新闻学子的职业认同有更清晰的了解，我们对上述十项进行了探索性因子分析。KMO 值为 0.678 且 Bartlett's 球状检验 sig 值小于 0.001，说明存在因子结构，较适宜采用因子分析。经过旋转后，上述十项可以归纳为四个因子，可解释的总方差分别为 21.79%、17.75%、12.61% 和 11.84%，合计为 63.99%。属于第一因子的有四项：“我对新闻专业非常满意”“我认为新闻职业非常崇高”“我认为新闻工作者的社会地位高”

"我愿意在毕业后从事新闻工作"，命名为**"职业价值"**。属于第二因子的有两项："我有扎实的专业技能"和"我有较好的新闻敏感"，命名为**"职业自信"**。属于第三因子的有两项："记者依然是'无冕之王'"和"新闻行业现状符合我的期待"，命名为**"职业预期"**。属于第四因子的有两项："上大学之前我对新闻专业很感兴趣"和"专业学习使我兴趣提高"命名为**"职业兴趣"**。

我们对因子下各条目求均值，作为因子得分。从表 11－3 可以看出，新闻学子职业认同的四个因子得分均值，只有"职业兴趣"大于 3.0，呈正面评价。"职业预期"的得分最低，且三类学生之间不存在显著差异。这说明，尽管有兴趣，但新闻学子对未来从事新闻工作并不乐观。另外，理工类高校的新闻学子，在"职业价值""职业自信"和"职业兴趣"方面，均要显著高于综合性、专业性大学的新闻学子。

表 11－3　新闻学子职业认同各因子情况及比较

因　子	全体样本 N=483	综合性 N=161	专业性 N=174	理工类 N=148	F 检验	多重比较检验
职业价值	2.96（0.63）	2.97（0.63）	2.88（0.62）	3.23（0.65）	**	1－3，2－3
职业自信	2.90（0.77）	2.88（0.77）	2.83（0.75）	3.23（0.71）	**	1－3，2－3
职业预期	2.47（0.65）	2.47（0.68）	2.42（0.63）	2.66（0.60）	Ns	—
职业兴趣	3.16（0.67）	3.15（0.66）	3.08（0.69）	3.48（0.53）	***	1－3，2－3

注：括号外为均值，括号内为标准差。* $p<0.05$，** $p<0.01$，*** $p<0.001$，Ns 为不显著。"多重比较检验"栏中，1、2、3 分别代表综合性大学、专业性大学、理工类大学。

第四节　新闻学子职业认同的影响因素分析

我们采用多元线性回归的方法，试图发现对新闻学子职业认同有显著影响的因素。回归模型的因变量为职业认同四个因子，根据研究目的，把自变量分成三类：个体因素、实习因素、校内教育因素。个体因素包括年级、家庭影响（有无亲属在新闻行业工作）、专业意愿（专业决定时间）三项；实习因素包括社会媒体实习经历、实习岗位多样性两项；校内教育因素包括新闻教育效用、学校类型两项，性别作为控制变量，也纳入回归模型。

需要说明的是，“实习岗位多样性”和“新闻教育效用”为合成的连续变量。“实习岗位多样性”的计算方式是：让受访者在“电视台记者”“电台记者”“报社记者”“电视台编导”“文字编辑”“网站编辑”“其他”七个实习岗位勾选，每选一个得 1 分，最高为 7 分，无实习经历为 0 分。“新闻教育效用”的计算方式是：问受访者在高校课堂学习中，哪些能力得到了锻炼？这些能力分别为“新闻写作”“新闻编辑”“采集/使用消息源”“批判性思维”“语言组织能力”“情感表达”六方面，每选一个得 1 分，最高为 6 分，最低为 0 分。

一、职业价值

综合性高校的新闻学子，性别、家庭影响、实习经历、专业意愿、新闻教育效用是影响职业价值感的显著因素。控制了其他变量，女生的职业价值感比男生要低 22.4%；有家庭影响的学生职业价值感要高 39.1%；有实习经历的学生职业价值感要高 37.0%；相对于高中及以前就决定志愿的人，被调剂进入新闻专业的学生在职业价值感方面要低 51.6%；新闻教育效用每增加一个单位，职业价值感相应增加 6.3%。

专业性高校的新闻学子，控制了其他变量，调剂进入新闻专业的学生，较之于高中及以前就决定志愿的人，职业价值感降低 42.8%；新闻教育效用每增加 1 个单位，职业价值感相应增加 8.9%。

理工类高校的新闻学子，个体、实习、教育方面的变量，均不是影响其职业价值感的显著因素。

总体上看，专业意愿、新闻教育效用、学校类型是影响新闻学子职业价值感的显著因素。调剂进入新闻专业的学生，比那些高中及之前就决定要读新闻专业的学生，职业价值感降低 37.4%；从新闻教育中获得的效用越大，其职业价值感越高；相对于综合性大学，专业性大学新闻学子的职业价值感要低12.6%，理工类大学的职业价值感要高18.6%，具体见表11-4。

表11-4　“职业价值”和“职业自信”的多元回归分析（非标准化系数）

变量		职业价值				职业自信			
		综合性	专业性	理工类	全体样本	综合性	专业性	理工类	全体样本
个体因素	女生[1]	−0.224!	0.005	0.224	−0.075	−0.052	−0.163	0.433	−0.039
	高年级[2]	−0.178	−0.028	−0.305	−0.078	0.177	0.091	0.225	0.150!
	有家庭影响[3]	0.391**	−0.015	−0.772	0.124	0.101	0.138	−0.170	0.114
实习因素	有媒体实习经历[4]	0.370*	0.042	−0.068	0.175	0.672**	0.339	−0.160	0.518***
	岗位多样性	−0.068	−0.005	0.058	−0.033	−0.069	0.013	0.315	−0.024
校内教育因素	填志愿时[5]	−0.189	−0.216	0.179	−0.132	−0.168	−0.187	−0.147	−0.159
	调剂[5]	−0.516**	−0.428**	0.137	−0.374***	−0.298	−0.311!	−0.201	−0.310**
	新闻教育效用	0.063*	0.089**	0.067	0.080***	0.057	0.073*	0.048	0.065**
	专业性大学[6]				−0.126!				−0.007
	理工类大学[6]				0.186!				0.426***
Constant		3.460***	2.713***	1.988**	3.009***	2.568***	2.741***	2.398***	2.595***
N		161	174	148	483	161	174	148	483
R^2		0.157	0.100	0.019	0.118	0.187	0.139	0.142	0.178

注：! <0.1，* $p<0.05$，** $p<0.01$，*** $p<0.001$。1参考类别为“男生”；2参考类别为“低年级”；3参考类别为“无家庭影响”；4参考类别为“无媒体实习经历”；5参考类别为“高中及以前决定志愿”；6参考类别为“综合性大学”。

二、职业自信

从回归结果看，综合性高校的新闻学子，实习经历是影响职业自信的唯一显著因素，有媒体实习经历较之于无实习经历，职业自信提高67.2%。专业性高校的新闻学子，专业意愿和新闻教育效用是显著因素。控制了其他变量，调剂进入新闻专业的学生，较之于高中或之前就决定入读新闻专业的学生，职业自信降低31.1%；新闻教育效用每增加1个单位，职业自信相应提高7.3%。与职业价值感一样，回归模型没有发现影响理工类高校新闻学子职业自信的显著因素。

全体受访者的情况，年级、实习经历、专业意愿、新闻教育效用、学校类型，都是影响新闻学子职业自信的显著因素。控制了其他变量，高年级（大三、大四）、有实习经历、理工类大学的新闻学子，较之其参考类别，职业自信较高；调剂进入新闻专业的学生，职业自信较低。新闻教育效用对新闻学子的职业自信，也有显著的正向作用。

三、职业预期

除理工类高校外，影响新闻学子职业预期的显著因素是性别和家庭影响。女生比男生的职业预期要低；有家庭影响的学生，职业预期相对较高，这在全体样本中的情况同样如此。此外，专业性高校的新闻学子，控制了其他变量，新闻教育每增加1个单位，职业预期相应上升7.5%；新闻教育的这种正向作用，对全体新闻学子职业预期的增加效应体现为5.2%。同样的，回归模型也没有发现影响理工类高校新闻学子在职业预期方面的显著因素，见表11-5。

四、职业兴趣

回归模型非常明确地表明：职业兴趣是不太可能通过后期的新闻教育或者校外实习培养的。专业意愿是影响新闻学子职业兴趣的主要因素。越早决定入读新闻专业的人，其职业兴趣越浓厚。调剂进入新闻专业的人，

表 11－5　“职业预期”和“职业兴趣”的多元回归分析（非标准化系数）

变量		职业预期				职业兴趣			
		综合性	专业性	理工类	全体样本	综合性	专业性	理工类	全体样本
个体因素	女生[1]	−0.424**	−0.205!	0.063	−0.283***	−0.108	0.052	−0.107	−0.074
	高年级[2]	−0.244	0.070	−0.040	−0.033	−0.276!	0.141	−0.097	−0.010
	有家庭影响[3]	0.402*	0.308!	0.180	0.334**	−0.009	0.062	−0.068	0.001
实习因素	有媒体实习经历[4]	0.064	0.171	−0.186	0.034	0.261	0.067	−0.293	0.097
	岗位多样性	0.013	−0.058	0.011	−0.016	0.031	0.002	0.202	0.013
校内教育因素	填志愿时[5]	−0.014	−0.106	−0.129	−0.077	−0.328*	−0.765***	−0.509**	−0.523***
	调剂[5]	−0.026	−0.193	−0.049	−0.125	−0.570**	−1.072***	−0.130	−0.774***
	新闻教育效用	0.019	0.075*	0.082	0.052*	0.026	0.039	−0.020	0.031
	专业性大学[6]				−0.099				−0.026
	理工类大学[6]				0.152				0.292**
Constant		3.202***	2.614***	2.608***	2.917***	3.409***	3.584***	3.915***	3.497***
N		161	174	148	483	161	174	148	483
R^2		0.115	0.082	0.078	0.086	0.122	0.248	0.065	0.185

注：! <0.1，* $p<0.05$，** $p<0.01$，*** $p<0.001$。1 参考类别为“男生”；2 参考类别为“低年级”；3 参考类别为“无家庭影响”；4 参考类别为“无媒体实习经历”；5 参考类别为“高中及以前决定志愿”；6 参考类别为“综合性大学”。

职业兴趣最低。另外，高年级学生的职业兴趣比低年级要低，尤其是综合性大学，这种情况达到了显著水平。控制了其他变量，理工类大学的学生，职业兴趣比综合性大学要高 29.2%。

本章小结

本章考察了新闻学子的职业认同现状、影响职业认同的显著因素，同时比较了三类不同高校新闻学子在职业认同、影响因素方面的差异，研究的主要发现有：

1. 新闻学子的职业认同度普遍较低

尽管大多数新闻学子对新闻专业有兴趣，但毕业后不太愿意从事此类工作。究其原因，主要是新闻学子了解到的行业现状，与自身的职业期待相去甚远。如果说，此前“中国文人‘先天下之忧而忧’的历史使命感、党的宣传工作的要求，以及西方的新闻专业理念和商海的诱惑，构成了中国新闻从业者内部错综复杂的内心冲动”[①] 的话，那么在市场经济高度发达的今天，记者在现实生活中的收入和社会地位日益下降，再加上相对收紧的报道空间，使新闻学子在职业选择上，变得非常现实。市场经济一方面造就了更广阔的媒体发展空间，但同时也吸引着更多的媒体人走出媒体，进入企业和市场来实现自己的价值。媒体人的这种职业流动趋势，无疑在很大程度上会影响到新闻学子对未来的职业憧憬与信念。在实证材料中，体现为新闻学子相对消极的职业价值感和职业预期。在具体行动中，体现为新闻专业较低的就业对口率。从上海大学近几年的情况看，基本也就是这个水平。这固然与媒体用人标准产生变化不无关系，更是新闻学子对形势判断后的“主动逃离”。

在研究中我们还发现，高年级学生在职业自信（专业技能、新闻敏感）不断增强的同时，其职业价值感、职业预期、职业兴趣均有所降低。大学生越临近毕业，越感受到生活的压力，会发现媒体人的工作状态和收入并不能保证较高的生活质量。尤其在上海这样的一线城市，毕业后每个月高达两三千元的房租，就迫使大部分新闻学子利用掌握的专业技能，去其他行业寻求收入更高、前景更好的工作。此外，新闻行业的薪资，缺乏未来成长性，也阻碍了相当部分学生毕业后选择该行业。访谈发现，尽管

---

① 陆晔，潘忠党.成名的想象：中国社会转型过程中新闻从业者的专业主义话语建构 [J].新闻学研究，2002，71：17—59.

起薪差不多，但相对于新闻行业，广告、人力资源、市场等其他行业有更明确的升迁路径，学生可以据此判断未来工资水平和个人发展前景，而新闻行业给人的印象经常是“计件制新闻民工”，未来无论工资涨幅还是个人成长空间都很小。

2. 不同类型学校的新闻学子在职业认同度上存在显著差异

研究发现，综合性大学与专业性大学的新闻学子在职业认同方面比较一致，理工类大学与上述两类则存在明显差异，在职业价值感、职业自信、职业兴趣方面，都要显著高于综合性大学和专业性大学。首先，我们认为不排除上海交大、同济大学这两所学校本身的原因，比如出国交流机会多、新闻教育中结合了大量公关、市场营销方面的课程等。此外，理工类高校强调“技术”和“务实”的传统，培养的学生具有更强的社会适应能力，也会深刻影响每一位学生，一定程度上增强他们的职业价值、职业自信。从回归结果看，性别、年级、家庭影响、专业意愿、实习经历、新闻教育效用等方面，均不是影响理工类大学新闻学子职业认同的显著因素。这说明，肯定还存在着尚未被纳入模型的变量，较大程度影响着他们的职业认同，这有待于后续的其他研究进行补充完善。

专业性大学的新闻学子在职业认同方面与综合性大学并无显著差异。尤其是职业自信，专业性大学（2.83）的新闻学子，反而略低于综合性大学（2.88）。这说明，尽管此前很多人认为“有专业知识背景的学生比只学新闻的学生更有优势”，但专业性大学的学生自己并不这么觉得。造成这一“意外”现象的原因主要有两方面：首先，目前专业性大学的新闻人才培养模式事实上并不能够达到期望的效果。例如，外语类大学的新闻系多以国际新闻作为主要的培养方向，但学生认为只是简单地将语言类和新闻类课程叠加，最终语言和新闻都没有学好，自然培养不了职业自信。从这一角度来看，培养复合型的传媒人才并不仅仅是相关专业课程简单的“1＋1”，还需要更加细致的课程设置和有机的内容结合，从而提升学生包括职业自信在内的职业认同。其次，通过访谈发现，有专业培养方向的新闻学子很可能没有相应方向的实习机会。比如，原本学国际新闻的学生，只能找到商业版面的实习，领域不了解，职业自信便大受打击。因此，专业性大学的新闻教育，今后除了要抓课程建设外，还要积极帮助学生争取到与专业相对口的实习资源。反观综合性大学的学生，在这一块有较强的适应能力。一方面他们较愿意选择一些入门门槛相对低的条线实习，另一方面综合性大学多学科的优势使学生有条件在校期间选修更广泛的课程，为自己感兴趣的领域打下一定的知识基础，以便为将来实习、工作做准备。

3. 个体因素不是造成新闻学子职业认同差异的主要原因

我们从性别、年级、家庭影响三个方面，考察了学生个体因素对其职业认同的影响。研究表明，在很多情况下，上述方面的差异并不是造成新闻学子职业认同差异的主要原因。性别的效用仅体现在职业预期方面，女生要低于男生。年级的效用体现在职业自信方面，高年级学生要比低年级学生更自信。家庭影响的效用，也主要体现在职业预期方面，有亲属在新闻行业工作的学生，要显著高于其他学生。相对于男生，女生更加追求未来职业的稳定性和安逸感，而这恰恰又是目前媒体行业所不能提供的，从而使女生对新闻工作的职业预期普遍较低。与此相矛盾的是，当前新闻学子男女比例却严重失衡。以本研究为例，男女比约为 2∶8，且三类高校均如此。新闻专业聚集了大量女生，她们的职业预期、未来从事新闻工作的意愿相对较低。长此以往，会大大影响新闻教育为新闻行业培养和输送优秀人才的初衷，从而动摇新闻教育的根本定位。面对这种形势，新闻教育必须认真审视和调整：要么改变生源结构，吸收更多真正有志于从事新闻工作的学生；要么缩小办学规模；要么改变人才培养定位……总之，必须得变，否则专业存在的意义和价值就会受到严峻的挑战。

4. 校内教育和校外实习互为补充，对新闻学子的职业认同有显著的促进作用

从实证结果看，校内教育无论对新闻学子职业价值感的树立、职业自信的培养，还是职业预期的形成，都有显著的正向效用。事实上，校外实习也是新闻教育的重要组成部分。研究发现，校外媒体实习的突出作用，主要在于培养新闻学子的职业自信。有实习经历的学生，职业自信得分均值 3.14，为正面情感；而没有实习经历的学生，此项得分仅为 2.65，表现为负面情感。至于实习岗位多样性与否，与新闻学子的职业认同度高低并无多大关系。广义的新闻教育包括校内课堂教学与校外专业实习，狭义的新闻教育仅包括前者。本研究表明，无论是广义还是狭义的新闻教育，对新闻学子的职业认同都有显著的促进作用。这一发现，无疑会令新闻教育

工作者颇感欣慰。

此外，入学志愿对新闻学子职业认同的影响也绝对不容忽视。实证研究表明，调剂进入新闻专业的学生，其职业价值感、职业自信、职业兴趣等方面，都要显著低于非调剂学生。越早决定今后进入新闻专业学习的学生，其职业认同度越高。这有力地说明，个人兴趣是学生未来职业规划的重要前提，兴趣具有长期稳定性，一般不会随着专业课程学习，或者校外实习而改变。因此，“对专业的兴趣，是可以通过学习培养的”这个说法，无法得到实证材料的支持。要想让学生未来有好的职业发展，首先必须得尊重学生的个人兴趣。从这个意义上说，近年来新闻专业的大规模扩招毫无意义，因为把那些没有专业兴趣的学生招进来，既无法通过大学教育将他们“塑造”成具有高度职业认同和职业忠诚度的准新闻人，也稀释了宝贵的教育资源。访谈还发现，这部分同学的消极情绪也会影响其他对新闻专业感兴趣的学生，使他们开始犹豫自己的选择。因此，新闻教育与其一味“扩招”而看似繁荣，不如对那些真正有志于此的学生进行“精细化”培养。未来，在决定吸收哪些学生进入新闻专业学习时，“何时决定将新闻作为自己的大学专业”或许可以成为极有参考价值的标准之一。

第十二章
新闻学子的择业意愿

随着传统媒体行业的衰落和新媒体的兴起，传媒产业对新闻学子的需求也呈现此消彼长的态势。从1996年以后，大学毕业生就开始采用“自主择业、双向选择”的方式进入劳动力市场。在就业对口率不高的背后，除主流媒体用人需求减少和对毕业生多学科背景的要求提高外，也存在传统媒体影响力衰落、对毕业生吸引力下降，整体就业竞争激烈、继续深造的比例逐渐提升等原因。据中国传媒大学毕业生就业质量报告显示：该校本科毕业生签约单位属于“文化、体育、娱乐行业”的就业占比率，2019年、2020年和2021年分别为42.9%、41.38%和39.28%，下降趋势明显。本章聚焦新媒体环境下本科新闻学子的择业意愿及影响因素，旨在今后增强新闻学子职业教育和职业指导的针对性、有效性。

第一节 理论框架

择业意愿，体现职业选择的倾向，职业选择是人们从自己的职业期望、职业理想出发，依据自身兴趣、能力、特点等，结合所处的外部环境条件，从社会现有的职业中选择一种适合自己的职业的过程。[①] 社会学家帕森斯（Parsons）提出的特质因素理论是职业选择的早期经典理论。他认为职业选择的三大要素是：准确了解自己的态度、兴趣、能力、局限和其

① 王冠宇.职业选择理论简评［J］.人口与经济，2009（S1）：101—102.

他特性；了解成功的条件，在不同工作岗位上所占的优势、机会和前途；实现上述两者的平衡。[①] 该理论强调，在充分了解个人条件和社会职业需求的基础上，将两者互相对照，选择与个人特长最匹配的职业。霍兰德（Holland）的职业兴趣理论认为，人格可以分为现实型、研究型、艺术型、社会型、企业型、常规型六种，符合职业要求的人格特征能更激励人积极工作。[②] 佛隆（Vroom）的择业动机理论认为，个体择业动机取决于职业效价和职业概率。职业效价是个人对某个职业价值的主观评价，职业概率是获得某项职业的可能性大小。对择业者而言，某项职业的效价越高，获得的可能性越大，选择该职业的意愿越大。

上述理论均偏重于从心理学角度对择业行为进行解释。事实上，职业选择是综合考虑了心理、经济、社会等多方面后“理性选择”的结果。因此，社会学家科尔曼（Coleman）的理性选择理论（Rational Choice Theory）更具有解释力。理性选择理论从个人主义的方法论出发，认为人的行为受理性支配，但这种理性不同于经济学中“经济人”的含义。“经济人”的理性是指人的行为都是以利益最大化作为选择目标，社会学的“理性人”兼具经济人和社会人的性质，既追求最大利益又受到政治、文化、社会、情感等诸多关系的制约。

职业选择作为一种有目的、有意图的理性行为，受哪些因素影响？在理性选择理论框架下，必须重视职业价值观的作用。职业价值观是个体对待职业的态度、信念和职业价值倾向，主要在个体的职业选择上体现。[③] 赫兹伯格（Herzberg）将职业价值观分为内在价值和外在价值，奥尔德弗（Alderfer）增加了社会价值一项；国内学者宁维卫将大学生职业价值观分为经济价值、声望、进取心、工作安全、生活方式五项。凌文辁通过实证研究，把大学生职业价值观分为声望地位因素、保健因素、发展因素三项。[④]

除了职业价值观外，作为一种理性行为，求职者在职业选择过程中，

---

① Parsons F.. Choosing a Vocation [M]. Houghton Mifflin, 1909: 148.

② Holland J. L.. Making Vocational Choices: A Theory of Vocational Personalities and Work Environments [J]. British Journal of Guidance & Counselling, 1995 (1): 153 - 154.

③ 凌文辁，方俐洛，白利刚.我国大学生的职业价值观研究 [J].心理学报，1999，31 (3)：342—348.

④ 郑洁，阎力.职业价值观研究综述 [J].中国人力资源开发，2005 (11)：11—16.

还必须充分考虑个人的能力和能够借助的各种资源，即“人力资本”和“社会资本”。“人力资本”理论认为，在市场经济中，个人通过教育、职业培训等投资形成的人力资源已经成为决定个人获得职业地位的重要因素。美国学者布劳（Blau）和邓肯（Duncan）的研究表明，影响个人职业的因素主要是个人教育水平等“后致性因素”，父亲的教育水平和职业地位等“先赋性因素”的作用越来越小。① 相关研究还发现，外貌条件、所学专业、学生干部、工作经历等“人力资本”要素对大学生的职业获得均有显著影响。② “社会资本”主要指个人所拥有的嵌入社会关系网络中的资源。已有研究表明：家庭所拥有的社会资本对大学生职业选择，尤其是“从政”意愿具有显著影响，家庭社会网络异质性越大，大学生继续深造的意愿越高；③ 父母工作于体制内的毕业生实现就业的可能性更大；兼职、实习等个人社会资本积累，有助于大学生就业；④ 毕业生在家庭之外所认识的人的地位对他们的就业质量有积极的作用，家庭地位有助于毕业生在热门城市找到工作并落户。⑤

基于上述分析，本章以理性选择理论为基本框架，从职业价值观、人力资本、社会资本三个方面，分析新闻学子职业选择的影响因素。其中，职业价值观是学生职业选择时的主观愿望，人力资本、社会资本是学生所具备和能依托的客观条件。大学生择业意愿的最终形成是主客观因素共同作用的结果。

第二节 文献综述

学界对职业选择的研究，主要集中在职业价值观领域。从文献看，欧

---

① Blau. P. M., & Duncan. O. D.. The American Occupational Structure [J]. American Journal of Sociology, 1967, 33 (2): 296.

② 宛恬伊.大学生职业地位获得实证研究 [J].青年研究，2005 (12)：24—31.

③ 尉建文.父母的社会地位与社会资本：家庭因素对大学生就业意愿的影响 [J].青年研究，2009 (2)：11—17.

④ 刘杰，黄未.社会资本与大学生就业关系的实证考察 [J].统计与决策，2016 (12)：110—114.

⑤ 薛在兴.社会资本对大学生就业质量的影响：基于北京市14所高校的一项实证研究 [J].青年研究，2014 (3)：55—64.

美发达国家的调查多针对在职人员，国内相关调查主要针对在校大学生。中外研究均认为职业价值观是人们对职业基本价值取向的反应，相关研究主要围绕两方面展开：(1) 职业价值观的结构维度。代表性观点有二维度说（赫兹伯格）、三维度说（塞普尔、凌文铨、黄希庭）、四维度说（舍克斯）、五维度说（宁维卫、郑伦仁）。(2) 职业价值观的测量工具。国外比较著名的有舒伯（Super）的职业价值观量表（WVI）、霍兰德职业爱好量表（HVPI），库德（Kuder）职业兴趣量表（KOIS），国内较多采用宁维卫修订的 WVI 量表以及凌文铨编制的大学生职业价值观量表。

除了职业价值观外，国内针对大学生职业选择的研究，还聚焦于影响因素，发现个人能力、兴趣爱好、气质形象、文化程度、家庭环境、人际网络、择业效能感等均在不同程度上影响大学生的职业选择。此外，还有专门针对女大学生、高职大学生、少数民族大学生、旅游、法律、护理专业大学生等特定人群职业选择的研究。

在新闻传播学界，国内针对新闻学子的研究总体缺乏，其中聚焦学生职业能力和职业选择的研究成果主要有：顾倩分析了传媒专业大学生就业特点和劣势，从社会、学校和学生三个角度指出造成就业困惑的原因。[①] 范以锦认为，泛就业背景下，传媒专业学生不仅需要提高自身专业素养，还需要在“专”上有所特长。[②] 李韧等对北京 10 家报纸招聘信息的梳理后发现，新闻学毕业生就业难的论断缺乏实证依据，就业前景依然看好。[③] 杨咏从教学、观念、实训、实践、就业指导等方面，提出提升新闻传媒类大学生就业能力的具体举措。[④] 林林以中国传媒大学本科生为例，总结出传媒类专业大学生在职业取向方面行业倾向明显、注重行业发展与自我实现等特点，就业心态积极、注重实习时间。[⑤] 郑佳雯等通过分析江浙两所综合性大学 230 名新闻专业本科一年级到四年级学生从事新闻工作的职业意愿，发现出于公共服务动机和内在动机报考新闻专业的学生更可能在毕

---

① 顾倩.传媒专业大学生就业困境与就业能力培育分析［J］.中国报业，2012（24）：182—184.

② 范以锦.泛就业背景下的传媒专业学生素养提升［J］.新闻与写作，2014（6）：50—52.

③ 李韧，刘飞飞.新闻学子就业前景的实证分析［J］.新闻研究导刊，2014（4）：59—61.

④ 杨咏.新闻传媒类专业大学生就业能力培养的实践探索：以扬州大学新闻与传媒学院为例［J］.扬州大学学报（高教研究版），2014，18（4）：24—27.

⑤ 林林.传媒类专业大学生职业取向与就业心理研究：以中国传媒大学本科为例［J］.中国大学生就业，2015（14）：61—64.

业后从事新闻工作，感知的职业自主性弱化会抑制学生为了公共服务目标而从事新闻工作的意愿。①

欧美学者在这方面的研究成果主要围绕新闻学子专业选择动机、媒介角色认知、对新闻伦理和争议性手法评价等方面展开。具体到择业意愿，桑德斯（Sanders）等的研究发现，分别有26%和27%的英国学生因为“新闻工作非传统、有社交性”和“新闻工作具有创造性、个人喜欢写作”而想当记者；这两项西班牙学生的比例仅为3%和2%。两国学生均把本地/区域报纸作为最主要职业首选，但作为长期的职业，选择杂志的英国学生有 26%，西班牙学生仅为 3%，选择广播的英国学生只有6%，西班牙学生却高达28%。② 汉纳（Hanna）等对英国新闻专业大学生间隔31个月的两次调查发现，把新闻业作为自己职业追求的学生比例，从大一时的75%降到后来的53%，但学生最想去的媒体单位不变，依次为杂志、全国性报纸、电视台；最想从事的报道领域也不变，依次为特稿、新闻、体育。③ 一项在巴西的调查显示，仅有39%的新闻学子今后想从事新闻业，这个比例和想进公关业的人数差不多。④ 梅利亚多（Mellado）等针对智利1985名新闻专业学生的调查发现，想从事新闻、公关、教育和研究、其他行业的学生比例分别为66%、15%、8%和11%。较之于新闻业，公关业对女生、追求工作稳定的学生更具有吸引力。⑤ 科尔曼（Coleman）等把美国新闻学子选择在传媒业工作的动机分为外向型社交、利他主义、寻求名声、喜欢做新闻四类，通过层次回归后发现，白人学生在利他主义动机方面显著低于其他种族；男生、广播专业学生对名声的追求显著高于其他学生；女生、传播学专业学生对做新闻的喜爱显著

① 郑佳雯，孔舒越，汪洁.什么在影响新闻学子的职业选择?：基于职业动机和行业环境感知影响的分析［J］.新闻大学，2020（10）：69—79.

② Sanders K., Hanna M., Berganza M. R., et al.. Becoming Journalists: A Comparison of the Professional Attitudes and Values of British and Spanish Journalism Students [J]. European Journal of Communication, 2008, 23 (2): 133 - 152.

③ Hanna M., Sanders K.. Journalism Education in Britain: Who Are the Students and What Do They Want? [J]. Journalism Practice, 2007, 1 (3): 404 - 420.

④ Schwingel C., Melo D., Figueiredo R.. Perfil e hábitos comunicacionais do estudante de jornalismo da cidade de Salvador Bahia [Profile and Communication Habits of Journalism Students in the City of Salvador Bahia] [C] //Third Encontro Nacional de Pesquisadores em Jornalismo conference, Florianópolis, Brazil (April 15 - 17). 2004.

⑤ Mellado C., Scherman A.. Influences on Job Expectations among Chilean Journalism Students [J]. International Journal of Communication, 2017, 11: 2136 - 2153.

低于男生、其他专业的学生。[①]

据教指委的统计，截至2022年年底，全国开设新闻传播学类专业高校719所，有29万余名学生。这个就业群体的规模庞大，但针对他们择业意愿的研究尤其是规范的实证研究非常缺乏。从国外情况看，这方面研究尽管数量不少，但多停留在择业意愿的描述性统计，没有分析其背后的深层次影响因素。基于此，本章聚焦本科新闻学子的择业意愿，以理性选择理论为分析框架，从职业价值观、人力资本、社会资本三方面，探讨影响择业意愿的显著因素。

第三节 研究设计

一、变量选择

本研究的因变量为本科新闻学子的择业意愿，让受访者选择“毕业后首份工作最想去的岗位”和“今后长期工作最想去的岗位”，分别设计了传统媒体（纸媒、广电）、网络新媒体、公关广告（包括其他相关媒体工作）、非媒体（公务员/事业单位、国企员工、私企员工、外企员工、其他）四类共十个选项。在此基础上，将择业意愿简化为“媒体”（包括传统媒体、网络新媒体、公关广告）和“非媒体”两类后进行交叉分析得出四种类型：首份和长期工作都选择媒体、首份工作选择媒体长期工作选择非媒体、首份工作选择非媒体长期工作选择媒体、首份和长期工作都选择非媒体，分别简称为“死忠粉”“尝试者”“晚进者”“逃离者”。这个变量命名为“择业策略”，体现择业意愿的动态变化情况。

自变量的选择，从职业价值观、人力资本、社会资本三方面考虑。职业价值观测量，参考了凌文辁等编制的《大学生职业价值观量表》中保健因素、发展因素、声望因素三个维度，让受访者通过五点量表对媒体工作的十个方面评价来反映学生的职业价值观，三个维度的α系数分别为0.81、0.75、0.83。人力资本的测量，参考了相关研究成果并结合新闻学子实际情

---

① Coleman R., Lee J. Y., Yaschur C., et al.. Why Be a Journalist? US Students' Motivations and Role Conceptions in the New Age of Journalism [J]. *Journalism*, 2018, 19 (6): 800-819.

况，设计了年级、专业（新闻类、传播类、其他传媒类）、学校层次（考虑到985/211高校依然对用人单位有广泛的影响力，以“是否211”划分）、是否党员、媒体业务技能、新媒体能力六个变量。这些变量都一定程度上反映了学生个人在未来就业市场的竞争力。社会资本的测量，主要从学生在传媒业的人脉资源考虑，具体通过“家庭关系”（是否有家人/近亲属在传媒业）、“社会媒体实习岗位多样性”“社会媒体实习时间”三个指标体现。

此外，还将性别、原籍地（城市、县城及以下）、学校类型（综合性、专业性、理工类）作为控制变量纳入分析模型。

二、分析模型

由于因变量是多元分类变量，故采用多项 logistic 回归模型（multinomial logistic regression，mlogit）。该模型可以表达为：

$$mlogit(Y)=\ln\left(\frac{p_i}{p_j}\right)=\alpha_i+\sum_{k=1}^{n}\beta_{ik}x_k+\mu_i$$

以上包含 i 个方程的联立方程组，p_i 表示选择某个行业的几率（odds），β 是回归系数，表示当其他自变量取值保持不变的情况下，该自变量取值增加一个单位引起几率比（odds ratio，OR）自然对数值的变化量；α 是常数项，μ 为残差项。在分析首份和长期工作意愿时，下标 i 分别对应“传统媒体”“网络新媒体”“公关广告”“非媒体”四类，以“传统媒体”为参照组；在分析择业意愿动态类型时，下标 i 分别对应“死忠粉”“尝试者”“晚进者”“逃离者”四类，以“死忠粉”为参照组。

第四节 数据分析

一、择业意愿

表 12－1 给出了受访者在首份工作、长期工作上的择业意愿，以及不同亚群体之间的比较。对于首份工作，选择去传统媒体、新媒体、公关广

告、非媒体的学生比例差不多，均为25%左右，前三项累计达74.40%，说明大多数本科新闻学子毕业求职时还是愿意把媒体类工作作为首要选择。卡方检验表明，不同性别、年级、专业、学校类型的学生，在首份工作选择上，均呈现显著差异。其中：(1) 女生想去传统媒体、公关广告的比例高于男生，男生想去非媒体行业的人最多；(2) 低年级学生今后想去传统媒体、新媒体的人较多，但他们的学长学姐们则更想去公关广告和媒体外的行业；(3) 新闻类学生最想去传统媒体，最不想去公关广告业；传播类学生的情况恰恰相反，他们最想去公关广告业；其他传媒类学生的择业意愿分布较为均衡；(4) 综合性大学的学生择业意愿更多元，专业性大学的学生最想去非媒体行业，理工类大学的学生最想去新媒体行业。

表12-1　本科生新闻学子的择业意愿（%）

变量		首份工作				长期工作					
		传统媒体	新媒体	公关广告	非媒体	传统媒体	新媒体	公关广告	非媒体	T检验	卡方检验
全体样本		26.30	25.67	22.43	25.60	21.98	18.73	20.28	39.01	***	—
性别	男	19.16	29.12	19.92	31.80	17.83	20.93	16.28	44.96	***	1*，2**
	女	27.90	24.89	23.00	24.21	22.90	18.24	21.18	37.68	***	
年级	低年级	32.89	28.22	18.86	20.03	28.59	20.53	17.74	33.14	***	1***，2***
	高年级	20.22	23.32	25.74	30.73	15.83	17.05	22.65	44.47	***	
专业	新闻类	31.30	24.41	17.06	27.23	25.16	16.98	16.82	41.04	***	1***，2***
	传播类	18.76	25.17	33.87	22.20	16.94	16.94	26.68	39.44	***	
	其他传媒类	26.57	28.57	18.00	26.86	22.41	24.14	18.68	34.77	***	
学校	综合性	22.68	21.61	29.82	25.89	17.24	13.82	25.13	43.81	***	1***，2***
	专业性	28.10	24.34	15.04	32.52	23.49	20.13	14.09	42.28	***	
	理工类	29.23	32.61	20.53	17.63	26.76	23.84	20.44	28.95	***	

注：T检验为“首份工作—长期工作择业意愿”的情况比较，卡方检验为不同亚群体择业意愿的比较，1为首份工作，2为长期工作。* $p<0.05$，** $p<0.01$，*** $p<0.001$。

今后长期的工作意愿，与首份工作有了明显不同：39.01%的学生选择非媒体，想去传统媒体、公关广告的比例分别降为21.98%和20.28%，想去新媒体的仅有18.73%。总体上，还是有六成左右的学生愿意把媒体行业作为自己长期的职业选择，但较之于首份工作，有13.41%的总降幅。具体到不同的学生群体：(1) 无论是男生还是女生，均把非媒体作为首选，尤其是男生，近45%的人选择去非媒体；(2) 对低年级学生来说，非媒体工作的排序位置，从首份工作的第三，跃升为长期意愿的首选；(3) 不同传媒专业的学生，都把非媒体当成长期工作首选；(4) 理工类大学传媒学子长期工作意愿选择较为多元，但综合性和专业性大学的学生，择业意愿主要集中在非媒体行业。

如果把每位受访者的首份工作和长期工作意愿进行T检验后发现，无论是所有传媒专业学生，还是不同的亚群体，两者间均呈显著差异。总趋势是，无论一开始的职业选择如何，大多数人都会把进入非媒体行业作为长期的职业路径。

表12-2显示了学生择业意愿的变化情况。其中，表格对角线上的数据较大。这说明，有相当部分学生在首份工作和长期工作意愿上保持了一致。“跳槽者”中，比例最高的是从新媒体、公关广告、传统媒体转入非媒体，其次是从传统媒体转入新媒体，或从新媒体转入公关广告。极少有学生愿意先去非媒体，然后再去媒体。如果按照“择业策略”统计，媒体工作的“死忠粉”占57.49%，“尝试者”占16.91%，“晚进者”占3.46%，“逃离者”占22.14%。

表12-2 本科新闻学子的择业意愿变化（%）

		长期工作			
		传统媒体	新媒体	公关广告	非媒体
首份工作	传统媒体	16.97	3.32	1.91	4.10
	新媒体	2.69	13.01	3.04	6.93
	公关广告	1.34	1.27	13.93	5.87
	非媒体	0.92	1.13	1.41	22.14

二、职业价值观

我们通过测量学生对媒体工作十个方面的评价，反映学生的职业价值观。表12-3显示，学生对媒体工作的发展因素（3.41）评价较高，保健因素（2.11）和声望因素（2.90）两项均值都低于中值3，呈负面评价。具体十个方面，学生最不认同“媒体工作稳定、压力小”（1.83），其次是“媒体工作同事关系简单”（2.23）、“媒体工作收入高、福利好”（2.27）；最认同的是“媒体工作和我的专业对口”（3.73）、“媒体工作符合我的兴趣爱好”（3.47）、“媒体工作能证明自身价值”（3.34）。男女生的态度在四项上有显著差异。其中男生对“媒体工作稳定、压力小”的评价高于女生，女生在“媒体工作和我的专业对口”“媒体工作符合我的兴趣爱好”“媒体工作自主性大”三项，即“发展因素”的评价高于男生。总体上，无论男生还是女生，对保健因素的现状评价均最低。

表12-3　本科新闻学子对媒体工作的评价

变量		全体样本 N=1 430	男生 N=262	女生 N=1 168	T 检验
保健因素 2.11	媒体工作收入高、福利好	2.27（0.86）	2.23（0.90）	2.28（0.85）	Ns
	媒体工作稳定、压力小	1.83（0.82）	1.98（0.92）	1.80（0.80）	**
	媒体工作同事关系简单	2.23（0.93）	2.32（1.02）	2.21（0.90）	Ns
发展因素 3.41	媒体工作和我的专业对口	3.73（0.94）	3.50（1.09）	3.78（0.90）	***
	媒体工作符合我的兴趣爱好	3.47（1.04）	3.29（1.11）	3.51（1.01）	**
	媒体工作能证明自身价值	3.34（0.97）	3.25（0.99）	3.36（0.97）	Ns
	媒体工作自主性大	3.11（1.06）	2.95（1.12）	3.14（1.04）	**
声望因素 2.90	传媒业发展前景好	2.98（0.97）	2.89（1.05）	3.01（0.96）	Ns
	传媒业有较高的社会地位	2.59（0.99）	2.54（1.05）	2.60（0.97）	Ns
	传媒业受国家重视	3.14（0.96）	3.19（1.08）	3.13（0.93）	Ns

注：括号外为均值，括号内为标准差，*** $p<0.001$，** $p<0.01$，Ns为不显著。

另一个指标的测量结果也对此有所印证。在回答“如果成为媒体从业者，你认为自己最可能遇到的困境”时，选择“工作压力大”“收入不高”“个人发展空间小” “新闻管理严”的学生分别占 34.99%、23.02%、18.96%和 10.36%，“家人不支持”等其他因素占 12.67%。卡方检验显示，不同性别、年级、专业、择业策略的学生均没有显著差异。

三、择业意愿的影响因素

（一）首份工作

首份工作意愿的回归分析结果见表 12-4。控制了其他变量，相对于传统媒体，高年级学生更倾向于去公关广告和非媒体就业，其几率分别是低年级学生的 1.724 倍和 2.622 倍；传播类专业学生选择去新媒体、公关广告、非媒体就业的几率，分别是新闻类学生的 1.985 倍、5.021 倍和 2.566 倍；其他传媒类专业学生选择去新媒体、公关广告、非媒体就业的几率，分别是新闻类学生的 2.043 倍、3.372 倍、3.551 倍。211 高校学生想去传统媒体工作（相对于新媒体）的几率是非 211 高校学生的 1.572 倍。媒体业务技能越好的学生，越倾向于在传统媒体工作；新媒体能力越强的同学，越不想在传统媒体工作，但这两项的影响作用均不显著。

表 12-4 首份工作意愿的多元 logistic 回归模型分析

变量		新媒体/传统媒体		公关广告/传统媒体		非媒体/传统媒体	
		系数	几率比	系数	几率比	系数	几率比
控制变量	女生[1]	−0.536*	0.585	−0.264	0.768	−0.623**	0.536
	原籍城市[2]	0.276	1.318	0.008	1.008	0.058	1.059
	专业性大学[3]	−0.405	0.667	−0.966***	0.381	−0.495	0.610
	理工类大学[3]	−0.481	0.618	−1.582***	0.206	−1.467***	0.231
人力资本	高年级[4]	0.199	1.221	0.545**	1.724	0.964***	2.622
	传播类专业[5]	0.686**	1.985	1.614***	5.021	0.942***	2.566

续 表

变量		新媒体/传统媒体		公关广告/传统媒体		非媒体/传统媒体	
		系数	几率比	系数	几率比	系数	几率比
人力资本	其他传媒类专业[5]	0.715**	2.043	1.216***	3.372	1.267***	3.551
	211高校[6]	−0.453*	0.636	−0.449	0.638	−0.334	0.716
	党员[7]	−0.042	0.959	−0.280	0.756	0.401	1.49
	媒体业务技能	−0.002	0.998	−0.015	0.985	−0.046	0.955
	新媒体能力	0.163	1.176	0.043	1.044	0.165	1.179
社会资本	有家庭关系[8]	−0.116	0.890	0.061	1.063	−0.024	0.976
	实习岗位多样性	0.006	1.006	0.148	1.159	−0.150	0.861
	实习时间	0.109	1.115	−0.058	0.944	−0.050	0.951
职业价值观	保健因素	0.114	1.121	0.207	1.229	−0.104	0.902
	发展因素	−0.349**	0.705	−0.593***	0.553	−0.878***	0.415
	声望因素	−0.007	0.993	−0.013	0.987	−0.299*	0.741
常数项		0.366	1.441	1.083	2.954	4.270***	71.498
N		1 430					
pseudo R^2		0.081					

注：* $p<0.05$，** $p<0.01$，*** $p<0.001$。1 参考类别为“男生”；2 参考类别为“原籍县城及以下”；3 参考类别为“综合性大学”；4 参考类别为“低年级”；5 参考类别为“新闻类专业”；6 参考类别为“非 211 高校”；7 参考类别为“非党员”；8 参考类别为“在传媒业无家庭关系”。

社会资本方面，相对于传统媒体，在媒体行业有家庭关系的学生，选择首份工作时不倾向于去新媒体和非媒体，更倾向于去公关广告行业；实习岗位越多的学生，越倾向于去新媒体和公关广告，越不想去非媒体；实习越久的学生，越想去新媒体，越不想去公关广告和非媒体。但这几项的影响作用也都未达显著水平。

职业价值观方面，媒体工作发展因素评价每增加1个单位，相对于传统媒体，首份工作想去新媒体、公关广告、非媒体的几率，分别下降29.5%、44.7%和58.5%。声望因素每增加1个单位，想去非媒体工作的几率下降25.9%，想去新媒体和公关广告的几率也降低，但未达显著。

控制变量中的性别对首份工作意愿有显著影响，女生更倾向于在传统媒体就业，想去新媒体和非媒体的几率分别是男生的58.5%、53.6%。相对于传统媒体，专业性大学学生想去公关广告行业的几率是综合性大学学生的38.1%；理工类大学学生想去公关广告、非媒体的几率分别是综合性大学学生的20.6%、23.1%。

（二）长期工作

长期工作意愿的回归结果见表12-5。人力资本方面，年级、专业依然是显著影响因素。控制了其他变量，高年级学生想去新媒体、公关广告、非媒体就业（相对于传统媒体）的几率分别是低年级的1.624倍、1.858倍、2.351倍；传播类专业学生想去新媒体、公关广告、非媒体就业（相对于传统媒体）的几率分别是新闻类专业的1.834倍、3.275倍、2.592倍；其他传媒类专业学生想去新媒体、公关广告、非媒体（相对于传统媒体）的几率分别是新闻类专业的2.708倍、3.505倍、3.072倍。211高校学生更倾向于留在传统媒体，党员更倾向于去公关广告和非媒体，媒体业务技能强的学生不愿意留在传统媒体，但上述情况均未达显著水平。新媒体技能越强的学生，越倾向于去传统媒体之外就业。

表12-5　长期工作意愿的多元logistic回归模型分析

变　量		新媒体/传统媒体		公关广告/传统媒体		非媒体/传统媒体	
		系数	几率比	系数	几率比	系数	几率比
控制变量	女生[1]	−0.303	0.739	0.004	1.004	−0.397	0.673
	原籍城市[2]	0.169	1.185	0.021	1.021	0.177	1.194
	专业性大学[3]	−0.283	0.754	−0.974***	0.377	−0.624*	0.536
	理工类大学[3]	−0.567	0.570	−1.388***	0.249	−1.473***	0.229

续 表

变量		新媒体/传统媒体		公关广告/传统媒体		非媒体/传统媒体	
		系数	几率比	系数	几率比	系数	几率比
人力资本	高年级[4]	0.485*	1.624	0.620**	1.858	0.855***	2.351
	传播类专业[5]	0.607*	1.834	1.186***	3.275	0.953***	2.592
	其他传媒类专业[5]	0.996***	2.708	1.254***	3.505	1.122***	3.072
	211 高校[6]	−0.389	0.678	−0.250	0.779	−0.205	0.814
	党员[7]	−0.069	0.934	0.116	1.122	0.301	1.350
	媒体业务技能	0.010	1.010	0.077	1.080	0.018	1.018
	新媒体能力	0.193	1.213	0.125	1.133	0.210*	1.233
社会资本	有家庭关系[8]	0.042	1.044	0.318	1.374	0.191	1.211
	实习岗位多样性	0.227	1.255	−0.022	0.978	−0.036	0.964
	实习时间	−0.236	0.790	−0.002	0.998	−0.217	0.805
职业价值观	保健因素	0.083	1.086	0.140	1.149	−0.310*	0.733
	发展因素	−0.515***	0.597	−0.498**	0.608	−0.757***	0.469
	声望因素	−0.054	0.947	−0.048	0.953	−0.265*	0.767
常数项		1.175	3.238	1.147	3.147	4.831***	125.380
N		1 430					
pseudo R^2		0.068					

注：* $p<0.05$，** $p<0.01$，*** $p<0.001$。1 参考类别为“男生”；2 参考类别为“原籍县城及以下”；3 参考类别为“综合性大学”；4 参考类别为“低年级”；5 参考类别为“新闻类专业”；6 参考类别为“非 211 高校”；7 参考类别为“非党员”；8 参考类别为“在传媒业无家庭关系”。

社会资本方面，在传媒业有家庭关系的学生，更不想去传统媒体；实习岗位越多的学生，相比传统媒体，更想去新媒体，更不想去公关广告和非媒体；实习时间越长的学生，长期工作越想留在传统媒体。但上述趋势均没有达到统计上的显著性。

职业价值观方面，媒体工作发展因素评价每增加1个单位，长期工作想去新媒体、公关广告、非媒体（相对于传统媒体）的几率，分别下降40.3%、39.2%和53.1%。媒体工作保健因素和声望因素的评价水平，对长期工作选择去非媒体有负向作用，保健因素、声望因素评价每增加一个单位，想去非媒体（相对于传统媒体）的几率分别降低26.7%和23.3%。

控制变量中，性别对学生长期工作意愿没有显著影响。较之于综合性大学，专业性大学、理工类大学的新闻学子，长期工作更愿意在传统媒体行业。

（三）择业策略

表12-6呈现了择业策略这一动态过程的回归分析结果。从人力资本方面看，高年级学生较不愿意成为传媒业职场的“死忠粉”，采用“晚进者”“逃离者”策略的人，在几率上分别是“死忠粉”的2.181倍和2.179倍。其他传媒类专业学生采用“逃离者”策略的几率（相对于“死忠粉”）是新闻类专业学生的1.8倍。党员采用“逃离者”策略的几率（相对于“死忠粉”）是非党员学生的1.724倍。211高校、媒体业务技能和新媒体能力越强的学生，越不愿意成为传媒行业的“死忠粉”。

表12-6 择业策略类型的多元logistic回归模型分析

变量		尝试者/死忠粉		晚进者/死忠粉		逃离者/死忠粉	
		系数	几率比	系数	几率比	系数	几率比
控制变量	女生[1]	−0.005	0.995	0.511	1.667	−0.433*	0.649
	原籍城市[2]	0.020	1.020	−0.755*	0.470	0.136	1.145
	专业性大学[3]	−0.172	0.842	0.725	2.065	−0.169	0.844
	理工类大学[3]	−0.404	0.668	0.372	1.450	−0.927**	0.396
人力资本	高年级[4]	0.234	1.263	0.780*	2.181	0.779***	2.179
	传播类专业[5]	0.286	1.331	−0.150	0.861	0.132	1.141
	其他传媒类专业[5]	−0.074	0.929	0.088	1.091	0.588*	1.800

续　表

变　量		尝试者/死忠粉		晚进者/死忠粉		逃离者/死忠粉	
		系数	几率比	系数	几率比	系数	几率比
人力资本	211高校[6]	0.040	1.041	0.113	1.120	0.027	1.027
	党员[7]	−0.196	0.822	−0.218	0.804	0.545**	1.724
	媒体业务技能	0.042	1.042	0.086	1.089	−0.042	0.958
	新媒体能力	0.083	1.086	0.006	1.005	0.124	1.132
社会资本	有家庭关系[8]	0.126	1.135	0.328	1.387	−0.089	0.915
	实习岗位多样性	−0.129	0.879	−0.762	0.467	−0.170	0.844
	实习时间	−0.090	0.914	0.346	1.413	−0.144	0.865
职业价值观	保健因素	−0.440**	0.644	−0.248	0.780	−0.367**	0.693
	发展因素	−0.242	0.785	−0.645**	0.524	−0.621***	0.538
	声望因素	−0.100	0.904	−0.115	0.891	−0.360**	0.698
常数项		0.68	1.973	−0.812	0.443	3.461***	31.849
N		1 430					
pseudo R^2		0.080					

注：* $p<0.05$，** $p<0.01$，*** $p<0.001$。1 参考类别为“男生”；2 参考类别为“原籍县城及以下”；3 参考类别为“综合性大学”；4 参考类别为“低年级”；5 参考类别为“新闻类专业”；6 参考类别为“非 211 高校”；7 参考类别为“非党员”；8 参考类别为“在传媒业无家庭关系”。

社会资本方面，总体上看，在传媒业有家庭关系的学生，更不愿意采用“死忠粉”策略；媒体实习岗位越多的学生，越倾向于成为“死忠粉”；媒体实习时间越久的学生，越倾向于采用“晚进者”或“死忠粉”策略进入传媒业。但上述方面的影响作用均不显著。

职业价值观方面，越认可传媒业保健因素的学生，越倾向于成为“死忠粉”，保健因素评价每增加 1 个单位，采取“尝试者”或“逃离者”策略的几率，相对于“死忠粉”降低 35.6%和 30.7%。发展因素评价每增加 1

个单位，采取“晚进者”和“逃离者”策略的几率，相对于“死忠粉”降低47.6%和46.2%。声望因素评价每增加1个单位，采取“逃离者”策略的几率，相对于“死忠粉”降低30.2%。总体上看，对传媒业工作各方面现状越认可的学生，越可能成为“死忠粉”。

从控制变量看，女生成为“逃离者”（相对于“死忠粉”）的几率是男生的64.9%；原籍城市的学生成为“晚进者”（相对于“死忠粉”）的几率是原籍县城及以下学生的47%；专业性、理工类大学学生成为“尝试者”和“逃离者”（相对于“死忠粉”）的几率，比综合性大学的学生要低一些。

本章小结

本章讨论了新媒体环境下新闻学子对首份工作、长期工作的择业意愿，比较了不同学生群体在择业意愿上的差异，并从职业价值观、人力资本、社会资本三个方面探讨了影响择业意愿的显著因素。研究的主要结论是：

1. 本科新闻学子毕业时的首次求职，“专业对口”的主观愿望较为强烈

这种“对口”，既体现为有近75%的学生把媒体作为第一份工作的首选，也体现为在媒体细分领域，新闻类的学生更倾向于去传统媒体、传播类的学生更倾向于去公关广告业。与国外新闻学子的调查相比，中国学生对传媒行业的从业意愿并不低。这一发现应该会让新闻教育界感到些许欣慰与自信。那么，新的问题来了：既然75%的本科新闻学子对媒体工作怀有兴趣，那为什么最终只有20%左右的人进入传媒行业呢？我们认为原因主要如下：择业意愿本身就是个动态变化的过程，会随着学生对专业和行业的进一步认知、对自身能力兴趣更清晰的定位、社会实习等情况不断变化调整。更重要的是，态度与行为是两个不同的概念。学生有“专业对口”的良好意愿，但就业行为最终达成，还受到岗位提供、能力满足、福利待遇、发展空间、家庭因素等多方影响。尤其是进入大四后，学生经历长达十个月的“校招”，美好的愿望往往被严峻的现实所击碎。因此，学

校今后要重点加强有针对性的信息提供和就业辅导，在保护学生专业对口的主观愿望同时，通过校内外对接、全媒体能力培养、就业岗位开拓等手段，助力学生择业意愿的最终达成。

2. 对大多数本科新闻学子来说，媒体工作呈现出“过渡性职业”特点，存在从媒体向非媒体的职业意愿迁移

实证数据显示，有近四成学生愿意把公务员、事业单位、各类企业等非媒体作为自己的长期工作。无论是全体受访者还是不同亚群体，在首份工作和长期工作意愿上，大多会经历从媒体向非媒体的职业意愿迁移。首份工作想去媒体，反映了大部分人尚存的“专业情感”；进入媒体行业后，“工作压力大、收入低”等预期困境，则会消解他们中多数人的职业热情，促使他们离开传媒业。从媒体到非媒体，择业策略反映了学生们“去理想化”的过程，也是他们逐渐向社会现实妥协的过程。在职业流向上，想从传媒业跳槽去其他行业的“尝试者”占16.91%，从其他行业想再进入传媒业的“晚进者”仅为3.46%，更有近四分之一的学生，从一开始就不想涉足传媒业，成为坚定的“逃离者”。这也说明，一方面，当下青年人就业选择多元化，职业忠诚感具有不确定性，体现出更强的自主意识、自我意识和个性意识；另一方面，也反映出传统媒体对青年精英人才的吸引力有所下滑，主流媒体要保持持续的人力资本增长具有挑战性。对这种“过渡性职业”现象和趋势，也不必太过担忧，伴随互联网和公共传播业的兴起，包括平台媒体（类似腾讯、百度、今日头条等）、自媒体（大量内容创业）、机构媒体（类似政务新媒体）等对内容生产者的需求越来越大，将给新闻学子就业选择提供更多机会。[①]

3. 媒体行业对本科新闻学子的吸引力，主要体现在“发展因素”方面

这一结果与国外学者的研究发现比较一致。[②] 在组织行为学中，马斯洛（Maslow）的“需求层次理论”认为，从生理需求、安全需求，到社交需求、尊重需求，再到自我实现需求，是逐级递进的过程，五种需求存在层级关系和优先级，只有低层次的需求得到满足，才能提升到较高层次。

---

① 张志安，汤敏.新新闻生态系统：中国新闻业的新行动者与结构重塑［J].新闻与写作，2018（3）：56—65.

② Wu W.. Motives of Chinese Students to Choose Journalism Careers [J]. Journalism & Mass Communication Educator, 2000, 55 (1): 53-65.

因此，学生们鉴于“发展因素”才选择去媒体业工作的择业动机并不令人乐观，甚至让我们对他们的未来充满忧虑。工资待遇、薪酬福利等“保健因素”尚未满足，行业前景、社会地位等“声望因素”也不行，过于“理想化”地去追求“发展因素”，最终就是失望带来工作热情迅速消解。奥尔德弗（Alderfer）的ERG理论指出，当寻求高层次需要的企图受挫后，会导致人们向较低层次需要的回归并有所增加。[①] 具体到学生的情况，他们怀着“个人发展”的美好愿望进入媒体，往往发现并不是这样时，会增强对收入、待遇等的期望，但这些方面媒体又不能满足，最终的结果很可能就是离开。这也从理论上解释了，为什么这么多的学生仅仅把传媒工作作为“启动性过渡职业”。与此同时，麦可思《2017年中国大学生就业报告》显示，毕业半年内离职率较高的多为传媒、艺术类，以实证数据支持了这个判断。[②]

4. 职业价值观和人力资本，是影响择业意愿的主要因素

研究发现，本科新闻学子择业时的考虑因素，一是兴趣，二是个人能力，第三才是社会关系。职业价值观反映了择业的主观动机，对传媒业发展因素、保健因素、声望因素现状评价越高的学生，越倾向于留在传统媒体成为“死忠粉”；反之，则可能从一开始就成为“逃离者”。这个意义上说，是否去媒体工作，主要基于学生个人兴趣。兴趣之外，个人实力——人力资本也很重要。年级越高、新媒体技能越强的人，越不愿意去传统媒体，转而进入新媒体、公关广告、非媒体。从薪资待遇、个人发展等方面看，这些行业的“性价比”显然都比传统媒体要好。需要指出的是，在其他研究中发现对学生职业选择具有重要影响的“社会资本”，对新闻学子的择业意愿并不构成显著影响。我们认为原因可能是：从用人机制上看，传媒业有自己的特殊性，一般要经过相当长的实习期，这个过程主要靠“个人作品”等硬实力，与其他行业直接招聘入职的用人形式有较大差别。因此，即使在校期间实习岗位多、时间长、人脉广，但最终与能否被留用的关系其实也不大。媒体从业机会的最终获得，主要还得看个人兴趣和能

---

① Alderfer C. P.. An Empirical Test of a New Theory of Human Needs [J]. Organizational Behavior and Human Performance, 1969, 4 (2): 142 - 175.

② 华商报.传媒、艺术类毕业生离职率较高 医学类最低 [EB/OL].http://www.sohu.com/a/156371061_351301, 2017 - 07 - 12/ 2018 - 04 - 21.

力。影响因素分析显示，学生们对这一点很清楚。这也一定程度上反映了新闻学子身上既具有一定的理想主义色彩，又对社会现实有着清晰认知，对工作机会的选择的确是非常“理性”的。

结论、建议及展望

在对新闻传播人才培养方案、新闻学子专业学习、职业意识等现状和影响因素深入分析的基础上，我们对全书的研究发现进行系统梳理、概括，提出新闻传播人才培养创新模式——“聚焦型”新闻传播人才培养模式，并对该模式的理念、关键改革点进行详细阐述，尝试设计人才培养方案的范例，以期为今后中国的新闻传播教育改革，提供有价值的建议和参考。

第一节 主要结论

今天，大数据、5G等层出不穷的新技术，正在深刻地改变着各行各业。与传统新闻业相比，传播者的权力正在逐渐淡化，人人都是自媒体、人人都有“麦克风”，当传播权失去了以往的排他性保护后，竞争格局也发生了根本性变化——不再是机构媒体之间的相互博弈，而是少数机构媒体与无数自媒体之间的比拼格局。数字化的传播方式，无论对新闻内容的收集、处理还是具体呈现方式，都有根本性影响。信息采集从主要依靠人体自身感官的看、听、想、记，逐步变成对海量信息资源的筛选、整合、归纳；信息处理和呈现，由传统的文字、图片，扩充为更加丰富的数据、图表、H5等可视化交互性信息；媒介界限也正变得越来越模糊。在各种新技术冲击下，传统媒体开始全面重构，保持报纸、广播、电视等传统媒介形态的同时，“两微一端”、电视栏目与网络视频平台合作、在各种平台媒体开设“头条号”“百家号”等已经成为常态。与此同时，受众也不再是被动的信息接收者，传统单向传播结构被彻底颠覆。UGC模式下，媒体机构和用户互为“受众”，信息高速流动形成了一张高密度、去中心化的网络。用户既是传播平台的信息源，也是意见表达的主体。

“媒体竞争关键是人才竞争，媒体优势核心是人才优势。”这些变革都对新闻从业者提出了新要求。作为培养未来新闻从业者的新闻院系，面对行业巨变，也必须顺应历史潮流，在人才培养理念和培养模式上做出全面改革，以适应时代之需。在“学生—新闻院系—用人单位”三方格局中，互联网时代赋予了学生新的地位。一方面，他们仍然是新闻教育的接受者，是培养的客体，新闻院系的培养理念、思路、手段必须作用于学生，才能得到实际呈现；另一方面，他们也是新闻教育的主体。互联网改变了师生关系，教师已经不再是知识的唯一载体和知识权威，学生也不只依靠课堂上教师的知识传授，而是可以通过各种媒体获得信息和知识。教育主要是要为学生的学习营造适合的环境，指导学生正确获取信息、处理信息的策略和方法；为学生设计个性化学习计划；帮助学生解决一些疑难问题。教师的角色是设计者、指导者、帮助者。① 再者，学生是新闻教育的“最终产品”，人才培养质量如何，必须由社会和用人单位进行评判。他们的反馈是衡量人才培养质量的“金标准”。在新闻传播人才的“供给—需求”中，从供给侧的角度看，以往主导供给侧的主要是作为培养单位的新闻院系，他们往往根据自己的“感觉”设计和调整人才培养方案。正因为学生在教育中的地位有了颠覆性变化，新闻教育必须充分考虑学生的现状、在了解学生和用人单位两方面需求基础上，对人才培养方案重新设计。因此，亟须引入“供给侧结构性改革”思路，对新闻传播人才培养进行根本性变革，充分考虑需求，适应时代要求，提高人才培养质量，扩大有效供给，增强人才供给结构对需求变换的适应性和灵活性。

基于这样的理念，本书聚焦媒介变革下的新闻学子专业学习、职业意识与培养转型，试图回答以下关键问题：(1) 在大数据、媒介融合等时代背景下，新闻学子专业学习、职业意识现状和影响因素主要有哪些？(2) 与之相对应，现有新闻传播人才培养模式如何回应现实之需？(3) 从供给侧结构性改革视角出发，新闻传播人才培养如何进行系统性改革与创

① 顾明远.学生是教育的主体［EB/OL］. https://www.sohu.com/a/359439662_484992，2019-12-17/2020-03-03.

新？本书得出以下主要结论：

第一，面对社会现实之需，中国主要新闻院系的人才培养方案已有所调整，实现了“姿态性融合”，但并未“结构性颠覆”。通过对16所代表性大学35个新闻传播类本科专业2017/2018级本科培养方案的梳理后发现，大多数院系均把培养“专业能力突出的复合型人才”作为重要的培养目标之一，要求学生能适应信息变革和融媒体之需，同时具备创新精神。在课程设置方面，技能维度的课程占38.8%，知识维度占35.9%，素养维度占25.3%，技能维度相对突出，知识维度次之。这些都说明，面对传媒业变革，新闻院系已经在一定程度上进行调整与回应。尽管如此，如果对培养方案进一步分析发现，与融媒体直接相关的课程较少，近50%的抽样院系仅开设了1—3门融媒体课程，且多数为选修课。同时，融媒体课程重复率高，缺少核心特色。大部分课程以“媒介融合”“融合新闻”“融合报道”“新媒体新闻生产”“新媒体传播”等名称出现，大同小异缺乏特色。在课程安排逻辑上，也只是简单叠加，新闻传播＋社会学＋经济学＋计算机＋信息技术＋……无法做到真正意义上的“融合”。因此，现有的培养方案调整，与其说是新闻院校面对时代要求进行认真分析、科学评估后的系统性反思，不如说在种种现实压力下的“被动调整”与“仓促之举”，仅实现了“姿态性融合”，远未达到“结构性颠覆”。也正因为这样，人才培养的很多深层次问题仍然无法解决：从培养理念看，新闻传播教育的价值教育和技能训练哪个更重要？从培养目标看，到底要培养怎样的人？主要面向哪些行业？在课程模块上，“融合新闻报道”究竟是一种新闻理念还是具体的报道范式或者其他？与传统的新闻采写、编辑评论、摄影摄像等课程之间的关系如何？融合报道是这些课程的简单叠加，主要体现为新闻末端——全媒体、数字化的呈现方式不同吗？从课程性质上看，大数据和融合媒体时代的新闻传播专业，哪些是居于核心地位的“脸谱化”的课程？选修课究竟是“拼盘式”还是“点单式”，抑或其他形式？这些问题都困扰着今天的新闻传播人才培养，需要我们再思考。

第二，从源头上看，新闻学子以“自身兴趣”为主要报考动机背后，志愿选择存在较大的盲目性和应景性，为新闻人才培养埋下了隐患。研究发现，超过90%的受访者入学前对专业情况“一无所知”或者仅仅“有些了解”，在高中及以前就有明确入读新闻传播专业的学生仅为15%左右。

对于近年来比较流行的“大类培养”，实证研究表明，“入学后决定志愿”的模式，初衷是想让学生对各专业情况有更充分了解的基础上进行专业填报，提升人才培养质量。但事与愿违，这个举措不仅不能有效提升专业承诺，一定程度上还降低了专业承诺。因为经过大类学习，主导学生选专业的心态，往往从个人兴趣、国家社会需要为主，变成了更直接的学习强度、绩点高低、深学深造率等，“功利性”更加突出。同时，大类招生的班级意识、同伴意识淡化，也影响了学生的学习兴趣和学校效果。更为重要的是，无论是大类招生还是传统的志愿填报，对学生专业选择真正有效的科学指导和帮助还十分缺乏，MBTI 职业性格测试、霍兰德职业兴趣测试等科学方式方法运用较少。研究发现，调剂的生源，无论在专业承诺、对新闻教育满意度、对媒体实习的兴趣等方面，都显著低于自主报考的学生，说明“专业兴趣是可以逐步培养的”仅仅是美好的愿望。因此，需要进一步从源头上进行筛选，利用大数据、互联网等优势，加强个性化、科学的志愿填报辅导，提升一志愿比例，为后续的人才培养提供保证。

第三，数字时代，新闻学子的媒介素养水平总体不高，媒介应用技能与现实需求脱节；通过“学习+实践”从而实现知识与能力互相转化是提升新闻学子媒介素养的重要举措。新闻学子在媒介知识量上的高分和媒介应用技能上的低分暴露了新闻教育在平衡理论教学和实践训练上的不足。学生的传统媒介基础技能水平显著高于网络新媒体技能水平，反映了当前新闻传播人才培养的应用技能训练重点还是传统媒体，不能适应现实之需。新闻学子在新媒体运营能力上的高分，而其他技能得分普遍较低，一定程度上也反映了新媒体应用技能培养方向上的单一性。实证研究还发现，实践与学习心理是对新闻学子媒介素养水平影响力最大的因素。对媒介知识和媒介应用技能水平的提高大多是通过学习与实践积累实现的。新闻学子通过校园、社会实践将课堂知识转化为实用技能，同时通过实践丰富自身的媒介知识。这个发现对于新闻专业的实践教学模式和课程结构具有启发性的意义。

第四，新闻学子对新闻教育满意度不高，对课程设置、从业促进的满意度尤低；个体因素、报考因素、实践因素都是影响新闻学子对新闻教育评价的显著因素。尽管受访者对新闻教育各指标的评价均超过 3，偏向于较为积极，但得分都在 3.5 以下，仅刚过“及格”水平。学生的不满既包括对课程体系设置本身，也有师资水平跟不上融媒体发展的需求、专业课程学习在增进新媒体知识了解、提升新媒体应用技能方面的作用于有限等方面。值得重视的是，学生对现有新闻教育的“从业促进”功能评价较低。高年级、来自城市、非调剂的学生，对新闻教育的满意度相对较高。与其他两类高校相比，专业性大学的新闻学子对新闻教育的满意度最低。为什么看似有较大创新性和社会适用性、为当下很多专业性大学所津津乐道的“1+1 复合型人才培养模式”，学生却如此不领情呢？访谈发现，归根结底的原因，目前的做法在本质上不是“复合型”人才培养，而是“叠加型”人才培养——两个“1”相互剥离，学生既无法掌握扎实的新闻传播专业知识与能力，也无法系统接收英语/法律/经济等其他学科的扎实训练，往往成为眼高手低的“三脚猫”。在影响因素方面，要特别重视“入学前对专业的了解程度”和“社会媒体实习经历”的作用。根据期望理论，学生入学前对专业越了解，不切实际的期望相对较低，他们越能以平和的心态面对今后的学习。这也说明加强学生志愿填报辅导的重要性。另外，研究发现，“社会媒体实习”是唯一一个既对新闻教育总体满意度，又对课程设置、师资水平、知识覆盖、技能提升、从业促进评价各方面都有显著影响的变量，且系数均为负。因此，必须充分重视实习实训实践环节在新闻教育的重要性，有新的系统谋划和创新。

第五，新闻学子的专业承诺水平偏低，尤其是继续承诺和理想承诺；学习自我效能和新闻教育满意度对专业承诺有最重要的促进作用，课外实践对专业承诺水平的提升效果却无法得到实证支持。我们采用国内最主流的“连榕版专业承诺量表”，对新闻学子的专业承诺现状进行了测量。结果发现，新闻学子的专业承诺仅为 3.13 分，低于护理、旅游、师范、体育等其他专业的学生。四个具体维度，新闻学子的理想承诺和继续承诺格外低。这说明，大部分新闻学子认为所学专业并不能满足自我价值期待，今后在专业领域进行相关工作的意愿也比较低。我们认为，低专业承诺正是新闻传播业面临严峻现实而在学生身上的投影和体现：过去的 10—15 年间，很少有类似新闻传媒业这样，机构和从业者无论是职业声誉、社会地位，还是福利待遇、传播权力等，都经历了从巅峰到谷底的“断崖式”塌陷。研究还发现，学生对自身能顺利完成学业、取得好成绩的能力和行为越有信心，对目前新闻教育越满意，个体专业承诺水平越高。影响因素中，课堂学习对专业承诺不仅有正向作用，而且强度超过了其他因素。这也说明，尽管形势严峻，但通过校内教育提升专业承诺仍有较大空间。此外，还有一个发现颇令人意外：在其他方面都发挥显著促进作用的媒体实习，对提升学生专业承诺却无显著影响。结合访谈，我们认为可能的解释是，作为必修课，专业实习多为规定动作，与学生兴趣关联不大；大多数实习内容也形式化、表面化，学生较难在现实的新闻场域中接受专业洗礼；此外，年级变量很大程度上涵盖并销蚀掉了课外实践对专业承诺的作用。

第六，新闻学子的媒体实习呈现低龄化、短期化、多元化、两级化特点；实习作用主要在于“技能促进”而非“心理认同”；社会媒体实习满意度显著高于校内教育；学生对新闻教育满意度、实习时间都显著影响到媒体实习满意度。从实习时间看，47.24%的高年级学生在大一、大二阶段就开始媒体实习；从实习时长看，大多数学生都在半年以下；从实习岗位看，网络媒体和广电部门较受青睐，去纸媒、广告及公关公司、其他媒体相关部门的学生也有不少比例，总体上趋于多元。研究中，我们发现一个重要现象：与大部分学生过早参与媒体实习相比，另有不少学生拒绝实习，呈“两极化”。从调查情况看，尚有 21.4%的大四学生从来没有过媒体实习经历。学生的实习态度，无论是过于积极还是过于消极，于新闻人才培养和个人成长都不利。过于积极所产生的实习低龄化，使他们无法集中精力专注于校内学习，大大影响了专业知识和基础理论掌握，再加上低年级学生由于不具备相应的素质和能力，实习容易流于表面化、形式化，质量普遍不高。对实习态度过于消极甚至抗拒，人才培养这一重要环节缺失，影响人才培养质量。访谈发现，这部分学生，多属于专业承诺水平较低或者专注于考研的人。研究还发现，学生眼中媒体实习的主要价值，是“技能促进”而非“心理认同”。这意味着，实习作为新闻传播人才培养的必要环节，在丰富专业知识、提高专业能力很有用，但在提升新闻学子专业承诺及新闻传播行业的择业意愿上，媒体实习并不能发挥积极作用。新闻教育（学业参与）满意度越高的学生，实习满意度也越高。这也呼应了其他学者的研究发现——实习并非对学业参与必然有挤占效应。相反，学业参与和实习并非孤立存在，它们共同构成了新闻传播人才培养的有机体系。实习时间越长的学生，实习满意度越高，在各方面的实习收获越大。所以，必须把校内教育和校外实习，作为人才培养的整体进行通盘设计、综合考量，在时间、时长、方式、方法、形式、内容等方面，重新设计与创新。

第七，新闻学子的马克思主义新闻观认知现状总体乐观又多元混杂；新闻教育对马克思主义新闻观认知有积极作用；传统媒体实习并不会强化新闻教育对马克思主义新闻观的效应，但新媒体实习却一定程度上能促进校内教育对马新观中党性原则和相对新闻自由观的理解与认知。马新观的四个维度，得分均值都超过了中值 3，表明学生对马新观的主要内涵和要求比较认可。马新观中“真实性”“新闻自由”等专业价值认知，普遍好于“党性原则”“舆论导向”等政治价值认知。现有国情和语境下，马新观的“政治价值”要求是居首位的。这个意义上，针对新闻学子的马新观教育，任重道远，还需要有针对性的重点突破。不同学生群体中，党员、新闻类专业学生，马新观认知水平要普遍高于非党员、传播类专业学生。但对于“读者上帝观”，新闻学子的评价较为一致，这也反映了教学活动并非在真空中进行，社会现实是一个重要的“中介”，一定程度上要么放大、要么消解课堂教学效果。实证研究发现，新闻教育有效地促进了新闻学子党性原则、真实性原则认知。这或许能对近年来盛行的“新闻教育无用论”进行有力辩驳——新闻教育本身有用，下阶段则需要重点讨论具体的教学理念、方式方法，如何进一步发挥效果。我们还检验了媒体实习对于新闻教育与新闻学子马新观水平的调节效应。研究发现，传统媒体实习不存在调节效应，但新媒体实习的调解作用的确一定程度上存在——新媒体实习促进了校内教育对“党性原则”和“相对新闻自由观”的理解认知。这一发现，着实让我们有些意外，也再次说明，对新闻教育、人才培养模式的思考，必须放弃“想当然”，坚持实事求是，从实际出发、从学生和社会需求出发，进行有针对性的改革与重构。

第八，超四分之一的新闻学子心中没有角色模范；角色模范呈本土化、集中化趋势，“经典”与“当代”并存，自媒体鲜见；角色模范对学生的专业学习和职业选择具有重要作用；教育客体和介体是影响角色模范形成的主要因素。研究发现，57.7％的人提名了“典范新闻工作者”，66.4％的人提名了“最佳新闻机构”，两者归并后，72.45％的新闻学子心中存在“角色模范”。尽管近年来自媒体风生水起，打造自身有影响力的自媒体或者去知名自媒体机构工作也成为很多新闻学子的职业追求，但几乎没有学生把自媒体从业者作为角色模范。最可能的解释是，自媒体作为一种新生事物更迭频繁，而能称为“角色模范”的，必然要经过长期沉淀。另外，目前优秀的自媒体人多为传统媒体出身，真正完全靠自媒体起家、建立职业声誉的人和机构非常少。有角色模范的学生，无论在专业学习、新闻业务观念，还是媒体实习或求职意愿方面，都显著优于没有角色模范的学生。正因为如此，更加凸显了角色模范在人才培养中的意义和价值。角色模范教育能否取得真正效果，关键还是学生自身，只有学生从内心真正认同角色模范所代表的价值内核、人格品质，真心愿意把他们作为榜样进行学习，教育才算成功。此外，专业承诺、新闻教育的具体内容形式、媒体实习等对角色模范确立也有显著的正效应。与此同时，教师在学生角色模范教育中的作用尚未充分体现。因此，如何加强专业教师（很多也是原先的媒体人）的榜样示范，帮助学生做好职业规划，是教育者接下来必须认真思考的。

第九，职业伦理观方面，新闻学子是非观相对清晰，对“狗仔队手法”和“写作失范”容忍度低，对“暗访”较能接受；他们对“争议性手法”的某些方面比新闻从业者更为宽容；新闻教育对学生形成正确的职业伦理观有一定作用，但职业取向所代表的个体信念是影响学生职业伦理观的最主要因素。在研究列举的十项争议性采编手法中，“任意编造信息源”“擅用私人文件资料”“违诺透露消息来源”“为获消息纠缠对方”等属于“狗仔队手法”的六项，得分均在中值3以下，表明绝大多数学生都予以否定。属于“暗访”的“假扮他人获取资料”“隐瞒身份卧底采访”等项，得分都在3以上，大部分学生对这些行为表示认可与接受。学生对“写作失范”的容忍度也较低。较之于“未注明引用”，大部分学生认为“剽窃”“虚构情节”“任意编造消息源”等行为极其恶劣，要求“停职/降级”甚至“开除”。这些“失范”，主要违反了新闻真实性原则，可见新闻学子对于新闻真实性，有强烈坚守和高度自觉。对于“付费采访”“假扮角色”“擅用单位机密文件”等行为，新闻学子的包容度远大于正式媒体从业人员。这一定程度上反映出大部分学生尚未接受真实的职业环境、还没有受到社会的洗礼，在很多认知与思考方面，有理想化色彩。对于“暗访”和“写作失范”，新闻教育起到显著“抑制”作用——对专业教育满意度越高，上述伦理失范行为的接受度越低，表明新闻教育对学生媒介伦理素养形成的有效性。与此同时，教育的有效性也受到社会现实制约——新闻教育对“狗仔队手法”没有抑制作用，因为狗仔队手法在现实新闻实践中较为常见，也满足了公众对八卦信息的需求。影响因素分析发现，职业取向所代表的个体信念是影响学生伦理水平的最主要因素——对媒体工作怀有较高理想与期待的学生，往往具有相对坚定的职业信念与正确的价值追求。因此，对新闻学子深入开展马克思主义新闻观教育，坚定学生的个体信念，在人才培养中尤为重要。

第十，新闻学子的职业认同度较低，不同类型学校的新闻学子在职业认同度上存在显著差异；性别、年级、家庭影响等个体因素不是造成新闻学子职业认同差异的主要原因；校内教育和校外实习互为补充，对职业认同有显著的促进作用。尽管大多数新闻学子对新闻专业有兴趣（3.16），但毕业后不太愿意从事此类工作（2.89）。究其原因，主要是新闻学子了解到的行业现状，与自身的职业期待相去甚远（2.40）。高年级学生在职业自信（专业技能、新闻敏感）不断增强的同时，其职业价值感、职业预期、职业兴趣均有所降低。理工类大学的新闻学子，在职业价值感、职业自信、职业兴趣方面，都要显著高于综合性大学和专业性大学。这说明不同学校的人才培养模式也能强烈影响学生的价值观念和职业取向。因此，新闻教育必须因时因地因校进行“一校一策”“一院一策”。另外，女生对新闻工作的职业预期普遍较低。现实中新闻院系男女生严重失衡，女生占了绝大多数。下阶段，新闻院系必须正视问题，要么改变生源结构，吸收更多真正有志于从事媒体工作的学生，要么缩小办学规模，要么改变人才培养定位……否则，专业存在的意义和价值必然受到严峻挑战。校内教育无论对新闻学子职业价值感的树立、职业自信的培养，还是职业预期的形成，都具有显著的正向效用。但通过扩招来人为制造新闻教育的“表面繁荣”毫无意义，“专业兴趣可以逐步培养”的观点，无法得到实证支持。

第十一，新闻学子毕业时首次求职，“专业对口”的主观愿望较为强烈；媒体工作对大多数本科新闻学子是“过渡性职业”，存在从媒体向非媒体的职业意愿迁移；媒体行业对本科新闻学子的吸引力，主要体现在“发展因素”；职业价值观和人力资本，是影响择业意愿的主要因素。“专业对口”，既体现为有近 75%的学生愿意把媒体作为第一份工作首选，也体现为在媒体细分领域，新闻类的学生更倾向于去传统媒体、传播类的学生更倾向于去公关广告业。在职业远景上，有近 25%的学生愿意把公务员、事业单位、各类企业等非媒体作为自己的长期工作。无论是全体受访者还是不同亚群体，在首份工作和长期工作意愿上，大多会经历从媒体向非媒体的职业意愿迁移。一定程度上，从媒体到非媒体，择业策略反映了学生们“去理想化”，也是他们逐渐向社会现实妥协的过程。与此同时，学生们主要鉴于“发展因素”才选择去媒体业工作的择业动机并不令人乐观，甚至让我们对他们的未来充满忧虑。他们怀着“个人发展”的美好愿望进入媒体，往往发现并不是这样时，会增强对收入、待遇等的期望，但这些方面媒体又不能满足，最终的结果，很可能就是离开。这能很好地解释为什么这么多的学生仅仅把传媒工作作为“启动性过渡职业”以及新闻传播专业毕业生的较高离职率和流动率。实证现实，在影响学生择业意愿的因素中，一是兴趣，二是个人能力，第三才是社会关系，“社会资本”对新闻学子的择业意愿并不构成显著影响。

第二节　供给侧结构性改革视角下的新闻传播人才培养模式重构

在对新闻学子专业学习、职业意识现状及影响因素、学生核心诉求、现有人才培养模式利弊等深入分析后，本书基于上述发现，紧扣学生需求、用人单位和社会需求，从供给侧结构性改革的视角出发，提出媒介变革时代新闻传播人才培养的新模式。

一、人才培养中必须厘清的八个观念问题

观念是方案设计的出发点，观念对则方案正。在设计新闻传播人才培养方案前，必须对一些新闻教育界长期以来存在的观念进行再讨论再审视。我们梳理为八个问题：

问题一：国家需要新闻传播专业重点培养什么人才？

任何一个专业的存在，都是为了培养扎实掌握专业理论知识、拥有娴熟专业技能、胜任专业岗位需求的“专门人才”。因为“专门”，专业才有存在的意义和价值。人才培养必须满足国家的核心需求。党的二十大报告

中，再次强调了新闻舆论工作“讲好中国故事、传播好中国声音，展现可信、可爱、可敬的中国形象”的核心职责使命。2019 年 1 月在十九届中共中央政治局第十二次集体学习时，习近平总书记重申了“要旗帜鲜明坚持正确的政治方向、舆论导向、价值取向，通过理念、内容、形式、方法、手段等创新，使正面宣传质量和水平有一个明显提高”。在稍早的 2016 年 2 月 19 日党的新闻舆论工作座谈会上，习总书记更是发表了与新闻教育直接有关的重要讲话：“新闻院系教学方向和教学质量如何，在很大程度上决定着新闻舆论工作队伍素质。要把马克思主义贯穿到新闻理论研究、新闻教学中去，使新闻学真正成为一门以马克思主义为指导的学科，使学新闻的学生真正成为牢固树立马克思主义新闻观的优秀人才。”① 从这个表述看，总书记代表党和国家对新闻传播人才培养的定位要求是“未来的新闻舆论工作者”。再看《教育部 中宣部关于提高高校新闻传播人才培养实施卓越新闻传播人才教育培养计划 2.0 的意见》，新闻传播专业的人才培养目标是“培养造就一大批适应媒体行业深度融合和行业创新发展，能够讲好中国故事、传播中国声音的优秀新闻传播后备人才”。这些都表明，国家需要新闻传播专业培养“专才”。“部校共建新闻学院”模式 2001 年在复旦大学率先试点，并于 2013 年年底正式推广全国，中宣部、教育部正式出台了《关于地方党委宣传部门与高等学校共建新闻学院的意见》，也是围绕这一目标进行人才培养的制度保障。

厘清了上述问题，我们必须坚持新闻传播教育首先是一种“专业教育”而不是“素养教育”。专业教育要求人才培养主要与社会某一专业领域和专业岗位相对应，提供具有专业精神和专业能力的人才。既然是“专业教育”，所培养的专业人才，大部分人也必须拥有坚定的专业领域从业志向和职业追求。具体到中国，进行新闻传播/舆论引导工作，承担国家内外宣传任务的首先是各级各类主流媒体。在公共外交时代，以国有企业为代表的大型企事业单位是“第二梯队”，同样承担着“讲好中国故事、传播中国声音”的职责使命。因此，为各类媒体机构、政府部门、企事业单位输送优秀的新闻舆论工作人才、内外宣工作人才，是新闻传播人才培

---

① 中共中央文献研究室.习近平总书记重要讲话文章选编［M］.北京：中央文献出版社，党建读物出版社，2016：438.

养的核心指向。

问题二：从国家需求看，新闻传播人才最重要的能力和素养是什么?

人才需求是有层次的，不同用人单位也各有差异。但我们必须首先关注国家对新闻传播人才的需求。2018 年 8 月，习近平总书记提出新时代宣传思想工作“举旗帜、聚民心、育新人、兴文化、展形象”五项使命任务，为做好当前和今后宣传思想工作指明了方向、提供了根本遵循。习近平总书记在党的新闻舆论工作座谈会上的讲话有更为具体的表述：“新闻舆论工作队伍的政治素养、理论水平、政策水平、业务能力，直接关系党的新闻舆论工作效果。要适应新形势新任务的要求，加快培养造就一支政治坚定、业务精湛、作风优良、党和人民放心的新闻舆论工作队伍。”具体来说，一名党和人民需要的合格新闻舆论工作者，必须努力做到：一是增强政治家办报意识，讲政治是第一位的；二是牢记社会责任，新闻舆论工作者不是自由职业者，不是自由撰稿人，而是党的事业的一分子；三是提高业务能力，要掌握专业知识和技能，也要掌握经济、政治、文化、科技、历史、法律、社会、生态、国际、党建等各方面知识，善用现代传播手段，成为全媒型、专家型新闻舆论工作者；四是转作风改文风，要有好的脚力、眼力、脑力、笔力。[①] 如果对上述内容进行概括，需要新闻传播人才具备“过硬的政治素养＋优秀的业务能力”。政治素养具体包括政治站位、社会责任、理论水平等，业务能力包括对国家相关政策的掌握情况、全媒体时代“十八般兵器”的运用，是否具有实事求是、深入基层的文风和工作作风等。因此，新闻传播人才培养，也必须紧扣“过硬的政治素养”“优秀的业务能力”两方面进行设计。

问题三：新闻传播人才培养过程中，如何体现“专业性”?

专业性必须由一系列的“专”来保证：专业的人设计专业的培养方案，通过专业的方式方法进行。具体来看，要特别重视以下方面：第一，专业的师资队伍。以“适应媒体行业深度融合和行业创新发展，能够讲好中国故事、传播中国声音的人才”标准来衡量目前的新闻传播教师队伍，令人汗颜。新闻院系的多数教师缺乏新闻实践经验，多为理论出身，学生对新

---

① 中共中央文献研究室.习近平总书记重要讲话文章选编［M］.北京：中央文献出版社，党建读物出版社，2016：434—438.

闻教育的评价也令人忧心忡忡。因此，必须从根本上对新闻院系的师资来源和队伍结构进行优化重组。第二，要有专业的培养方案。想方设法克服“千案一面”、因人设课、概论化流行等“顽疾”，重新修订培养方案。事实上，“专业性”最核心体现就是“聚焦”。如果瞄准“专业人才”培养，方案和课程设置必须是聚焦的。第三，要有专门的培养方式，包括课堂讲授、参与式作品分析、优秀媒体人讲座、校园媒体日常化实践、集结性任务化短期训练、优秀学生师徒制精英化训练、社会媒体参访、媒体集中实习等多种形式手段。通过这样的全面改革，努力突出“专”字。

问题四：数字媒体时代，内容、技术、渠道等，到底哪个“为王”？

今天，媒体到底坚持内容为王，还是应该转向技术为王，或者渠道为王？这个问题，经常困扰着新闻传媒业，也同样困扰着新闻院系，深刻影响着人才培养目标和方向。具体实践中，直接体现为大家纠结于网页制作、数据挖掘、程序设计等课程，在培养方案中的比重到底多少才算合理？这些技术内容到底要讲到怎样的深度与难度？新闻传播专业学生要掌握到怎样的程度才算可以……习近平总书记在2019年中央政治局在人民日报社就全媒体时代和媒体融合发展举行第十二次集体学习时就明确指出：“推动媒体融合发展，要坚持一体化发展方向，通过流程优化、平台再造，实现各种媒介资源、生产要素有效整合，实现信息内容、技术应用、平台终端、管理手段共融互通，催化融合质变，放大一体效能，打造一批具有强大影响力、竞争力的新型主流媒体。”在党的新闻舆论工作座谈会上，习近平总书记又强调：“随着形势发展，党的新闻舆论工作必须创新理念、内容、体裁、形式、方法、手段、业态、体制、机制，增强针对性和实效性。要适应分众化、差异化传播趋势，加快构建舆论引导新格局。”很明确，数字媒体时代，对于新闻媒体来说，核心优势依然是“内容为王”。互联网等传播技术，是当今媒体发展的时代背景和生存环境，对媒体的核心业务带来了新的挑战与要求。作为新闻媒体来说，必须正视和高度重视。但这个过程中，切忌迷失方向，不能过于重视各种新传播技术和手段而忽视了专业的内容生产。认清这一点，不仅对新闻单位有重大意义，对新闻院系的人才培养也有根本性价值：要始终明确，检验新闻传播专业人才培养质量的金标准是从国家和社会用人单位看，能否适应国家、社会和受众需求，培养优秀的内容生产者，服务于新闻舆论工作、各种内外宣传工作，至于技术、营销、运营等，都是围绕优质内容生产的各项保障。

问题五：新闻传播专业毕业生去媒体机构就职，还有优势吗？

近年来，越来越多的新闻学子发现，在就业竞争中，自己与法律、经济、管理、外语等其他人文社会类专业毕业生相比，越来越没有优势，甚至和理工科学生相比也毫无行业优势。很多新闻学子为此陷入深深的焦虑与迷茫：我们连去媒体机构都没有优势了，学这个专业的意义和价值到底在哪里？

这种错位，正是“供给—需求”不匹配的体现。仔细分析，造成上述现象主要原因有三：第一，今天的媒体机构，尽管名称上还是多以“报业集团”“传媒集团”“广播电视台”等形式出现，但在实质性的业务领域和岗位设置上，多元化程度已经非常深入。以上海报业集团为例，2021 年新媒体收入占集团媒体业务收入的 64.31%。即使在新媒体内部，服务收入也包括版权内容、财经信息、第三方劳务输出（内容、技术、审核等）、信息流内容分发及交易、自媒体广告、整合营销六大块，并不仅限于内容生产。对于如今多元化的媒体集团，新闻传播人才所对应的内容生产岗位只是众多岗位中的一部分，还需要技术、财务、法律、经济管理等各种专业人才。但在互联网之前的“铅与火”时代，新闻机构对技术的依赖有限，也远远未达多元化格局，用人需求几乎全部集中于内容生产类岗位。因此，大家普遍感觉到对新闻传播类毕业生的用人需求降低了。其实，不是绝对数量的降低，而是相对比重的下降。如果进一步研究下岗位的具体专业要求，会发现新闻传播类专业在媒体招聘时仍然具有压倒性优势。以人民日报社 2020 年应届高校毕业生招聘为例，在总共 36 个部门中，有 21 个岗位接受新闻传播类学生。南方报业传媒集团 2021 年校园招聘，除了技术研发类、工程设计类岗位外，职能管理类、内容采编类、产品运营类岗位中的绝大多数都接受新闻传播专业毕业生。所以形势并不是我们想象的那么严峻。第二，新闻传播类学生就业困难，主要原因不是需求侧的需求减少了，而是供给侧的供给数量大大增加了，供大于求是真问题。据统计，2021 年全国新闻传播学类招生计划超 7 万人，较 2020 年增加 5.63%，其中普通本科增长了 8.43%。供给侧人数“井喷”，很大程度上造成了就业困难。第三，毕业生尽管多了，但岗位最看重的学生能力和素质似乎没有根本性提升，甚至还有下降，能较好满足数字媒体时代优质内容生产需求的学生，少之又少。所以结论是，新闻传播专业毕业生去媒体机构就职到底还有没有优势，关键看学生自身。如果是“过硬的政治素养+优秀的业务能力”的专业人才，当然有优势，而且优势明显；但如果在这方面不行，再加上新闻传播专业盲目扩张，这些学生想去媒体机构工作就毫无优势可言了。

问题六：与其他文科专业相比，新闻传播专业学生的核心竞争力是什么？

既然是个“专业”，学生的核心竞争力就是专业人才培养目标所指向的能力，具体到新闻传播专业就是：适应媒体行业深度融合和行业创新发展，能够讲好中国故事、传播中国声音的能力。

具体来说，这个能力至少包含以下方面：**(1) 从纷繁复杂的信息中对最有价值信息的筛选能力。**今天，各种信息充斥着我们的生活，“信息过载”导致有用信息获取成本大大增加。如何从海量信息中甄别出真与假、“干货”与“水货”、有用与无用……正是新闻传播专业人士的专业能力和专业价值体现。相比其他专业学生，新闻学子应该有一双更敏锐的“火眼金睛”，能迅速发现对受众最有用的真信息、好信息。**(2) 对信息的快速分析、整合能力。**筛选出的信息，还需要进一步加工整理，否则只是“信息原胚”。信息与信息之间的关联性如何？哪个是因哪个是果？根据现有的信息，事态将会如何发展？能有效预测与分析吗？对信息的快速整合、分析能力，也是专业性的重要体现。**(3) 最适合受众接受的信息表达和呈现能力。**从谋篇布局、行文结构、文字措辞、视觉化图表、编辑手法等各方面，将加工后的信息，最终以受众喜欢的形式表达与呈现，是新闻传播专业学生区别于其他专业学生的又一个重要能力。通过最高效的方式、最少的信息损耗、最清晰的接收度、最容易的理解度，将信息传递给受众，这种能力如果不经过专业训练，短时间内是很难具备的。**(4) 将受众反馈准确运用于后续新闻报道的能力。**交互传播时代，如何将受众反馈迅速运用于后续新闻报道、指导后续选题、采写与表达，既需要新闻从业者有敏锐的信息感知力，也需要他们对受众有充分的同理心和较强的换位思考能力。**(5) 过硬的政治素养。**前面四个能力，概括起来都属于“优秀的业务能力”，其实在业务能力之上的，更需要新闻从业者有过硬的政治素养。从党和国家的要求看，检验是否有过硬的政治素养，主要有五个方面：一是看是不是确立了马克思主义新闻观，认同党性和人民性的高度一致性，认清西方所谓“新闻自由”的虚伪性和欺骗性；二是看是不是有坚定的政治意识、大局意识、核心意识、看齐意识，自觉在思想上政治上行动上同党中央保持高度一致；三是看是不是忠实宣传党的理论和路线方针政策，让党的主张成为时代最强音，促进筑牢全党全社会团结奋斗的共同思想基础；四是看是不是把纪律挺在前面，严格遵守党的政治纪律、宣传纪律和长期形成的规矩；五是看是不是具有政治定力，在大是大非面前旗帜鲜明，在重大原则问题上敢于发声、敢于斗争。[①] 对照这个要求，培养过程中的政治素养训练，是新闻传播专业在人才培养方面区别于其他专业的最鲜明特点，高度的“政治敏感性”或许是新闻传播毕业生相对于其他专业学生的根本和长期优势。

问题七：新闻传播学专业是否应该坚持大类招生、大类培养？

如今，有越来越多的高校采用“大类招生”，有些学校大一大二甚至只分文科类、理工类、经管类三个培养方向，也有些学校把新闻传播类学生大一大二“寄养”在经济学、社会学、政治学、法学等其他专业进行培养。一般认为，大类招生的优势主要是降低学生专业选择的盲目性，有利于培养综合性、复合型人才。但是，我们的实证研究发现，至少在新闻传播专业，“大类招生”并不能有效提升专业承诺，一定程度上还会降低专业承诺。同时，在维持现有学制不变的前提下，通识教育与专业教育在时间上就是“零和博弈”——大学本科四年，如果学生花一年甚至两年时间接受大类教育，留给专业教育的时间就非常有限。任何专业，之所以有必要作为一个“专业”留在人才培养体系中，就是因为专业性和不可替代性。如果一味强调“宽口径”，连专业学习的基本时间都无法保证，就是舍本逐末、标新立异。另外，从受教育者角度——学生们的现实评价看，对当下普遍采用“分专业前大类培养”的新闻教育，无论是课程设置、师资水平，还是知识覆盖、技能提升和从业促进，对现行的“大类招生”满意度都不高。

因此，我们认为，过于宽泛的“大类招生”似乎没有必要，“大类培

---

① 中共中央文献研究室.习近平总书记重要讲话文章选编［M］.北京：中央文献出版社，党建读物出版社，2016：435—436.

养”必须坚持，但要重构内涵。理想的状况，学生迈过“大类招生”环节，大一就直接进入“新闻传播专业”学习，保证专业学习有足够的时间；同时，将“专业内大类”坚持到底，取消目前被很多高校采用的大二或者大三再分新闻学、传播学、网络与新媒体、广告学等更细的专业方式，将本科阶段的新闻传播教育，整合成一个专业——新闻传播专业，真正体现“融合”思路。与学生未来发展对接，在高年级，根据学生个人兴趣和发展志向，引导学生在实务和研究两个高阶课程模块两选一，进行更集中深入的学习。这样的设计，“大类”边界清晰，摒弃以往按照媒介类型来设置具体专业，创新人才培养模式，也兼顾了学生志向和学习兴趣，立足当下又放眼未来，具有较强的合理性和前瞻性。

问题八：课堂教学与专业实习实践，应该是怎样的关系？

我们通过对16所高校新闻传播人才培养方案梳理后发现，大部分高校都把课堂教学和专业实习实践作为新闻传播人才培养的前后两个阶段：低年级先通过校内课堂教学打基础，高年级再去社会媒体进行为期10—16周的专业实习。这背后的理念，是对两者不同功能的认知：理论学习主要通过校内课堂完成，技能提升则主要通过校外实习实践完成。但本研究发现，这种被各新闻院系普遍采用的人才培养模式，至少存在着三个弊端：第一，教学与实践环节脱节。理论是对实践的指导，实践是对理论的检验，两者同时存在互为促进。人为把理论与实践分为前后两个阶段，有违于新闻传播工作的实际。第二，部分对专业有较浓厚兴趣的学生低年级偷着去实习，“低龄化”的学生无法真正胜任新闻传播岗位要求，实习质量大打折扣，也影响了校内学习，得不偿失。而一般安排在大三下学期或者大四上学期的集中专业实习，与考研学生的备考时间产生冲突，很多学生为了复习考研，专业实习流于形式甚至干脆放弃。第三，对专业实习的理解过于狭窄。只把校外单位实习当作专业实习，忽视了校报、校园电台、学校官网或者官微等校园媒体在人才培养中的价值和作用。

因此，我们必须重新认识课堂教育与实习实践的关系：它们不是前后相继的两个阶段，而是人才培养中互为补充的平行环节。在课堂教育的同时，必须开展各种形式的实习实践。与课堂教学由浅入深类似，实习实践也必须是一个有梯度、进阶性的连续过程。同时，放宽对专业实习实践概念的理解，去社会媒体是专业实习，在校园媒体同样也是专业实习；从事报道工作是专业实习，去媒体参访、与媒体人进行深度交流和探讨同样也是专业实习；在带教老师指导下完成新闻报道是专业实习，承担媒体部门的某个其他任务同样也是专业实习……只有对以往专业实习实践概念有彻底颠覆和更宽泛理解，树立起“大实习”理念，才能对现有新闻传播人才培养方案有根本性创新与突破。

二、“聚焦型”新闻传播人才培养模式的内涵与关键改革点

供给侧改革视角下的新闻传播人才培养模式创新，必须重视国家、用人单位的需求，也必须充分考虑学生的需求。上一节对新闻传播人才培养的八大观念问题进行了再讨论，依据当前国家需要、社会需求和学生评价给出了回答，而这也正是新闻教育下阶段改革的出发点。对现阶段国家对新闻传播工作和新闻传播人才核心要求进行分析后，依托问卷实证调查所反映的客观真实情况，结合前期对新闻学子、用人单位的调研访谈，针对新闻传播本科人才培养，我们提出了一种称之为“聚焦型”的人才培养模式。与以往大家所熟悉的“宽口径、复合型人才培养”模式不同，“聚焦型”模式要求：本科阶段的新闻人才培养，紧扣国家对专业的核心需求，重视政治素养提升与优质内容生产能力训练，重新定义“通识教育”，为学生专业发展打下坚实基础，在扎实掌握融合新闻传播业务技能的基础上，高年级进行“实务”与“研究”课程模块引导与分流，有效支撑本科生下阶段的个人发展。同时，取消现有以媒介形态划分的新闻学、广播电视学、传播学、网络与新媒体、广告学等具体专业，整合为统一的“新闻传播专业”，在此框架下进行本科人才培养。为保证人才培养效果和竞争力，建议实施“一校一策”，主要以内容重新确定培养特色，如财经报道、体育报道、科技报道、娱乐报道、策略传播、政府传播、国际传播等，集中精力培养既满足国家、社会、学生自身等多方需要，又有充分延展性和发展潜力的优秀新闻传播人才。

之所以强调“聚焦”，很大程度上在于“宽口径、复合型”想法固然美好，但从目前的实施情况和学生反馈看，“宽口径、复合型”往往给各校因人设课提供了最好的借口，缺少清晰而明确的边界。对于这种模式，从需求侧角度，存在太多的实际问题。从学生看，各种“通识课”严重挤

压了专业课学习时间，有限的专业课程，内容又以各种“概论”居多，缺少扎实的能力训练。从用人单位看，毕业生很多达不到用人的基本业务要求，入职后需要重新培训。从国家看，所培养的毕业生离“一大批适应媒体行业深度融合和行业创新发展，能够讲好中国故事、传播中国声音的优秀新闻传播后备人才”有较大差距。因此，如果一味强调宽口径，蜻蜓点水，学生则不具备最核心的专业能力，对其未来发展无益。基于这样的现实困境，对原有“宽口径、复合型”人才培养模式进行阶段性系统评估后，实事求是指出问题，进行全面改革。“聚焦型”人才培养模式，直面需求方的种种疑问，或许能解决今日新闻传播教育所面临的最棘手问题。

“聚焦型”新闻传播人才培养模式需要对现有新闻传播教育有一系列的根本性改革：

1. 理念上，认清大部分本科毕业生需要就业的现实，明确优质内容生产能力是新闻教育带给学生的最核心竞争力

2021 年，我国高等教育毛入学率已达 57.8%，由大众化阶段进入普及化阶段。[①] 从毕业生的情况看，2022 年全国普通高校应届毕业生约有 1 076 万人，同比增加 167 万人。研究生招生人数约为 110.7 万人。因此，直接就业依然是绝大部分应届毕业生的主要去向，这也是本科人才培养的最大现实。具体到新闻传播业，国家层面，习近平总书记代表中央明确提出“内容创新是根本”；公众层面，2020 年新冠疫情期间，以财新、三联生活周刊、新京报、南方周末、澎湃新闻等为代表的优秀媒体所采写的一系列扎实专业的报道令无数读者点赞，让日常淹没于信息海洋的普通公众再次深刻意识到，面对突发情况和重大事件，专业媒体和新闻人所生产的优质内容之极其重要与稀缺。在国外，情况也差不多。2016 年深圳大学辜晓进教授重走美国大报，反复追问一个问题：在数字时代，什么是新闻生产最重要的？受访者的回答出奇一致：优质的内容。今天，信息和传播技术的变化，无时无刻牵动着新闻院系敏感的神经，很多院系表现出过度焦虑。归根结底，还是没有清楚意识到新闻传播专业人才培养的核心价值和竞争力所在。看不到核心的“不变”，就特别容易受到外界“变”的影响。我

① 新华社.教育部：我国高等教育毛入学率达到 57.8% [EB/OL]. http://www.moe.gov.cn/fbh/live/2022/54453/mtbd/202205/t20220517_628223.html，2022-05-17/2022-12-31.

们不妨参考下职业院校培养厨师时的“淡定”精神：厨师最核心的竞争力就是做菜水平，很少听到这些学校争论到底是培养“小店厨师”还是“大酒店厨师”“线下店厨师”还是“线上外卖厨师”。餐饮行业好不好，关键还是看做菜水平和相应服务。这一点对新闻教育很有启发，面对大数据、互联网、媒介融合的数字时代，我们其实也可以保持淡定，静下心来紧扣人才培养的核心目标做事情，让学生真正具备国家和社会所需要的优质内容生产能力。如果能这样想，也就根本不必纠结于新闻传播人才的未来职业流向，到底是传统媒体还是新媒体，到底是机构媒体还是平台媒体或者互联网公司，到底是政府部门还是企业。一句话，无论什么行业，招收新闻传播专业的毕业生，最看重他们的就是与具体行业、岗位相匹配的优质内容生产能力，这个能力到底行不行？如果行，今后他们发展前景广阔；如果不行，很可能举步维艰。

2. 实践中，切忌浮夸，教给学生最重要最实在的东西

支撑优质内容生产的是专业能力和专业水平，姑且称之为“手艺”。手艺厉害，毕业生才有竞争力。“手艺”训练的保障至少包括：首先，效仿外语人才培养，尝试小班化教学。学生的业务能力，都是手把手教出来的，作业也是一遍遍改出来的。班级规模过大人数过多，无法做到有效培养。同时，必须适当压缩新闻传播专业招生规模，既为小班化教学提供条件，也回应了目前毕业生人数供大于求的问题。其次，适当降低理论课的比重，强化实践教学，在做中学、学中做，尤其要重视校园媒体在人才培养中的作用，在专业教师指导下进行校园媒体的全真实践，训练学生的采编能力、经营能力、队伍管理能力、抗压能力，把校园媒体实践贯穿学生专业培养的全过程。改革课程结构，所有业务课，都是由“理论学分＋实践学分”构成，理论学习与实践学习并行。再次，灵活的课程设置和教学形式。在传统的课堂内进行小班研讨、习作点评、心得交流；在课堂之外，采用新闻实践采风、学生记者专题实训、突发新闻临时实训等多种形式，最大程度提升学生能力。这就需要对“课堂”也有更为宽泛的理解和认识：课堂不再分所谓的“第一课堂”和“第二课堂”，也不再是“结构化”的——必须在规定时间地点从事规定的教学活动。根据重新理解，只要在教师认真组织下，能让学生对知识和能力有所学习提升的任何场合，都是“课堂”。需要特别说明的是，“手艺”不仅仅指技艺，更指思想。但

凡优秀的艺人，其作品必然包含思想与内涵，充满了智慧和灵动。对新闻传播专业学生来说，掌握技能是最基础的但还远远不够，需要在技能训练的同时，努力提升自己的思想深度和政治素养、对复杂社会的认知能力、单个新闻事件对社会全局意义影响的判断能力。

3. 培养方案设计时，重新定义“概论课”，对“素养课”进行概论化教学

“概论化”是目前新闻传播类专业课程设置的“癌症”，不仅体现为专业课程中以新闻学概论、广播电视概论、广告学概论、传播学概论、网络与新媒体概论等各种“概论”出现的专业基础课，也包括像新闻采写、新闻传播学研究方法、数字媒体技术、新闻传播伦理与法规等“无概论之名有概论之实”的课程，还体现为以“通识教育”为名出现的各种“大杂烩”素养类课程。新闻教育需要“概论课”，但不是目前的这种弄法，而是重点聚焦人文社会科学、信息科学等与新闻传播学关系密切的学科领域的概论教学。掌握了这些概论，让学生具备较好的人文、科学素养，极其重要。“手艺”能保证学生在短期竞争中取胜，“素养”则给手艺提供最大程度的营养与支持，能使学生长期不败。我们需要“手艺＋素养”的双轮驱动。但必须认清“手艺”是 1，素养是 0：没有手艺，素养再多也是 0，有了手艺，素养则多多益善。所以，也不必过于焦虑技术对新闻传播教育的冲击，技术方面太专业性的知识与能力，原本就不是新闻传播人才培养的重点。就像建筑设计师必须懂一些土木工程和力学原理，否则他设计的房子根本不可行。但设计师不必成为土木专家或者力学专家，这些则由更专业的人士担任。新闻教育目前存在一个较为普遍的认识误区好比：明明是培养建筑设计师，却非要让他也成为土木工程师和力学工程师。这个既做不到，也没有必要。面对迅猛发展的传播技术，新闻传播专业有些新增课程，如大数据、网络技术、数据挖掘等“素养课”，停留于“概论”也无妨。我们不要求大多数新闻传播专业的学生，对数据挖掘和信息可视化技术有深入掌握。当今的各行各业都非常强调跨部门跨领域的协作，岗位分工高度细化。在今后的新闻生产中，如果对数据挖掘或信息可视化真的有较高要求，可以寻求专业的团队和人员支持。但与其他团队合作也要有前提——记者编辑必须要有一定的技术或设计基础，才能把自己的想法清晰表达出来，也能有效参与专业团队讨论，提高工作效率。其实，这样的

情况早已在实务界运用多年——新闻报道中，一般的文字记者都会拍照，如果对图片没有特殊要求，就直接用文字记者的图片；但如果对图片有特别的要求，会再另派摄影记者专门拍摄，分工合作。

总之，“手艺课”要讲精讲实，“素养课”要讲多讲泛。即使是以素养为重点的“概论课”，也需要认真规划——哪些是新闻传播人才核心竞争力的最重要素养？结合对新闻学子、新闻单位等的访谈，我们认为，丰富的文史哲知识、较好的信息技术能力、科学思维和严密逻辑、自我调节与管控能力等，构成了当今新闻传播人才最重要的“支撑性素养”。因此，概论课就可以重点围绕上述方面展开。

4. 秉承讲精讲透的理念，做细做实专业课

需要重新明确人才培养目标和定位，精准聚焦，对专业课重构。目前新闻传播专业仍然按照新闻学、广播电视学等媒介形态进行招生与培养，这在媒介融合时代有待商榷。尤其是“网络与新媒体”，已经作为时代背景，渗透到今天的任何行业与领域，再把它作为一个具体专业，显得很不合适。我们对培养方案的分析，也支持了这个观点：“网络与新媒体”专业至今无法在人才培养目标方面形成共识，培养边界模糊，课程拼凑情况严重。按照“聚焦型”人才培养模式的设计思路，具体到各新闻院系，建议采用更精准的人才培养领域。之所有要这样做，就是为了使学生能有真正的竞争力。我们必须清楚认识到，复杂的媒介环境下，快节奏的今天，受众对优质内容的需求不是少了而是多了，但新闻传播专业培养的学生很难给公众提供优质内容、深度满足公众的信息需求。基于这样的认识，专业课需要全面重构：紧紧围绕所聚焦的人才培养方向，做细做实。为什么“聚焦型”人才培养模式特别提倡“一校一策”？因为只有如此，才能真正“聚焦”，否则还是容易回到“大而无当”的老路。“一校一策”也为专业课做细做实、更有针对性提供了可能。在此框架下，现有培养方案中大量无关或者关联度不高的专业课（必修课、选修课）可以直接删除或者归入“素养课”，同时让那些真正需要的专业课节奏变慢，容量倍增。更合理的设计，可以专门设立“专业特色课”必修课模块，体现人才培养的鲜明特点。比如，某校的新闻传播专业以培养学生人物报道能力为特色。纵观各新闻院系现有培养方案，“人物报道”多归为“新闻采访写作”课程中的一个章节分到 2—3 个学时，少数高校略显重视，把“人物报道”当成一门

选修课，36 个学时。事实上，人物报道是高难度的一个新闻种类，人的内心世界高度复杂，很难用简单的好人坏人去定义报道对象；采访对象当面表达的内容与其真正的想法有时候出入很大；记者也很难用短短的几百字、几千字对一个新闻人物有准确、客观呈现……这些情况，无论用 2—3 个学时还是 36 个学时，都是无法解决的。如果一家新闻院系的人才培养，以“人物报道”为聚焦方向，就有条件在“专业特色课”模块细化出很多课程，如人物消息采写和通信、人物专访、人物特稿与非虚构写作、人物深度报道、经典人物报道赏析、知名人物报道记者讲堂等，也可以引导学生在通识课中重点修读人际关系心理学、女性心理学、环境心理学等对记者完成“人物报道”非常重要的“心理学类”支撑性课程，还有诸如社会学、危机与风险处置、信息检索、社会调查与分析等关联类课程。经过这样的训练，学生能扎实掌握新闻传播的基本原理方法，从事一般新闻报道的工作，更能擅长于人物报道，对社会有更深刻的认知与洞察，竞争力明显提高。

5. 对师资队伍进行全面系统改革，对“研究型”和“业务型”教师真正实现分类管理与考核

人才培养的关键还是师资。人才培养模式、课程建设、实践教学条件等专业建设都以教师为主体，能否提高师资队伍素质，充分调动和发挥教师积极性，极其重要。按照“聚焦型”新闻传播人才培养模式，需要对现有师资队伍进行“颠覆性”改革。目前新闻传播院系师资方面的突出问题主要表现为：

(1)“研究型”教师人数远多于“业务型”教师。“业务型”教师必然要求相关人员前期有过专门媒体从业经历并积累了较为丰富的经验，然后向高校教师转型。但从高校目前的用人条件看，年龄、博士学位、前期科研成果发表无异于一道道“拦路虎”，使媒体人士向高校教师转型变得极其困难，壁垒重重。因此，尽管提倡了多年，但现有新闻院系的教师队伍构成仍以“研究型”师资为主。这样的师资基础，在理论课方面尚可维持，但驾驭业务课就显得极其困难。

(2)“研究型”教师的研究，与人才培养关联度不高。在研究领域，与史论相比，新闻传播实务的研究重视程度远远不够，甚至被歧视。“研究型”教师中，也很少有人把研究领域和研究对象聚焦于新闻业务、人才培

养或者新闻教育。多数“研究型”师资所关注的问题和研究兴趣，与新闻教育、人才培养关联度不高，对新闻教育和人才培养的研究，在很多人眼中也不是真正的“科研”，这些情况都导致教学与科研无法相互促进。

(3)“业务型”教师在现有资源分配机制和评价机制下，很容易被“边缘化”或者向“研究型”转变。近年来，也有少部分媒体人以“特殊业界人才”的方式进入高校，但总体上，他们的发展情况并不好。很多媒体人进入高校后，面临两难境地：如果坚持媒体人定位，以实务教学为主，在现有高校以科研为主要导向的分配和评价机制下，他们会被迅速边缘化，很难争取到足够的资源；如果想适应高校要求，必须尽快向“研究型”转型。且不说转型过程之艰难，即使有极个别转型成功的，作为高校来说，只是多了一个“研究型”教师，研究能力也仅为一般水平，那当初为什么要从业界引进这个人呢？所以，媒体人进高校发展，转与不转都很难。此外，全职进入高校的媒体人，还面临知识内容系统化、教学方式与方法学习、脱离一线后媒体实务技能如何保持等多方面的挑战，压力极大。

(4) 外聘师资无法真正参与人才培养。为了缓解自有师资不足，教育部、中宣部联合设立了“高校与新闻单位从业人员互聘交流‘千人计划’”，鼓励优秀的媒体人去新闻院系挂职。在具体实施中，人员安排上，最优秀的媒体人未必愿意去高校挂职，各媒体所派人员大多也不是最顶尖的业务骨干；时间安排上，一般只要求“受聘教师与高校教师合作开课的，每学期授课不少于10学时；以系列讲座形式授课的，每学期讲座总课时数不少于20学时”。这么少的时间，对学生的效用也就止步于“视野开拓”，无法产生深层次的影响，更不用说手把手教学。

(5) 校内教师新闻单位挂职效果有限。新闻院系骨干教师去当地媒体进行为期一年的挂职交流，尽管规定了“从2019年9月开始，原则上要求脱产交流，挂实职”，但实际较难做到。高校教师教学任务重、科研压力大，“挂职”往往变成“挂名”，无法真正做到“身入+心入”。作为新闻单位，面对没有相关从业经验的高校挂职教师突然到来，也很难安排具体的业务岗位，让教师“观摩”成了常态。

这些都是新闻传播人才培养在师资方面的现实困境。任何改革，尤其是人事方面的改革，必须基于现状谨慎为之。我们所谓的“颠覆性”改革，主要是用人理念、人员管理和考核方式的颠覆，不是对现有师资队伍的颠覆，更不是对现有新闻院系教师队伍的“大换血”。基于新闻院系师资队伍的历史、现状，以及“聚焦型”人才培养模式的要求，我们对未来的师资队伍提出以下改革建议：

（1）多从“增量”上做文章，在新进教师中，保证每年不少于三分之一的名额用于引进资深业界人士。通过3—5年的积累，使“业务型”教师的人员总量达到6—10人，能基本维持业务类专业课的教学需要。对于“资深”的标准和定义，也要根据不同学校的层次和办学要求有所区分。如果是新闻传播专业的全国性名校，“资深”当然是指在全国甚至全球有一定影响力的媒体人；如果是省级名校，“资深”可以是区域范围内有影响力的媒体人；如果是其他一般高校，在当地有一定影响力、较强媒体工作经验的人士即可。

（2）把好“引进关”。好的媒体人未必能当好教师，差的媒体人肯定当不了好教师。高校目前的用人机制，要完全解聘一位教师还是相对困难的。因此，引进业界人才，必须仔细甄别、慎之又慎。可以适当降低学历要求，不以“学历、职称、职位”等为主要标准，但提高业务能力门槛。要用好互聘交流制度，作为前置条件，发挥“试用期”功能，可以规定媒体人在全职转型进入高校前，必须实际参与过该计划，在相关新闻院系有挂职、实际教学经历。这样，对引进对象的从业经验、教学能力、师德师风等有了先期考察，很大程度上能保证“业务型”教师的质量。

（3）为“业务型”教师提供平台。一讲到“平台”，总让人容易想到给引进人才配套成立“研究中心”或者“研究所”，提供相关科研启动经费甚至人员编制支持。对于“业务型”教师来说，根据学院人才培养需求结合教师个人兴趣，让其发起成立并负责指导、担纲一家全新的校园媒体指导教师，让其带领学生进行专业创作并给予相应的物质资金人员支持，在学院本科/研究生教育与学位委员会等机构组成人员中保证“业务型”教师相应人数……这些都是“提供平台”的具体体现。

（4）全面改革“业务型”教师的考核和晋升要求。在年度考核中，以教学工作量为主，科研方面提倡发表教改论文、申请教改课题，研究生指导以专硕为主。在职称晋升中，研究制定“业务型”教师的晋升体系，降低科研论文和项目要求、扩大认定范围，达到基本科研要求后，重点考察其人才培养质量和创作水准。

(5) 用好互聘交流制度，把“研究型”教师校外挂职做实。为增强现有教师对新闻单位挂职的重视、提升挂职实际效果，可以规定现有45周岁及以下“研究型”教师在职称晋升时，必须有一年的挂职经历，且发表过相应的作品或主持、主导过相应的业界项目。

(6) 鼓励“研究型”教师与“业务型”教师结对子，业务课采用“一人两课、两人一课”的师资配备。“一人两课”，大部分教师每人只上两门专业课，保证教师的精力和投入；“两人一课”，一门课由两位老师共同担纲，可以是“业务型教师为主、研究型教师为辅”，也可以“偏理论部分研究型教师主讲，偏实务部分业务型教师主讲”的方式，发挥各自优势，互相学习，取长补短。

(7)“研究型”教师的教学重心是，集中精力上好理论课和本科高年级研究类模块课程、重点培养好有研究兴趣和取向的本科生，指导学术型硕士生、博士生。对“研究型”教师的考核和晋升要求，以科研为主兼顾教学，人才培养着重考察其研究生培养质量。

(8) 做好部分现有教师的分流计划。实施“聚焦型”人才培养模式后，必然有部分存量教师既无法满足“业务型”要求也无法满足“研究型”要求，可以先给予他们3—5年的过渡期。过渡期满后，如仍然无法胜任专业教师岗位要求，可以采取转行政人员岗、转实验员岗、转学工教师岗等方式进行分流，或者由这部分教师为主承担学校下达给学院的通识课、公选课教学任务，对于部分年龄较大的教师，符合相关政策的可以鼓励提前退休。

(9) 鼓励外聘教师以“项目制”参与人才培养。外聘教师属兼职性质，很难做到在相对固定的时间来校上课。教学效果方面，从学生反馈看，大部分外聘教师实践经验丰富，但对知识的系统性、层次性驾驭较为薄弱。结合这些情况，外聘教师以“项目制”形式参与人才培养更为可行。项目制对教师和学生的时间要求都比较灵活，直接的任务导向，也容易培养学生职业意识和职业精神。

6. 重视实践教学，将专业实习实践贯穿人才培养全过程，凸出校园媒体在人才培养中的独特优势

充分认识到“学中做、做中学”的重要性，把专业实习实践贯穿于大学四年人才培养全过程，与“课堂教学”双线平行。根据这个理念，我们

认为“聚焦型”新闻传播人才培养模式下的专业实习实践改革重点有：

（1）对专业实习实践的内涵进行重新思考。按照目前的理解，本科生专业实习多指在大三下学期或大四上学期，去企业、媒体、传媒公司、政府机构等的宣传、策划部门进行为期10—16周的集中实习。事实上，学生采用各种实践形式，对新闻传播业有现实认知，了解行业发展、增进专业技能的所有活动，均属于专业实习实践活动。认知实习、生产实习、毕业顶岗实习等都是专业实习实践的组成部分。可以按照一年级入门认知实习、二年级—三年级上生产实习、三年级下—四年级顶岗实习对专业实习实践进阶化设计。鼓励实习实践形式多样性，采用优秀媒体人讲座、社会媒体集中参访、校园媒体实践、社会媒体非全日制任务承担、集中性顶岗实习等多种方式。

（2）采用“打卡式”进行实习实践学分认定。由于实习采用更日常化的方式，无法像集中顶岗实习那样对实习实践完成情况进行集中评分，必须创新成绩和学分认定方式，“打卡式”不失为一种有效方法。所谓“打卡式”，要求学生在规定的时间内（比如一学期），完成多少次任务，提交相应的实习实践学习成果（讲座心得、新闻作品、广告作品、策划案、调研报告等），根据这些成果和考勤记录，进行等第评价并给予相应学分。

（3）新闻传播实践教学的体系化。实践教学是新闻传播专业人才培养的显著特色，但以往过于零散，需要有系统性规划。我们认为，实践教学起码可以做成“三位一体”模式。“三位”指日常校园媒体实践＋全员制短期集结性田野实践＋师徒制精英学生记者专题性实践。“一体”是指三项教学活动，紧紧围绕“聚焦型”新闻传播人才培养的核心目标，互为支撑，校内项目和校外项目相结合、日常项目和专题项目相结合、基础项目和提高项目相结合，有层次、有梯度地实现新闻传播人才培养的针对性、有效性。除了“三位一体”外，实践教学的体系化、常规化还体现为，大量业务课程采用“教学学分＋实践学分”的“组合学分制”，必须完成相应的实践任务且考试合格，才能获得学分。这样的设计，还有一个优势是“课程思政”——通过专业课进行角色模范教育，确立学生正确的职业价值观和职业追求，达到全方位育人目的。

（4）支持并鼓励学生对校园媒体的自我管理、自我运作，尽量做到“在全真的媒体环境中做新闻”。目前各校的校园媒体大致分为“官媒”（由学校、院系主办的各种官方媒体）和“民媒”（由学生社团、兴趣小组等民间运作的媒体）。我们特别要强调“民媒”在人才培养中的重要意义和价值。因为和“官媒”比，“民媒”所需要面临和解决的问题更多样更复杂，对学生的锻炼更大。这些校园媒体一般由学生个人或社团自主创办、运营和管理，以校园新闻报道、校园热点分析、校园文化传播为主要定位，受众意识突出，反映广大师生的心声和诉求，报道内容更具新闻性和接近性，形式主要以网站、电子报刊、微信公众号为主，大大降低了传播成本，提高了传播效率。一定程度上，校园媒体就是“社区媒体”，面对校园所覆盖的少则几万、多则几十万人的受众环境，如何进行选题策划、内容生产、新闻推送与分发，如何处理不同校园媒体之间的竞争合作关系、如何引流提高粉丝数量扩大影响力、如何在开展新闻业务的同时进行一定的经营性活动尝试、如何处理软文和关系稿、如何进行有效的团队管理和绩效考核……这些社会媒体经常面临的真实情境，我们希望学生在校园媒体实践中也同样能遇到并思考。通过这样的“全真实战”，所培养和成长起来的新闻传播人才，不仅具备娴熟的业务技能，更具备远见卓识的政治敏锐性和判断力，同时也有较强的领导力、创新力、执行力、经营思维和团队协作精神。无论哪一种素养，都是一个优秀的媒体人，尤其是今后进一步成长为卓越的媒体管理者所必须具备的。

（5）按照业务标准来选派校园媒体指导教师。既然校园媒体按照专业化的媒体运作，指导教师也必须具备专业理念和专业能力，由媒体转型进高校的“业务型”教师是校园媒体指导老师的最佳人选。指导教师不是以“管理者”的角色参与校园媒体日常运行，更多以“高级顾问”提供专业意见，当然关键和紧急时刻，指导教师也可以“踩刹车”，但也要慎用“一票否决”。通过一轮轮的训练和一篇篇稿件的积累，逐步培养和提升学生团队在政治敏感性、选题甄别、报道组织、稿件推送、风险预判及处理等方面全方位的综合能力。

（6）适当缩短顶岗实习时长，并给予更灵活的时间安排。从各校目前的人才培养方案看，一般安排第七学期为“顶岗实习”（培养方案中更多叫“专业实习”或“毕业实习”），跨度多为12—16周，即3—4个月。在实际操作中，我们发现存在不少问题：很多学生要考研，第七学期为最关键的复习阶段，备考和实习无法兼顾，往往以各种办法“完成”实习任务，导致专业实习流于形式或根本没有实质性开展；对于大部分要找工作的同学，第七学期开始进入招聘求职关键期，大量精力用于参加各种招聘会、准备笔试面试，大部分人也会和考研的同学一样，以“形式完成”结束专业实习获得学分；还有一些学生要去外地实习，但校内尚有部分课程学分没有修完，两者也无法兼顾……鉴于“聚焦型”新闻传播人才培养方案设计中，已经把实习实践日常化，就可以相应压缩毕业实习的时间，减少至 8—10 周。这个时长，已经能让学生对一个单位和岗位有较为全面的了解。同时，培养方案中标注为第七学期（如果是三学期制，也可以是夏季学期）的专业实习，操作中允许学生选择从第六学期结束的暑假至第八学期开始前的寒假，即第一年的 7 月—第二年的 3 月，共计 9 个月时间段内选择相应时间段进行，只需达到规定时长即可。这样的设计，给予学生一定的灵活性，能让他们根据自身情况进行合理的实习时间安排，保证了实习效果。

三、“聚焦型”模式本科生新闻传播人才培养方案范例

为了更好地说明“聚焦型”新闻传播人才培养模式的具体操作，根据上述理念，本书设计了某新闻传播院系的本科人才培养方案。根据“一校一策”原则，该校的新闻传播人才特色方向拟定为“娱乐报道”。

新闻传播专业培养方案

一、培养目标

新闻传播专业以马克思主义新闻观为指导思想，培养能全面适应互联网时代需求、政治素养坚定、符合社会主义新时代召唤的德才兼备新闻传播人才。

培养学生历史发展的眼光和辩证逻辑思维的能力，熟练掌握新闻专业理论与知识体系，具备互联网全媒体新闻传播研究与实践能力，尤其在娱乐报道领域具有突出的优势。

培养学生社会责任意识，提升社会践行能力，铸就拥有深厚人文关怀、家国情怀，能讲好中国故事、传播中国声音的专业人才。

二、学制、学分与学位授予

学制四年，学分 146，授予文学学士学位。

三、学期设置与长度

全年共设三个学期：2 个教学学期（秋季、春季），每学期 16＋2 周，1 个实践学期（夏季），3 周。

四、课程结构比例

表 13－1 课程结构比例

课程类别	学分数	学分数	所占比例	备 注
公共课	公共必修课	32	21.9%	必修
	通识教育课	24	16.4%	选修
专业必修课	专业核心课	52	35.6%	必修
	专业特色课	14	9.6%	必修
专业选修课		24	16.4%	选修
毕业总学分（实践教学学分）		146（37.5）		

五、排课方式与学分限制

专业选修课中的“传播技术”模块、“策略传播”模块为完全学分制，在每个秋季、春季学期滚动排课，规定的时间内选满相应学分即可。

为保证学习质量，每个学期的总学分上限为 28 学分。

表 13－2 教 学 计 划 表

类别		课程名称	学分	各学期周课时								夏季学期			总学时		
				1	2	3	4	5	6	7	8	1	2	3	讲课	实践实验	合计
公共课	公共必修	大学英语	8	2	2	2	2								128		
		体育	4	2	2	2	2								64		
		思想道德修养与法律基础	3	3											48		
		中国近现代史纲要	3		3										48		

续 表

类别		课程名称	学分	各学期周课时 1	2	3	4	5	6	7	8	夏季学期 1	2	3	总学时 讲课	实践实验	合计
公共课	公共必修	马克思主义基本原理	3			3									48		
		毛泽东思想和中国特色社会主义理论体系概论	3+2				3								48	2周	
		军事理论	2+2												32	2周	
		形势与政策	2	每学年9学时											32		
		学分要求	**32**														
	通识教育	人文艺术类	6	通识课共24学分，384个学时，在1—6学期完成，每学期最多不超过6学分，96学时											96		
		信息技术类	4												64		
		自然科学类	4												64		
		社会科学类	6												96		
		心理学类	4												64		
		学分要求	**24**														
	学分要求		**56**														
专业必修课	专业核心课	马克思主义新闻观	3	3											48		
		新闻学概论	2	2											32		
		传播学概论	2		2										32		
		广告与公共关系概论	2+1			3									32	32	
		新闻采写基础	2+1	3											32	32	
		新闻编辑与评论	2+1		3										32	32	

续 表

类别	课程名称		学分	各学期周课时								夏季学期			总学时		
				1	2	3	4	5	6	7	8	1	2	3	讲课	实践实验	合计
专业必修课	专业核心课	影像与视频报道	2+1			3									32	32	
		中国新闻传播史	3			3									48		
		媒介经营与管理	3				3								48		
		新闻传播质化研究方法	2+1			3									32	32	
		新闻传播量化研究方法	2+1				3								32	32	
		传播伦理与法规	3					3							48		
		新闻传播实践入门	2									2				2周	
		新闻传播实践提升	2										2			2周	
		专业实习	6											6		8周	
		毕业论文/设计	8								8						
		学分要求	**52**														
	专业特色课	人物消息与通讯	1.5+0.5			2									24	16	
		人物专访	1.5+0.5			2									24	16	
		深度报道	1.5+0.5				2								24	16	
		演艺经纪人实务	1.5+0.5					2							24	16	
		娱乐报道采访实务	1.5+0.5					2							24	16	
		娱乐报道写作与经典作品赏析	1.5+0.5						2						24	16	

续 表

类别	课程名称		学分	各学期周课时								夏季学期			总学时		
				1	2	3	4	5	6	7	8	1	2	3	讲课	实践实验	合计
专业必修课	专业特色课	娱乐报道伦理与风险管理	1.5+0.5						2						24	16	
		学分要求	**14**														
	学分要求		**66**														
专业选修课	传播技术模块	互联网产品开发与运营	1.5+0.5			第3—6学期选满8学分									24	16	
		信息可视化	1.5+0.5												24	16	
		网络数据挖掘与分析	1.5+0.5												24	16	
		Python 基础	1.5+0.5												24	16	
		Python 进阶	1.5+0.5												24	16	
		……	1.5+0.5												24	16	
		学分要求	**8**														
	策略传播模块	危机传播与风险沟通	1.5+0.5			第3—6学期选满8学分									24	16	
		广告创意与表现	1.5+0.5												24	16	
		广告文案	1.5+0.5												24	16	
		消费者行为学	1.5+0.5												24	16	
		战略管理	1.5+0.5												24	16	
		……	1.5+0.5												24	16	
		学分要求	**8**														

续 表

类别	课程名称		学分	各学期周课时								夏季学期			总学时		
				1	2	3	4	5	6	7	8	1	2	3	讲课	实践实验	合计
专业选修课	实务高阶	财经报道	1.5+0.5						2						24	16	
		健康传播	1.5+0.5						2						24	16	
		政治传播	1.5+0.5							2					24	16	
		国际报道（双语）	1.5+0.5							2					24	16	
		……	1.5+0.5												24	16	
		学分要求	**8**														
	研究高阶	中级统计	1.5+0.5						2						24	16	
		高级统计	1.5+0.5							2					24	16	
		社会网络分析法	1.5+0.5						2						24	16	
		社会科学研究方法前沿	1.5+0.5							2					24	16	
		……	1.5+0.5												24	16	
		学分要求	**8**														
	学分要求		**24**														
总学分			146														
备 注			实务高阶、研究高阶两个模块只能两选一，模块内选满8学分														

方案编制说明：

1. 本培养方案根据“聚焦型”新闻传播人才培养理念制定，将本科专业统一为“新闻传播专业”，不再细分，学生大一直接进入专业学习。其中，“专业特色课”为可替换模块，各培养单位应结合自身师资、传统、资源等主客观条件，确定相应的“聚焦”培养方向，该部分学分建议为12—16分。

2. 除了“专业特色课”体现各培养单位鲜明的人才培养特点外，其他课程设置立足在新闻传播大类内的“厚基础、宽口径”，能满足学生今后多元化的发展需求。

3. 该培养方案适用于三学期制，即两个教学学期，一个实践学期。教学学期16+2周，16周上课，2周考试；实践学期3周。

4. 培养方案从两方面强调实践教学：在夏季学期，设置了《新闻传播实践入门》《新闻传播实践提升》《专业实习》三门实践课；在其他学期，大量专业课程包含实践学分，以学分为“1.5+0.5”的课程为例，1.5分为理论学时（24课时），0.5分为实践学时（16课时）。计算标准：1理论学分对应16课时，1实践学分对应32课时。

5.“实务高阶”“研究高阶”两选一。建议毕业后优先考虑直接就业或“专业型硕士”方向深造的学生选择“实务高阶”，优先考虑“学术型硕士”方向深造的学生选择“研究高阶”。在第5学期末确定模块方向，一旦选定，原则上不得随意更换。

6.“专业选修课”中的“传播技术模块”和“策略传播模块”，采用一定范围内的完全学分制，滚动排课，在规定的时间内修够相应学分即可。

第三节 研究展望

本书关注媒介变革时代，国家、社会对新闻传播人才的现实需求，重点考察了新闻学子的学习状况、职业意识和择业意愿，贯穿着“校内教育与人才培养”“校外教育与人才培养”“从社会看人才培养”的分析思路，对现有新闻传播人才培养模式进行系统总结评估。从供给侧改革的视角出发，提出了“聚焦型”新闻传播人才培养模式。受研究条件、研究资源、研究能力等方面的限制，本书不可避免会存在一些不足，希望有后续研究来进行完善。

第一，研究中实证分析采用的新闻学子调查数据是在上海地区八所高校采集。尽管上海是中国新闻传播教育的重镇，但上海样本并不能完全代表全国情况。抽样城市的局限、非完全概论抽样等不足，使本研究更像“管中窥豹”。今后如果有可能，应该在全国范围内有更大的抽样，除了上海外，起码覆盖北京、南京、武汉、西安、广州、重庆、郑州等重点城市的新闻传播院系，通过更全面的数据，呈现全国新闻学子的情况并进行比较。但鉴于目前的样本量较大，且覆盖了上海地区综合性、专业型、理工类三种高校的新闻学、传播学、广播电视学、网络与新媒体等各新闻传播类专业的学生，在样本上尽量考虑到了年级、性别、专业分布、学校代表性等方面的差异，本书的结论在一定程度上，仍然具有推广性和普遍意义。

第二，本书是近年来国内最大规模的以新闻学子为对象的系统性研究，具有一定的探索性。也正因为如此，受时间、经费等限制，主要搜集的是截面数据。事实上，具体到每一位学生，从大一到大四，个体无论学习状态、学习心理，还是媒介认知、职业意识等，都会发生显著变化，这是一个动态的过程。因此，如果对新闻学子有长期（四年甚至更长）的追踪观察，获取面板数据进行分析，研究发现和结论会更有价值。

第三，在资料运用上，研究以问卷获得的一手数据为基础，以定量分析为主要研究手段，尽量做到了研究的广度。与此同时，尽管也通过深度访谈等方式获得了不少质性材料，但受制于研究者的能力和水平，这些材料最终并没有完全呈现并较好地融入本书。

第四，今天，新闻传播人才培养已经不局限于本科层次，新闻传播类研究生的招生规模逐年扩大。截至 2021 年 7 月，我国大陆已有新闻传播学一级学科博士点 32 个，一级学科硕士点 121 个，专业学位授权点 212 个。今后，还会有越来越多的研究生走进新闻单位，踏上媒体岗位。与本科生相比，国家、社会对新闻传播类研究生的培养目标和用人需求有什么不同？研究生在专业学习、职业意识、职业期待等方面呈现哪些特点？从供给侧改革视角，如果进行新闻传播类研究生培养方案改革，与本科生是否一样？如果不一样，主要是哪些方面不一样？这些问题，都有待后续进一步研究来给予回答。

参 考 文 献

[1]《习近平新闻思想讲义（2018年版）》编写组．习近平新闻思想讲义（2018年版）[M].北京：人民出版社，学习出版社，2018.

[2] Barbie Zelizer，史安斌．把握新闻业的未来：兼论新闻学研究与新闻教育面临的挑战与应对 [J].全球传媒学刊，2015，2（1）：22—33.

[3] 蔡雯．将马克思主义新闻观教育落实到新闻人才培养中 [J].新闻战线，2017（15）：38—40.

[4] 蔡雯．新闻教育亟待探索的主要问题 [J].国际新闻界，2017，39（3）：6—18.

[5] 曹艳辉，林功成，张志安．角色模范对大学生新闻专业主义信念的影响研究 [J].国际新闻界，2015，37（7）：36—52.

[6] 陈昌凤．"大数据"时代如何做新闻？[J].新闻与写作，2013（1）：90—92.

[7] 陈昌凤．美国新闻与传播教育的认证指标：设定价值取向和教育目标 [J].国际新闻界，2006（12）：35—39.

[8] 陈建云．马克思主义新闻观的核心理念 [J].当代传播，2016（6）：7—9.

[9] 陈俊妮，陈俊峰．职业行为体系与教育体系：关于新闻教育的十个核心问题 [J].国际新闻界，2011（8）：13—24.

[10] 陈力丹，王辰瑶，季为民．艰难的新闻自律：我国新闻职业规范的田野观察/深度访谈/理论分析 [M].北京：人民日报出版社，2010.

[11] 陈力丹．"遵循新闻从业基本准则"：马克思主义新闻观立论的基础 [J].新闻大学，2010（1）：20—28.

[12] 陈力丹．坚持党性，尊重规律，以人民为中心：习近平新闻舆论观的两个要点和一个落脚点 [J].新闻记者，2018（7）：8—10.

[13] 陈力丹．马克思主义新闻观名词 [J].编辑之友，2017（5）：78—89.

[14] 陈力丹．新闻从业者对职业道德的无知和淡漠令人愕然：对照《中国新闻工作者职业道德准则》谈近期几起新闻伦理事件 [J].新闻记者，2015（8）：4—10.

[15] 陈新平．记者与消息源关系的伦理尺度 [J].中国出版，2011（18）：36—39.

[16] 陈子君，刘宝珍．高校马克思主义新闻观教育之策略研究 [J].湖北师范学院学报（哲学社会科学版），2016，36（3）：109—113.

[17] 程曼丽，乔云霞．新闻传播学辞典 [M].北京：新华出版社，2013.

[18] 邓绍根，李兴博．百年回望：论中国新闻传播教育发展历程及其特点 [J].现代传

播（中国传媒大学学报），2019，41（6）：155—164.
[19] 丁柏铨，彭竫. 60年来马克思主义新闻思想研究评析 [J].西南民族大学学报（人文社科版），2010，31（1）：112—116.
[20] 丁汉青. 守正与创新：新文科背景下的新闻传播专业人才培养 [J].传媒，2022（5）：9—12.
[21] 董苏椰. 基于上海市高校马克思主义新闻观教育的受众研究 [D].上海：上海师范大学，2019.
[22] 董天策. 新文科建设中卓越新闻传播人才培养的内在张力与解决路径 [J].中国新闻传播研究，2022（1）：73—80.
[23] 董小玉，秦红雨. 全球传播背景下“马克思主义新闻观”课程改革的思考 [J].新闻大学，2012（3）：122—125.
[24] 杜本峰. 事件史分析及其应用 [M].北京：经济科学出版社，2008.
[25] 段陆生，李永鑫. 大学生专业承诺、学习倦怠与学习投入的关系 [J].中国健康心理学杂志，2008（4）：407—409.
[26] 樊水科. 论理工院校新闻专业的通识教育：以清华、复旦、华中科技三所院校为例 [J].新闻爱好者，2012（1）：51—52.
[27] 樊亚平. 中国新闻从业者职业认同研究：（1815—1927） [M].北京：人民出版社，2011.
[28] 方堃，陈卓. 大数据背景下日本新闻教育的三个转向 [J].青年记者，2015（33）：106—106.
[29] 冯瑞珍. 对新闻传播类大学生媒介素养调查分析：以河北省四所高校为例 [J].新闻界，2012（21）：70—74.
[30] 高晓虹，冷爽，赵希婧. 守正创新：中国特色国际新闻传播人才培养研究 [J].中国编辑，2022（7）：4—9.
[31] 高晓瑜，姚婧. 新闻教育如何影响和塑造记者：新闻专业学生和新闻从业者记者角色认知的实证研究 [J].新媒体与社会，2018（2）：259—272.
[32] 顾倩. 传媒专业大学生就业困境与就业能力培育分析 [J].中国报业，2012（24）：182—184.
[33] 郭本禹，姜飞月. 自我效能理论及其应用 [M].上海：上海教育出版社，2008.
[34] 郭小良.高校新闻专业学生马克思主义新闻观教育现状调查：以西部四所高校为例 [J].新闻知识，2016（4）：62—65.
[35] 韩晓宁，王军，王雅婧. 传媒实习生群体对媒介伦理争议行为的态度及影响因素研究 [J].国际新闻界，2017（10）：29—44.
[36] 韩晓宁，王军. 从业体验与职业志向：新闻实习生的职业认同研究 [J].现代传播（中国传媒大学学报），2018，40（5）：151—155.
[37] 韩晓宁，王军. 新闻实习生的工作满意度、职业认同与职业伦理调查研究 [J].新疆大学学报（哲学人文社会科学版），2017，45（6）：46—51.
[38] 何志武，吕惠. 新闻专业实习的效果调查及模式探讨 [J].新闻知识，2007（2）：66—67.
[39] 何志武. 新闻传播教育，转型还是坚守？[J].青年记者，2016（7）：73—74.

[40] 洪杰文，彭雨田. 新闻传播专业实习模式及效果研究［J].湖北第二师范学院学报，2017，34（1）：120—123.
[41] 侯杰泰，温忠麟，成子娟. 结构方程模型及其应用［M].北京：教育科学出版社，2004.
[42] 胡百精. 大学现代化、生态型学科体系与新闻传播教育的未来选择［J].中国人民大学学报，2019，33（2）：132—139.
[43] 胡百精. 新闻教育改革中的若干基本问题［J].青年记者，2017（34）：64—65.
[44] 胡兵，郑重. 大数据时代新闻传播人才培养模式探讨［J].现代教育技术，2014，24（11）：76—80.
[45] 胡沈明，朱贝. 大学生马克思主义新闻观教育的实践效果［J].青年记者，2018（17）：115—116.
[46] 胡钰. 论马克思主义新闻观的时代内涵［J].思想教育研究，2016（3）：26—30.
[47] 胡正荣，冷爽. 新闻传播学类学生就业现状及难点［J].新闻战线，2016（6）：27—30.
[48] 季为民，叶俊. 论习近平新闻思想［J].新闻与传播研究，2018，25（4）：5—16.
[49] 江凌. 媒体融合时代新闻传播人才培养的五大转型［J].传媒，2019（20）：77—79.
[50] 雷跃捷. 社会转型时期我国新闻传播教育的成就和问题［J].现代传播（中国传媒大学学报），2013，35（3）：135—138.
[51] 李金铨. 传播研究的典范与认同［J].书城，2014（2）：51—63.
[52] 李良荣，魏新警. 论融媒体时代新闻传播复合型人才培养的“金字塔”体系［J].新闻大学，2022（1）：1—7.
[53] 李玉迪. 高校新闻传播学专业媒体实习的问题与对策［J].传播与版权，2016（8）：150—152.
[54] 李政. 大数据背景下新闻传播人才培养模式创新［J].新闻传播，2018（10）：9—11.
[55] 连榕，杨丽娴，吴兰花. 大学生的专业承诺、学习倦怠的关系与量表编制［J].心理学报，2005，37（5）：632—636.
[56] 廖志坤，李冰婧. 马克思主义新闻观指导下新闻传播人才培养创新的几个问题［J].湖南师范大学教育科学学报，2018，17（2）：98—102.
[57] 林林. 传媒类专业大学生职业取向与就业心理研究：以中国传媒大学本科为例［J].中国大学生就业，2015（14）：61—64.
[58] 凌文辁，方俐洛，白利刚. 我国大学生的职业价值观研究［J].心理学报，1999，31（3）：342—348.
[59] 刘建明. 马克思主义新闻观的经典性与实践性［J].国际新闻界，2006（1）：5—10.
[60] 刘杰，黄未. 社会资本与大学生就业关系的实证考察［J].统计与决策，2016（12）：110—114.
[61] 刘义昆. 大数据时代的数据新闻生产：现状、影响与反思［J].现代传播（中国传媒大学学报），2014，36（11）：103—106.

[62] 柳斌杰. 在改革中构建新闻传播教育体系 [J].现代出版，2014（3）：5—11.
[63] 陆晔，潘忠党. 成名的想象：中国社会转型过程中新闻从业者的专业主义话语建构 [J].新闻学研究，2002，71：17—59.
[64] 栾轶玫，何雅妍. 融合技能智能素养价值坚守：多元时代的中国新闻教育变革 [J].新闻与写作，2019（7）：34—42.
[65] 罗文辉，陈韬文等. 变迁中的大陆、香港、台湾新闻人员 [M].台北：巨流图书公司，2004.
[66] 骆正林. 传媒产业的转型与新闻学专业的改革 [J].新闻爱好者，2012（20）：72—74.
[67] 马胜荣. 必须加强马克思主义新闻观的教育 [J].中国记者，2001（3）：21—22.
[68] 牟宏. 新媒体时代复合型新闻传播人才培养策略 [J].传媒，2019（14）：86—87.
[69] 彭兰. 社会化媒体、移动终端、大数据：影响新闻生产的新技术因素 [J].新闻界，2012（16）：3—8.
[70] 强月新. 媒介融合背景下的新闻传播人才培养 [J].人民论坛·学术前沿，2019（3）：30—37.
[71] 石卫林. 大学生过早实习：促进抑或阻碍学业参与？ [J].复旦教育论坛，2012，10（2）：20—26.
[72] 苏林森. 我国新闻从业者的职业压力研究 [J].新闻大学，2013（1）：86—91.
[73] 汤天甜，冉桢. 新闻传播人才培养模式创新与教学改革研究：基于大数据背景 [J].西南交通大学学报（社会科学版），2017，18（3）：8—14.
[74] 陶建杰，张志安. 网络新闻从业者职业伦理研究：以利益冲突为例 [J].国际新闻界，2013（9）：113—122.
[75] 童兵. 马克思主义新闻观形成的时代条件和在今天的发展 [J].当代传播，2014（1）：37—40.
[76] 庹继光. 一位新闻传播学教授的分析与思考：传媒专业毕业生：如何应对多元就业新挑战 [J].中国记者，2017（2）：15—17.
[77] 宛恬伊. 大学生职业地位获得实证研究 [J].青年研究，2005（12）：24—31.
[78] 王悦，李立峯. 记者心中的角色模范及其影响初探：香港个案研究 [J].新闻学研究，2014，119：1—43.
[79] 王志梅，龚青，李骏婷等. 大学生实习：概念、测量、影响因素及作用效果 [J].中国人力资源开发，2017（1）：134—143.
[80] 尉建文. 父母的社会地位与社会资本：家庭因素对大学生就业意愿的影响 [J].青年研究，2009（2）：11—17.
[81] 吴飞. 新闻从业人员的职业满意度 [J].新闻与传播研究，2005（3）：49—56.
[82] 夏焱. 准新闻人职业认同研究 [D].南京：南京师范大学，2013.
[83] 肖燕雄. “新闻传播学”专业人才培养模式探索：以部校共建新闻传播学实验班为例 [J].东南传播，2015（9）：144—146.
[84] 薛在兴. 社会资本对大学生就业质量的影响：基于北京市14所高校的一项实证研究 [J].青年研究，2014（3）：55—64.
[85] 严瑜，龙立荣. 大学生专业承诺的心理结构及影响因素研究 [J].高等教育研

究，2008 (6)：90—97.

[86] 严瑜. 大学生专业承诺的实证研究 [J].湖北大学学报（哲学社会科学版），2008 (6)：134—138.

[87] 杨芳秀，张涛甫，周勇. 关于新闻教育改革的对话 [J].新闻战线，2016 (11)：34—36.

[88] 叶俊."马克思主义新闻观"的概念起源及其话语变迁 [J].现代传播（中国传媒大学学报），2018，40 (4)：56—60.

[89] 余克光. 关于目前国内高校新闻传播人才培养问题的再讨论：对"卓越新闻传播人才教育培养计划"的解读与分析 [J].新闻大学，2015 (5)：126—130.

[90] 余秀才. 新媒体语境下新闻传播教育面临的困境与革新 [J].新闻大学，2015 (4)：133—139.

[91] 岳改玲，许智豪. 新闻学专业集中实习的现实困境与对策 [J].青年记者，2015 (20)：86—87.

[92] 张洪忠，王袁欣. 社交媒体使用对新闻专业大学生马克思主义新闻观认知的影响 [J].全球传媒学刊，2015，2 (4)：41—59.

[93] 张举玺."三双机制"新闻传播人才培养模式的探索与实践：记穆青新闻实验班培养模式 [J].传媒，2017 (21)：19—23.

[94] 张昆. 高校新闻专业教材建设的误区 [J].新闻与写作，2019 (2)：64—69.

[95] 张昆. 论高校新闻专业的教学团队建设 [J].新闻与写作，2019 (8)：68—74.

[96] 张涛甫，王智丽. 政治社会化视域下大学生对马新观的认知与态度的实证分析 [J].兰州大学学报（社会科学版），2017，45 (4)：142—147.

[97] 张志安. 从新闻传播到公共传播：关于新闻传播教育范式转型的思考 [J].暨南学报（哲学社会科学版），2016，38 (3)：77—84.

[98] 郑保卫. 马克思主义新闻观的形成与特点 [J].中国记者，2001 (5)：27—29.

[99] 郑保卫. 马克思主义新闻观中国化的历史进程及其理论贡献 [J].新闻与传播研究，2018，25 (2)：5—19.

[100] 郑宇丹. 人文与技术的紧张对新闻教育的影响 [J].编辑之友，2016 (4)：52—56.

[101] 中共中央文献研究室. 习近平总书记重要讲话文章选编 [M].北京：中央文献出版社，党建读物出版社，2016.

[102] 中国人民大学新闻学院新闻传播教育课题小组. 媒介融合时代的中国新闻传播教育：基于18所国内新闻传播院系的调研报告 [J].国际新闻界，2014 (4)：123—134.

[103] 周茂君，沈君菡. 高校马克思主义新闻观教育现状、问题与对策：基于湖北省29所高校新闻专业院系的调查 [J].中南民族大学学报（人文社会科学版），2019，39 (5)：167—174.

[104] 祝建华. 大数据时代的新闻与传播学教育：专业设置、学生技能、师资来源 [J].新闻大学，2013 (4)：129—132.

[105] Aryee S., Tan K.. Antecedents and Outcomes of Career Commitment [J]. Vocat Behav, 1992, 40 (92): 288-305.

[106] Basco Jr, W. T. & Reigart J. R.. When Do Medical Students Identify Career Influencing Physician Role Models? [J], Academic Medicine, 2001, 76 (4): 380-382.

[107] Bjørnsen G., Hovden J. F., Ottosen R.. Journalists in the Making: Findings from a Longitudinal Study of Norwegian Journalism Students [J]. Journalism Practice, 2007, 1 (3): 383-403.

[108] Byszewski A., Hendelman W., McGuinty C., et al.. Wanted: Role Models-Medical Students' Perceptions of Professionalism [J]. BMC Medical Education, 2012, 12 (1): 115-124.

[109] Carlson M.. Journalistic Authority: Legitimating News in the Digital Era [M]. New York: Columbia University Press, 2017.

[110] Coleman R., Lee J. Y., Yaschur C., et al.. Why be a Journalist? US Students' Motivations and Role Conceptions in the New Age of Journalism [J]. Journalism, 2018, 19 (6): 800-819.

[111] Conway M., Groshek J.. Ethics Gaps and Ethics Gains: Differences and Similarities in Mass Communication Students' Perceptions of Plagiarism and Fabrication [J]. Journalism & Mass Communication Educator, 2008, 63 (2): 127-145.

[112] Conway M., Groshek J.. Forgive Me Now, Fire Me Later: Mass Communication Students' Ethics Gap Concerning School and Journalism [J]. Communication Education, 2009, 58 (4): 461-482.

[113] D'abate C. P., Youndt M. A., Wenzel K. E.. Making the Most of an Internship: An empirical Study of Internship Satisfaction [J]. Academy of Management Learning & Education, 2009, 8 (4): 527-539.

[114] Detenber B. H., Cenite M., Malik S., et al.. Examining Education and Newsroom Work Experience as Predictors of Communication Students' Perceptions of Journalism Ethics [J]. Journalism & Mass Communication Educator, 2012, 67 (1): 45-69.

[115] Du Y. R., Thornburg R.. The Gap between Online Journalism Education and Practice: The Twin Surveys [J]. Journalism & Mass Communication Educator, 2011, 66 (3): 217-230.

[116] Fairfield J., Shtein H.. Big Data, Big Problems: Emerging Issues in the Ethics of Data Science and Journalism [J]. Journal of Mass Media Ethics, 2014, 29 (1): 38-51.

[117] Gibson D. E.. Role Models in Career Development: New Directions for Theory and Research [J]. Journal of Vocational Behavior, 2004, 65 (1): 134-156.

[118] Hanna M, Sanders K.. Journalism Education in Britain: Who are the Students and What Do They Want? [J]. Journalism Practice, 2007, 1 (3): 404-420.

[119] Hanna M, Sanders K.. Perceptions of the News Media's Societal Roles: How the Views of UK Journalism Students Changed during Their Education [J]. Journalism & Mass Communication Educator, 2012, 67 (2): 145-163.

[120] Hanusch F., Mellado C., Boshoff P., et al.. Journalism Students' Motivations and Expectations of Their Work in Comparative Perspective. [J]. Journalism & Mass Communication Educator, 2014, 70 (2): 141 - 160.

[121] Lewis S. C., Westlund O.. Big Data and Journalism: Epistemology, Expertise, Economics, and Ethics [J]. Digital Journalism, 2015, 3 (3): 447 - 466.

[122] Mellado C., Scherman A.. Influences on Job Expectations among Chilean Journalism Students [J]. International Journal of Communication, 2017, 11: 2136 - 2153.

[123] Plaisance P. L.. An Assessment of Media Ethics Education: Course Content and the Values and Ethical Ideologies of Media Ethics Students [J]. Journalism & Mass Communication Educator, 2006, 61 (4): 378 - 396.

[124] Reinardy S., Moore J.. When Do Journalists Learn about Ethics? An Examination of Introductory and Graduating Students' Ethical Perceptions [J]. Journalism & Mass Communication Educator, 2007, 62 (2): 161 - 175.

[125] Sanders K., Hanna M., Berganza M. R., et al.. Becoming Journalists: A Comparison of the Professional Attitudes and Values of British and Spanish Journalism Students [J]. European Journal of Communication, 2008, 23 (2): 133 - 152.

[126] Splichal S., Sparks C.. Journalists for the 21st Century: Tendencies of Professionalization among First-year Students in 22 Countries [M]. Norwood, N. J.: Ablex, 1994.

[127] Ureta, A. L. & Fernández, S. P.. Keeping Pace with Journalism Training in the Age of Social Media and Convergence: How Worthwhile is It to Teach Online Skills? [J]. Journalism, 2018, 19 (6): 877 - 891.

[128] Wu W., Weaver D. H.. Making Chinese Journalists for the Next Millennium: The Professionalization of Chinese Journalism Students [J]. Gazette, 1998, 60 (6): 513 - 529.

[129] Wu W.. Motives of Chinese Students to Choose Journalism Careers [J]. Journalism & Mass Communication Educator, 2000, 55 (1): 53 - 65.

[130] Zhu J. H., Weaver D., Lo V., et al. Individual, Organizational, and Societal Influences on Media Role Perceptions: A Comparative Study of Journalists in China, Taiwan, and the United States [J]. Journalism & Mass Communication Quarterly, 1997, 74 (1): 84 - 96.

索 引

后　记

这是我特别想写的一本书，因为这本书，把我的教学对象和研究对象进行了完美的融合。掐指一算，从2009年博士毕业去上海大学当老师，已经14年了。从上海大学到中山大学、再到复旦大学，光阴荏苒，改变了很多东西，但我内心对教育教学和人才培养的热爱，一直如初。从当大学老师第一天开始，上课和教学就是我放在第一位的真爱。

在上海大学任教的八年，我先后开设了新闻采访写作、深度报道、舆情调查与分析、传播学理论与研究方法、融合新闻报道、新闻实践入门、风云人物采访记：法拉奇的智慧、精确新闻报道等课程，以至于有同事戏称“你一个人办新闻专业啊”。其实，我哪里有能力一个人办专业，之所以开这么多课，一方面是组织的安排，另一方面也的确很享受上课的过程，欣然接之。作为新闻专业的老师，除了课堂教学，我还特别重视课外实践教学。上海大学期间，尝试并初步形成了“三位一体”的新闻实践教学模式：日常校园媒体实践＋全员制短期集结性田野实践＋师徒制精英学生记者专题性实践，三项教学活动紧紧围绕人才培养的核心目标，互为支撑，有层次、有梯度地实现新闻传播人才培养的针对性、有效性。那些年，我和一批志同道合的老师，带领学生们一起去过婺源、临泉、淮北煤矿、方城、金寨、海宁、海盐、滇西、大庆、抚远、饶河……留下了新闻实践教学过程中最宝贵和难忘的回忆。

在中山大学任教的五年半，由于主要工作精力在本科教学管理，上课就变得少了，上课也就成了格外珍惜的事情。期间主要开设了深度报道、人物报道采写：走近法拉奇、新闻学概论三门课，并参与融合新闻报道、舆论学等课程。但自己内心，依然对上课充满着热爱。我经常跟上“深度报道”的学生说：“鹊桥相会”，你们对我有特殊的意义，因为大部分学期，我每周只上这么一次课。这个课，完全承载了我的教学理想和热情。积聚一周的教学能量，在这次课上释放一下，然后又开始积聚，一周一循环。为了能“享受”的时间长一些，我也形成了自己特立独行的风格：两节课之间，从来不下课，从头到尾讲完 100 分钟，用我的话说，“买 90 送 10”。一个学期下来，增加了 180 分钟，等于人为多创造了 4 个课时。好在每届学生都很乐意，从来没有人去教务部反映过我的“违规”，倒是不断有学生希望还能加课。

后来，疫情来了，很多改成网课。对于网课，我的感情也很复杂：既爱又恨。先说恨，因为看不到学生真人，教学效果肯定有影响，但也有爱：我的课基本都是晚上，变成网课后，更不受下课时间限制，只要学生愿意，我就可以滔滔不绝地讲下去。于是，2022 年 6 月 24 日的最后一次“深度报道”，刷新了我教学的记录：从 14:30 开始，一直讲到 20:00，连续讲了 5 个半小时，完成了对 2019 级新闻班 13 篇深度报道作品的逐一点评，学生没有一人中途下线，始终保持较好的参与度。他们还专门送了我一个特殊的作品“一锅大杂烩和他们最爱的味精”，我很感动。正是这些来自学生的点点滴滴正向反馈，不断点燃并激励我的教学激情。

说了这么多，其实就想说，对于教学，我有发自内心的热爱，这也是高校工作最吸引我的地方。但我也很清楚，在高校，教学只是工作的一部分，还有科研、公共服务等其他任务。人的精力实在有限，大概从 2013 年开始，我就琢磨一个问题：有什么好的办法，能把自己的教学和科研最大限度结合起来？如果真的能做到这样，那肯定是相当愉快的。我一直在想这个事情，突然有一天，我发现新闻教育研究，尤其是从新闻学子角度出发的新闻教育研究，或许是个完美方案。

于是，在 2016 年的秋天，我启动了这项研究。新闻学子，以往只是我的教学对象，现在又成了我的研究对象。作为我的教学对象，我对他们的学习状况、职业意识发育与初步形成、职业意愿等问题，有着浓厚的兴趣，也非常关注他们对当下新闻教育的评价。作为我的研究对象，我要把上述方面，尽量系统化、学理化的进行梳理和呈现，并促进我今后的教育教学，岂不快哉？其实，我还有更宏大的目标：计划每间隔 5—8 年对全国新闻传播学子进行一轮调查，动态呈现媒介化社会针对新闻传播学子人才培养的特点、调适与效果，逐步建成“中国新闻传播学子学习状况与职业意识基础数据库”，完成近期 200 万个数据入库，远期 1 000 万个数据入库。通过 4—5 次调查，为中国的新闻教育和研究，积累起一批宝贵的一手数据。而 2016 年调查，就是这个大型研究计划的第一步。

一般都说起步困难重重，但这个项目的开展却异常顺利，或许是因为这是我熟悉的领域，有幸得到很多朋友的支持与帮助。特别要感谢华东师范大学路鹏程教授、复旦大学孙少晶教授和王迪副教授、上海理工大学瞿旭晟副教授、向美霞老师、东华大学杨桃莲教授、上海外国语大学钱进副教授和侯微老师、上海对外经贸大学叶青青副教授、华东政法大学彭桂兵教授、上海大学张秀莉老师等好友，正是在他们的大力支持和协助下，我完成了研究最为关键的问卷数据采集工作。

此课题的实施，很好地实现了人才培养与科学研究的结合。虽然主要是我主导、负责、执行和撰写的项目，但期间有众多研究生参与。更重要的是，利用这个过程，我扎扎实实开展了研究生培养。我的理念是，无论是本科业务教学，还是研究生学术教学，都需要“手把手教”。“三位一体”的新闻实践教学模式是本科层次的“手把手教”，这个课题则是研究生层次的“手把手教”。本书的大部分章节，前期都以小论文的形式发表过。每个小论文的写作过程，基本都是这样的：我想大纲、制定框架、做好数据，然后让学生重复做一遍数据、写初稿；我在学生初稿的基础上写几千字的批注，让学生根据批注逐一修改，经过 3—4 次的往复过程，我判断基本达到学生现有能力和水平的极限；最后，我再对整篇论文进行重写。重写之后，与学生再认真交流讨论每一稿的差异，学生对照各个版本进行学习。从学生的反馈看，这样的训练对研究生快速进入学术状态，提升研究能力与论文写作水平是非常有效的。但对老师来说，也非常辛苦，有时候细到一条 stata 统计命令，都要查阅很多手册，告知学生到底怎么操作。不过，好在我喜欢干人才培养的工作，乐此不疲。

正是通过上述模式，完成了本书的初稿。本书绪论、第六章、最后一章由我独立完成，其余大部分章节除了由我主要撰写外，都有我的硕士生、博士生参与写作。具体情况是：第一章博士生林晶珂；第二章和第八章硕士生宋姝颖；第三章和第四章硕士生李晓彤，其中第三章主要由李晓彤撰写；第五章硕士生张秋；第七章博士生林晶珂、硕士生谢蕾；第九章博士生尹子伊、硕士生王凤一；第十一章本科生张涛。这些学生，既有上海大学的也有中山大学的，既有硕士生、博士生，还有本科生，体现了我们这支队伍的战斗力和团结合作精神。此外，本书第十章和第十二章，我的好友复旦大学张志安教授前期一起参与了讨论，贡献了重要的智慧。

本书也是我“五年一周期”的第三个周期的阶段性总结。所谓“五年一周期”，是我自己给自己总结的学术计划和节奏。我这个人不喜欢追求太新、太热的东西，也不喜欢跟着“指挥棒”做研究。我喜欢做一些自己真正感兴趣的选题，无论这些研究是否得到资助或者立项。一般我会把五年作为一个研究阶段，每个阶段，集中精力做好一个研究。围绕这个研究选题，踏踏实实收集一套数据，利用这些数据发表10篇左右的高质量论文，最后在这些论文的基础上，完成一本专著。做实证研究，搜集数据相当不容易，我自己认为，能花五年时间把一套数据吃深吃透，已经非常不错了。第一个五年周期，是关于“城市文化软实力”的研究，出版了专著《传媒与城市软实力——基于结构方程模型的研究》；第二个五年周期，是关于“新生代农民工信息需求层次与传播机制”的研究，出版了专著《中国新生代农民工研究：信息获取与传播的角度》，并有幸获得“上海市第十四届哲学社会科学优秀成果奖（学科学术著作类一等奖）”。此书是我第三个五年周期的最终研究成果，目前正在进行第四个五年周期关于“农村居民信息贫困识别与干预机制”的相关研究。有时候真觉得，纯粹去做事情，反而能有各种意想不到的收获。以科研立项为例，上述研究，无论能否立项，我都是要开展的。但事实上，这些项目先后得到了国家社科基金青年项目、国家社科基金一般项目、上海高校人文社科重点研究基地项目等立项资助。在本研究的进行过程中，也有幸得到了“上海市教育科学研究一般项目”（C17079）的立项资助并于2020年顺利结项，特表示衷心感谢！我希望我能一直保持这样的学术节奏与工作状态，不随波逐流，坚持自己内心的淡定与从容。

感谢中山大学新闻传播学院及各位同仁，五年半的工作，非常难忘、愉快，你们的信任与真诚给我留下了深刻印象，鼓励我在教学、科研道路上不断克服各种困难，不断进步。

感谢我的导师孟建教授，多年来，孟老师一直关心、帮助我成长，给予我无微不至的关怀。作为“第六届范敬宜新闻教育奖良师奖”的获得者，孟老师更是我教书育人的榜样。

感谢上海大学的郑涵教授。这个项目始于上大，我在上大期间，郑涵教授作为当时的学院领导，曾给予我各种实实在在的支持与帮助。离开上大后，郑涵教授作为兄长与我交流更为密切，他正直、善良、纯粹的品质更是深深感染并影响了我。此外，上海大学的许正林教授、沈荟教授、黄建新副教授、周叶飞副教授、汪洋副教授、尤杰副教授、李道芳老师、余丽丽老师、顾国英老师等好友，都是我新闻教育之路上的“同道人”，感谢你们!

感谢我的学生们，人数实在太多，无法一一写出你们的名字。无论是上海大学还是中山大学，无论是本科生还是研究生。你们既是本书的研究对象，也是我过去14年的大学老师生涯最大的快乐源泉。特别难忘这几年在中山大学新闻传播学院410室，这间“陋室”里面，不断“谈笑有鸿儒，往来无白丁”，我坐诊般地接待一批又一批学生，大家交流着郁闷与欢乐，让我这个“70后”活出了“00后”的状态，体会到教师最大的价值。

感谢我的家人，多年来默默支持我的工作，不知不觉中，我的儿子也已经成长为少年。

本书的前期成果，曾以多篇小论文的形式先后在《国际新闻界》《新闻大学》《现代传播（中国传媒大学学报）》《新闻记者》《新闻与写作》《未来传播》《青年记者》《贵州师范大学学报（社会科学版）》等期刊发表，感谢期刊编辑与匿名审稿人提出的宝贵意见，对本书在正式出版时的完善具有极大的启发与帮助。

本书的出版，还要特别感谢广州市人文社科重点研究基地·广州市大数据与公共传播研究基地项目（2021—2022）、中山大学新闻传播学院的资助。同时，向上海交通大学出版社黄强强编辑致以诚挚感谢!

2023年1月9日

于上海阳城世家苑书房